项目管理实践三法

心 法

顶级项目经理的修炼之路

郭致星　著

SELF
IMPROVEMENT

THE WAY OF TOP PROJECT MANAGER'S PROMOTION

中国电力出版社
CHINA ELECTRIC POWER PRESS

U0748570

内 容 提 要

这套书的定位是填补项目管理学者（或称为理论研究者）与实践者之间的空白。

这套书共三本，其关注点也各不相同：

《技法》主要关注项目的需求、进度、成本、质量、风险以及过程管控方面，这是提升绩效与改进过程的硬功夫。

《管法》主要着眼于项目的团队、沟通以及干系人管理的主题，这是项目思维与实践的软实力。

《心法》主要关注项目管理者的职业生涯和领导力提升，这是迈向顶级项目经理的修炼路径。

图书在版编目（CIP）数据

项目管理实践三法. 心法：顶级项目经理的修炼之路 / 郭致星著. —北京：中国电力出版社，2018.11
　　ISBN 978-7-5198-2506-5

　　Ⅰ.①项… Ⅱ.①郭… Ⅲ.①项目管理 Ⅳ.①F224.5

中国版本图书馆 CIP 数据核字(2018)第 232086 号

出版发行：中国电力出版社
地　　址：北京市东城区北京站西街19号（邮政编码100005）
网　　址：http://www. cepp.sgcc.com.cn
责任编辑：李　静　　1103194425@qq.com
责任校对：黄　蓓　　朱丽芳
装帧设计：九五互通　　陈子平
责任印制：钱兴根

印　　刷：三河市万龙印装有限公司
版　　次：2018年11月第1版
印　　次：2018年11月北京第1次印刷
开　　本：710毫米×1000毫米　16开本
印　　张：18.5
字　　数：288千字
定　　价：86.00元

代　序

一个实践者的角度

本套书的前身基础是《做项目，就得这么干》（人民邮电出版社，2015年）和《做项目，不得不这么干》（中国电力出版社，2016年）。这两本书出版后，得到了很多朋友的支持与鼓励，承蒙读者厚爱，这两本书多次印刷。其间，我收到了很多读者的反馈，希望能看到更多关于实践话题的探讨。

近年来，我陆续为数百家企事业单位各层次人员进行过项目管理实践和思维的培训与咨询，并将项目思维应用于个人研究、咨询与其他实际工作，既积累了相关素材，有了很多第一手的实践经验和心得，又接触到大量的初学者，了解了他们的实际困难、困惑和问题以及需求。我慢慢觉得这两本书仍有许多不足之处，比如很多主题看待问题的深度、广度还不够，有些内容也不够全面。于是我就开始策划，整合成一套系列书籍。

本套书的定位是填补学者（或称为理论研究者）与实践者之间的空白。学者往往缺乏实践经验，写的东西理论有余、实践不足；实践者则要么欠缺理论基础，要么没时间、没兴趣写文章。我接受过系统的项目理论教育，又在严酷的实践中历练十余年，有兴趣，愿花时间……我试图在理论与实践之间搭建一座桥梁，写成一套项目实践者喜欢的书。本套书纳入了更多的本土案例，更加接地气，这也是我最近几年实践、培训和咨询众多本土企业的结果。

在所有的书评和反馈中，让我最感动和欣慰的一句是"这是一本干活的人写的书"。

对于本书，我还有几点要补充。

第一，我不想宣扬大思想。因为大道理好讲，小事情难做。本书更多的是分析小案例、讲细节、讲实践，是本小书。宣传大思想的书很多，就如满天下都在讲华为的项目和研发管理体系，但从没听说过哪个公司能够复制一样，问题在落实上、在对行为的管理上。我发现的一个现象是：每当大家都在畅谈某种大思想的时候，这种思想（甚至只是一个词）八成会被整死。

20 世纪 90 年代，我还在读研究生，系统工程在当时是一个很热的专业。"××是一项复杂的系统工程"害死了这个专业！这句话在大小场合的出现，"系统工程"泛滥，近乎被神化。系统工程的真正含义、真正价值反而不为人所知了，其结果导致了一个学科的渐衰。尽管系统工程的重要性越来越明显，但人们宁愿用一些新的词汇去代替它，大家的注意力被转移到这些新词上——当然，我们并不在意这些名词究竟意味着什么。

"互联网+"概念近几年甚为火爆、简直热到了"不要不要的"。特别是国家有意对互联网方面加大支持力度，引爆的不仅是这个概念，更是全民狂欢。不管从事何种行业，都要赶时髦，随便就是"互联网+××"行业。"互联网+"在国内的过度概念化，让我很担心其前景。但愿我在杞人忧天。

第二，本书不为宣传某种捷径、秘籍。项目问题错综复杂，都用一些常规方法来解决；走捷径的结果往往是原地打转，问题照旧。秘籍是特定情况下的救命药，但不是万能药，不会放之四海皆准。离开了特定环境，秘籍往往没有什么实际意义，误导往往多过帮助，这些秘籍甚至会成为毒药。该出的汗总得出，该付出的总得付出。现实中的最大童话莫过于相信不劳而获，最大的悲剧就是相信有点石成金的捷径。一切项目问题都有一个解决方案，但很少有一个捷径。

人们都知道每天慢跑 50 分钟不仅有助于减肥，更有益于身体健康。但是，大多数人并不这么做，反而会花很多的金钱去买些减肥药物（所谓捷径）。一次次对减肥药物不满意，一次次受到减肥药物副作用的伤害，一次次花钱去换新的减肥药，而慢跑反而被遗忘了。同样，我们一次次对现行的项目管理办法失望，一次次承受管理失败造成的损失，一次次求助新管理方法，而忘记了我们早已知道的有效方法。

捷径和秘籍如同过热的股票，当满大街的人都在热捧时，这些事物必将走向灭亡。当然，也不应全盘否定最佳实践。他山之石，可以攻玉，仅此而已。

第三，本书着眼实干，注重解决实践中的常见问题。常见问题解决了，方法落实好了，再配以合适的绩效机制，业务成果自然就有了。这貌似常识，但常识非常行。魔鬼不仅藏在细节中，也藏在常识中。该发生的总会发生。你没法忽略细节、忽视常识，否则注定无法建立一流的项目管理。

我不认为项目管理是什么新事物、新思想；有人类的时候就有项目管理。我也不认为项目管理起源于西方，事实上有据可查的项目管理在东方更久远；有人类的地方就有项目管理。看上去西方项目管理做得好，无非是他们更肯总结提炼，在行为上更得力，不比我们更相信有捷径可走而已。

第四，本书是一本关注心法的书。在武侠小说中，常会把绝世武功分为两个部分：招式和心法。招式得其形，而心法传其神。招式繁杂，暂且不提；心法却可以概括。从这个角度看，本书是一本关注心法的书。针对这些方面，我试图给出解决问题关键的知识和行动策略。我不想包含项目管理的所有知识，倘若你想学习这些知识，我建议你参考美国项目管理协会专业的《PMBOK®指南》。但我希望书中包含的内容对项目管理者都是有用的。

本套书的写作方式主要包括以下 4 个方面。

（1）以通俗易懂的方式，让读者了解项目思维的基本原理、原则和精髓。

（2）介绍并帮助读者学习、掌握项目管理的基本方法与工具。

（3）通过一些论述和具体的案例分析，使读者了解如何将项目思维应用于项目工作、个人生活甚至社会事务的诸多方面，并希望"抛砖引玉"，引导读者"举一反三"，以便在实际工作和生活中更好地应用。

（4）与读者分享我二十余年学习与应用项目管理方法和系统思维的心得、实践经验，给予有价值的学习建议和行动指南，帮助其快速入门和提升。

为帮助读者更乐于阅读并引发思考，本书延续我所钟情的朴实、真实（我认为说真话是一种可贵的品质）、务实的表达方式，在我对项目经理培训时，这种表达方式是很多人真心喜爱的。总的来说，本套书特点有以下 4 个方面。

第一，框架重组。3 本书共 38 章，近 70 万字；增补了近年来的一些最新实践经验总结。

第二，案例更新。结合项目管理在国内发展的实际状况，补充、更新了一些案例，尤其是结合场景化原则，以便项目管理者更好地学习、借鉴和应用。

第三，突出实战。本着突出实用性的原则，结合心理学应用，增加、更新了一些方法、工具的操作指引和使用心得。

第四，加强互动。要想掌握项目管理的技能，就要进行持续的练习。阅读本套书的同时，读者可以扫描“项升”（ID：PM-ecology）微信公众号二维码，通过微信与我互动。

本套书共 3 本，其关注点也各不相同。

（1）《技法》主要关注项目的需求、进度、成本、质量、风险以及过程管控方面，这是提升绩效与改进过程的硬功夫。

（2）《管法》主要着眼于项目的团队、沟通以及干系人管理的主题，这是项目思维与实践的软实力。

（3）《心法》主要关注项目管理者的职业生涯和领导力提升，这是迈向顶级项目经理的修炼路径。

我希望你不仅是阅读一本书，获得一些启发或了解到一些所谓的“知识”，还能真正地学以致用。

本套书看上去是我写的，其实是我们大家共同智慧和经历的结晶。事实上，本套书中更多的观点来自广大的项目管理者、企业家和研究人员。近年来，我接触了许多项目经理，他们的很多经验、教训都给了我很大启发。在此，我要感谢他们。如果本书中有些观点甚至表达方式让你感同身受，这绝不是巧合。当然，如果其中一些观点与您的观点不吻合，也不要感到意外。我希望您有选择地采纳，也可以边批评边采纳，或只批评不采纳，我想在批评过程中激发您的思想火花也是一种收获。

伴随着移动互联网的发展，我的团队开通了微信公众号“项升”（ID：PM-ecology），他们每天向读者推送与项目管理有关的文章，其中的很多原创文字出自我本人之手。这个微信公众号很快聚集了数万粉丝，逐渐成长为备受欢迎的专业公众号。每天通过微信公众号与大家互动是件很有趣的事，我从大家身上学到的，恐怕要远比大家从我这里学到的多。

　　项升团队是一个务实而积极的团队，令人骄傲。在这里，我要感谢项升团队的陈利海先生、祁彬女士和我的助手章湘袭女士，他们为这套书的面世做出了富有成效的努力！

　　最后，我还是要感谢我事业有成的太太、天真专注的儿子。他们让我感受到了工作的价值和生命的意义！

2018 年 2 月于中国香港

目　录

第 1 章

项目管理者的职业生涯

> 在你成为领导以前，成功只同自己的成长有关。当你成为
> 领导以后，成功都同别人的成长有关。
>
> ——杰克·韦尔奇

成为项目经理并不只是一次职位上的升迁，更是对你能力的检验——你是否具备领导跨部门、复杂工作的能力。你已成为项目经理，但你不一定能管好项目。

1.1 走出困惑：项目管理者的未来之路

这几年，项目遍地，满城尽是项目经理。特别是随着 PMP® 的兴起，项目经理日甚火爆。

冷静下来，项目经理到底是啥？答案层出不穷，也时而在项目群中激起阵阵涟漪。项目经理虽说不上新生，但也远没有到形成所谓约定俗成和规范的阶段。

刚毕业，应聘项目经理，特制有面子。驰骋职场数十载，也应聘项目经理。

保罗·格雷斯（Paul Grace）的"在当今社会中，一切都是项目，一切也将成为项目。"给出了项目的普遍性，也将项目管理的重要性推向了神坛。

1.1.1　项目经理更像只是一个职位

细数职场与项目有关的职位：项目助理、项目专员、项目策划、项目工程师、助理项目经理、项目经理、项目管理师、高级项目经理、资深项目经理、项目总监……

许多工作一看即明，可唯独这个项目经理高深难辨。它可能是一个完整项目或产品的负责人，或者也可能被指代成某个产品研发部门的负责人，即产品部经理（这个是更多被业外人士所误解的）。其实，项目经理于此时此刻，更像只是一个职位——一个做项目的人，就像客服经理有的或许只是一个客服。具体的工作职责所在组织又常说不清。总之，项目中找不到责任人的工作都归你了！说白了，组织需要你在项目上做什么你就做什么吧！所以，这也是为什么在一群项目经理讨论做什么的时候总有唇枪舌战，而且，每个人心中总有一只坐井观天似的小青蛙。

美国人给出了一个所谓的终极版定义："项目经理是指由执行组织委派，领导团队实现项目目标的个人。"[《PMBOK®指南》（第 6 版）]

在绝大多数国内企业里，项目经理都是在有责无权条件下实施项目。说起来也有其合理性。高层管理者从一开始就知道项目经理干的是"神"一样的人才能干出来的事，工作本身就极具挑战性、失败风险随时伴随。他们时常担心，如果项目经理被授予过大的权力而被滥用，将导致项目出现更多不应该出现的问题，届时领导也难辞其咎。反之，如果项目经理没有太多权力而仅承担责任，通过跨部门协调来推动项目进程，就可以避免犯太大错误的可能——没有权力也就没有机会做犯错的决策。

这样一来，项目经理就需要"借力"来推动项目，这种借力往往通过汇报和审批来实现。自然，这甚是麻烦！但由于有各级和各方领导把关，风险会小很多！所以，对企业领导来说，为了确保企业的利益，越是挑战大、风险大的项目，越不敢授权给项目经理，反而常要把责任放在项目经理身上。

有责无权的项目经理就是"神"一样的职位，也使得多项目经理极为郁闷。

首先，他既不给团队成员发钱，也决定不了团队成员升迁（常见情况），还安排团队成员干活，自然是不被员工待见的。

其次，他时不时跟职能部门争资源、给职能部门添麻烦，这些部门经理们自然是烦项目经理的。

最后，老总们见到项目经理时，听到的总是一堆坏消息。不是进度拖期了，就是成本超支了；不是质量变坏了，就是客户不满了。在老总们眼里，项目经理是"从不带来好消息的人"。

可见，项目经理就是一个被组织上下所有人"讨厌"的人！

如果你喜欢一个人，就让他去当项目经理，因为项目可能会使他有业绩；如果你恨一个人，也让他去当项目经理，因为十有八九他会被失败的项目毁了。

1.1.2　项目经理是做什么的

项目经理是做什么的？有的奔走于技术、设计之间，推进进度；有的则是无时无刻不在与文档打着交道。实际上，这便是真实的项目经理的环境。有时候怪不得他们，因为这常常是组织架构缺陷导致的问题，属于事业环境因素①。因而这也是讨论的时候总难达成一致的根本原因。

言归正传，项目经理常扮演的角色是模糊的，这是因为组织的职位架构不一定如理想般齐备，很多时候项目经理需要懂技术、懂管理。有时候可能还要懂组织政治、懂客户体验，因为他要与所有干系人沟通，以正确地传达项目概念和项目应该实现的业务目标。

如果组织具备条件，还是应该回归到项目经理本来的职能上，毕竟术业有专攻。我们只需要更好地将我们的表达和需求与他们沟通充分即可。

项目经理的本质工作在于对项目业务目标的实现。具体就是针对用户产生行为，对用户期望进行分析、研究并对项目的整个生命周期实施管控，以使项目在解决用户实际业务问题的同时，实现用户期望与组织盈利的平衡。

自然，这提出了对项目经理关于人文学科、自然科学等范畴的素质的要求。

---

① 事业环境因素是源于项目外部（往往是企业外部）的环境，是项目团队不能控制且将影响、制约或指引项目的各种条件。

当然这比较虚，如何把握，如何平衡？诚然，以上是建立在对行业和项目交付物（产品）熟悉的基础上的。一个初出茅庐的职场新人，一般在执行性岗位上。比如进行简单的沟通协调以推进项目，按照测试细则实施测试等。

无论如何，我们都不能忘记项目经理的初衷，明白到底是做什么的，才能做出成功的项目——这很难！毕竟成功的项目只占所有项目的极小部分。

1.1.3　人人都是项目经理

"一切都是项目"，自然，人人都是项目经理。好事者将项目经理职位的火爆归因于此职位的低准入门槛，因为人人都是嘛。但我个人认为，如此理解这句经常被误读的话，有失公允！

人人都是项目经理，但并不是人人都能做好"项目经理"。择其合适而从之，人人本是泛指，写简历是项目，谈朋友、结婚是项目，生孩子是项目，买房子是项目，装修房子是项目，研发手机也是项目……自然，人人都是项目经理也就可以理解了。

但正如上文所述，术业有专攻。一个培养孩子的项目经理（父母、老师）并不一定能肩负起项目经理的职能。人人都是项目经理，却很少能管理好我们的"项目"，得到好结果。

1.1.4　项目经理需要什么

1. 是否需要考个项目管理证书

很多项目经理都在考证书，PMP®、IPMP①、CPMP②……还有各种行业内的项目管理认证。我经常被问到的一个问题就是"有必要考个项目管理证书吗？"

---

① 国际项目管理协会（International Project Management Association，IPMA）在全球推行的国际项目经理资质认证（International Project Manager Professional）。

② 人力资源和社会保障部中国项目管理专业人员（China Project Management Professional）认证。

这个问题太难回答了，但是我常反问："上大学有没有必要？"我并不鼓励所有人都去考证，除非你有现实的需求。当然，每个人都应用专业的方法做事，这至少可以让我们少走弯路、少犯错误。自然，每个项目经理都应学习专业的项目管理知识体系和方法。应该强调，作为项目经理，必须从现实角度考虑所有问题（见图 1-1）。

图 1-1　考过了 PMP® 就能做好项目？

所以，我的主张是：既不要偏离普遍公认之良好做法、企图走捷径，也不要脱离实际、夸夸其谈、试图做理想化项目管理，而要脚踏实地、一步一个脚印。

2. 项目经理的能力知识框架

PMI 的近期研究通过其人才三角指出了项目经理的能力素质要求，为个人或组织来管理项目经理的专业发展提供模型。这个人才三角从 3 个维度对项目经理的能力提出要求：技术项目管理、战略与商务管理、领导力（见图 1-2）。

有人将理想项目经理的能力知识能力框架细化成了如图 1-3 所示内容。

如果真的具备这么多的知识和能力，这是什么人？——这不是传说中的"超人"吗？

说实话，做一个优秀的项目经理的确是太难了！

你需要懂项目的启动、规划、执行、监控、收尾如何管理；需要具备财务、质量、生产、市场、营销、信息技术知识；需要熟悉项目管理、运营管理、战略管理；需要有行业背景，了解市场信息、专业技术……这些也许还好办，只要静下心来好好学习就行了，毕竟还属于知识范畴，时间而已！

图 1-2　PMI 人才三角

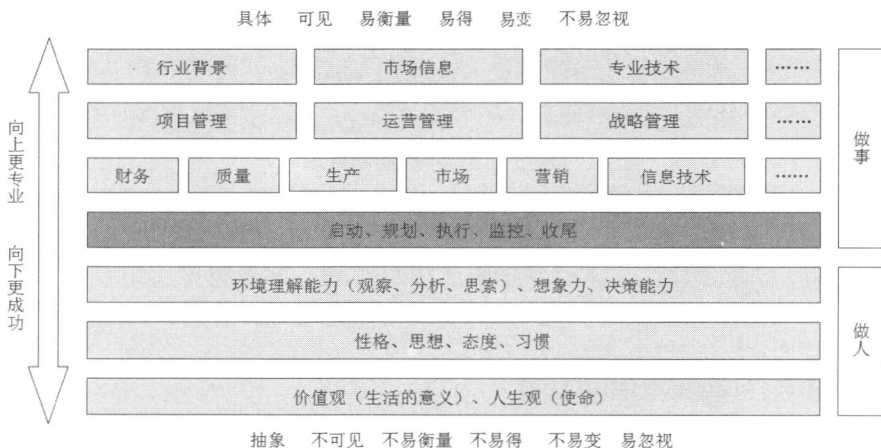

图 1-3　理想项目经理的能力知识能力框架

难的是，一个优秀的项目经理需要理解项目环境、懂得适应事业环境因素，需要有想象力，具备决策能力，更必须具有好的性格、态度和习惯……

最难的是，要有正确的价值观、人生观！

如果这些都具备了，这又是什么人？圣人？也许根本就不是人！

理想归理想，回归现实！我同意郑晓龙老师的说法，在这块土地上一个较为现实的"优秀"项目经理应该满足"十个一"（见图 1-4）。

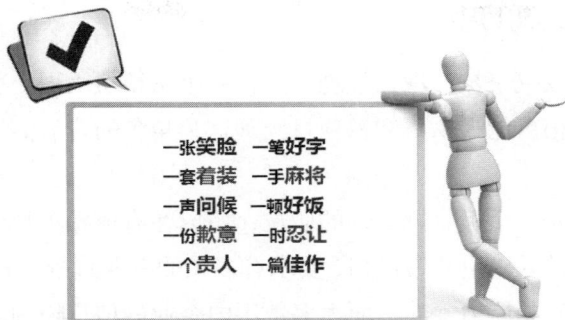

图 1-4　中国特色项目经理的"十个一"

3. 项目经理最重要的技能

常常有人问我，项目经理的什么技能是最重要的，我会毫不犹豫地回答"人际关系技能"。不会与人打交道的项目经理，会遇到很多麻烦。

> 一位大建筑集团的董事告诉我，他不得不把一位项目经理调到一个不必与人打交道的岗位。这位项目经理懂建筑，也知道如何做计划，但他常常惹人生气，使那位董事要花费很多时间去平息人们的情绪。

然而，人际关系技能在大多数组织都被低估了。我几乎没有见到因为项目经理不会制作甘特图而失败的项目，倒是常见很多项目因人际关系问题而陷入严重危机。我同意丁荣贵教授的观点，作为技术背景出身的项目经理从技术专家到优秀项目管理者，需要 6 个转变。

（1）由专注技术转向关注拥有技术的人。

（2）由理性转向感性和理性相结合。

（3）由追求完美转向追求满意。

（4）由做自己感兴趣的事转向做自己该做的事。

（5）由着眼于项目工作转向着眼于项目的商业价值。

（6）由技术权威转向管理能手。

1.1.5　做好该做的事

很多人可能仅仅是被"项目经理"这样一个头衔所吸引，就踏入了这个岗位或角色，他们很可能根本不知道项目经理这个角色的背后需要背负多么巨大的挑战。

项目经理本是一个极具挑战性的职位，所以在有成熟项目管理体系的企业里选拔项目经理的要求也非常严格，要求有多年的专业背景、丰富的管理经验，以及项目经理特有的能力素质。而大多数国内企业的项目经理却不一定符合要求，这也是很多国内项目经理在开展项目过程中感到很吃力和艰辛的原因。

事实上，对现阶段的国内企业，这也实属无奈。合适的项目经理不易找到，也就只能"赶鸭子上架"了。对项目经理自身而言，倒也不一定是坏事，毕竟锻炼机会相当难得，也许是一条快速提升之道。

简言之，项目经理只是一个职位，做好该做的事，其他都是浮云。

冰冻三尺非一日之寒。这个职位需要我们无所不涉猎、无所不懂，更需要正确的价值观、人生观，并无一步登天之说。现在"好"的项目经理都是野路子走出来的，摸爬滚打，无法复制。补充项目管理专业知识是必要的。项目经理的成功之路，听听我的课也许更有启发（绝无强加给你的意思），让我们一起进步。

1.2　项目管理者的成长路径[①]

到年底，一位项目经理年终总结的内容如下：

- 负责项目 5 个；
- 修改计划 50+稿；
- 参加会议 500+场；
- 扯皮吵架 5 000+回；
- 任务分解 50 000+条；
- 需求变更 500 000+次；

[①] 本节主要贡献者为陈利海。

- 项目奖金？？？

……

一年下来：

- 工期不变，预算不变，需求总变；

- 权力不大，能力不大，头很大；

- 经验没涨，收入没涨，脾气涨了；

- 职务不高，地位不高，血脂高了；

- 成绩不突出，事业不突出，腰椎间盘突出；

- 大会不发言，小会不发言，前列腺发炎；

……

从这些文字中我读出了项目经理的"痛苦状态"，更加痛苦的是来年还要把上面的报告再写一遍，似乎看不到改变的希望，项目经理作为夹心饼干真的是苦不堪言。

人类痛苦的原因之一是由于外界事物的吉凶不定，导致自己无所适从。如果能够明确事物背后发展的规律，搞清楚自己从哪里来，终将到哪里去（这是哲学的终极使命），也就不会那么痛苦了，因为知道了规律，也就知道了自己当前的位置，知道了位置便可以做出进、退、取、舍。

下面我将结合自己项目管理者职业的经历，以及这些年做项目管理咨询工作的心得体会，试着帮助大家厘清项目管理者心路历程，希望帮助大家找到自己的定位，重塑强大的内心，快乐工作并淡定面对。

王阳明的"人心须在事上磨"这句话送给项目管理者再好不过。普通人往往用一个几乎不变的"心"，不断地与世界抗争，世界在变而"心"不变，这就会导致痛苦。"事业的成就取决于心的修炼；而修心需要通过事来实现，当工作中遇到困难和痛苦时，说明你的"心"需要升级了。

作为项目经理，其内心修炼需要经过 5 个阶段。

1.2.1　初始阶段：业优则仕、身先士卒

刚刚走上项目管理岗位时，项目管理者的心态一般是处在这个阶段。此时，

非常看重要做的事，遇到困难身先士卒，只要自己懂，通常会亲自去解决，同时在不断解决问题的过程中获得成就感并树立自己的威望。对于非专业技术出身的项目管理者也会表现出对各种专业知识的强烈好奇心，即使自己无法亲自动手做，也会出谋划策，甚至因为自身逻辑性较好，会说服技术人员按照自己的思路来解决问题。

这个阶段的项目管理者会比较注重"事"，也就是项目管理三角形中的范围，认为所有的事情差不多同等重要，拼命地想要带领团队把所有的事都尽快完成。项目的独特性和渐进明细的特点，决定事情总是层出不穷的，把时间因素加进去之后，你必须做出取舍，否则不可能在规定的时间内完成所有的事。而客户和老板，默认你是懂这个三角形的，他们往往只会派活给项目管理者，你如果接受了，那么他们就认为能够在规定的时间内完成。所以这个阶段的一个典型活动就是"加班"，作为新晋项目管理者，此时的你"痛并快乐着"，当午夜下班一个人走在路灯下面时，心中常常莫名地涌出一种成就感。

但团队的生产力总有被突破的一天，于是开始有延期，开始有来自客户和老板的抱怨，尤其当领导开始抱怨你办事不力时，你的内心开始愤愤不平，"我付出了那么多，这半年来从没有按时下过班，每天披星戴月，换来的却是这样的结果，愚蠢的客户，昏庸的老板！"

当你的内心开始出现这种声音时，记住你的"心"需要升级了，你现在连项目管理三角形还没有掌握，先不要抱怨他人对你的误解。

1.2.2　成长阶段：小有成就、自以为是

失败的人找借口，成功的人找方法。你开始通过学习来提升自己的项目管理能力。学习的途径有很多，但不外乎 3 种途径：向书本学习、向实践学习、向同事学习。也许此时你会去考 PMP®证书，拿到 PMP®证书的那一刻，你恍然大悟，"原来项目管理有个三角形，自己以前只关注范围，还有时间、成本两个边，中间还夹着一个质量"。有了 PMP®证书，你可以说是有证驾驶了，你开始觉得经过前几年项目的锻炼，自己应该是一个老司机了，接下来应该不会再开到沟里面去了。

在这个阶段，你能做出专业的项目管理计划，如 WBS、里程碑、甘特图等，

而且还知道风险管理、质量管理都不能松懈。此时你已经不再亲自动手解决具体的技术问题了，因为你清楚项目管理者的责任是整合，让团队解决问题，而不是自己撸袖子干。

慢慢的你开始发现范围、预算和进度总是很难协调，老板和客户总是想全部都要；还有团队成员总是不听指挥，总是不能按照计划完成工作。另外，你还发现职能经理总是和你对着干，而你拿他们却没什么办法。去老板那告状吧，担心职能经理以后更加不配合工作；放任不管吧，项目绩效已经无法忍受，早晚要被老板批！更悲催的是，你发现项目三角形是会变的，项目开始的时候关键干系人只关心成本，一旦开始干了，大家只关心进度，等到验收的时候又揪住质量不放。

没有授权，没有预算，没有资源，只有工期，领导说：要懂得沟通，学会谈判，必须干系人满意……，你才明白什么是"软技能"！此时你由原来的信心满满、自以为是变得开始怀疑人生，怀疑项目管理体系的真正作用！

好吧，我只能说你又该升级了，不过很多项目管理者停留在这个阶段，无法自拔，升级之路更加困难。

1.2.3　考验阶段：人心难测、困苦彷徨

内心的彷徨与困苦，导致很多项目经理开始怀疑自己的性格根本不适合做项目经理，当人一旦开始用性格给自己贴标签，那么他进步的空间就被自己锁死了。因为大部分人都会认为，性格是天性，人无法突破自己的天性，与其无谓地挣扎还不如顺其自然。但是我要提醒你，人除了性格还有能力，你未必需要改变性格却可以提升能力。能力是工具，你可以决定什么时候用什么工具，这个跟性格关系不大。

这里要说的能力就是软技能。所谓软技能，就是关注和处理与"人性"相关的能力，《PMBOK®指南》中提到的项目管理者的软技能包括领导力、影响力、谈判、决策、教练等。也就是说思维的重心要从以前放在"事"上，转向思考"事"是由人做的，思考人和事的关系。

之所以叫作软技能，是因为人性的多变，你无法用一套固定的方法来应对，PMP®教给你的基本上属于硬技能，虽然提到了软技能，但没有告诉你什么情况

下该用什么方法来应对。之所以没有告诉你，是因为这里并没有标准答案。每个人有不同的知识、文化背景，不同的价值观和利益诉求，这必须因时、因地、因人制宜。过了这一关，你才能算成熟。

人性有黑暗与光明的两面，在这个阶段如果把控不好，很容易滑向黑暗的一面。如果走向了极端，那么你依然不会获得工作的乐趣，无法获得与他人一起完成一项事业所带来的成就感。

所谓困苦、彷徨正在于此，我也曾经在这个阶段彷徨过几年，解决的方法仍然是学习，此时应该读的书主要是与哲学相关的。通过学习和反思，勇敢地踏出那一步，过了这个最凶险的阶段你将进入职业生涯的辉煌阶段。

1.2.4　成熟阶段：参破成败、胸有成竹

随着能力的提升和资历的增长，你明白项目的成功不仅仅是项目三角形的完美达成，还有不完美的成功和失败。遇到极具挑战的项目，明知不可为而为之，在这个过程中充分考虑各种干系人的利益，能够站在公司的层面、老板的角度做出最佳决策，即使失败别人也不得不承认你的专业性，因为他们能想到的你都考虑到了，他们没有考虑到的你也考虑到了，而且对于坏的结果，做好了充分的善后。

失败是不可避免的，当无法达成目标时，要充分展示你的专业性，而不是逃避。此时你深刻地认识到，对于项目只不过是以人为中心的信息处理，做出项目决策需要考虑公司的商业战略、公司高层的政治利益、项目的绩效指标。胸有成竹、运筹帷幄应该是你此时最好的描述。

如果你享受这个过程，那么一直以这个状态直到退休也是人生乐事一件。但也有可能的状况是项目管理已经无法再带给你成就感，那么说明你又该升级了。

1.2.5　升华阶段：百尺竿头、功成身退

胸有成竹阶段对于项目管理职业生涯已经近乎完美，如果依然无法获得成就感，那么说明你该功成身退了。你可能发现自己辛辛苦苦做的产品总是卖不好，那么你可以去做市场策划和产品经理；也许，你看手下那帮小项目经理做

事没有章法，那么你可以去做导师和教练；也许你觉得，英雄无用武之地，可以自己创业，闯出自己的一片天地。

所谓功成身退，实际上是再一次的进阶升华，只不过它已经超脱了项目经理职涯了！

1.3　提高项目管理者的幸福感

美国密歇根大学罗斯商学院的研究成果发现，幸福员工的绩效比所有员工的整体绩效高出 16%，组织忠诚度高出 32%，缺勤率和看病的次数也少得多。

究竟是什么因素影响了项目管理者们的幸福感，在项目管理复杂多变的生态系统中如何提升项目管理者幸福感、激励他们取得高绩效？

让员工"更开心一点、更舒服一些"，才能更有效地调动员工的工作积极性，也是企业得以良性发展的基础保证。事实上，"幸福感"在赫茨伯格的"双因素理论"中，属于激励因素和保健因素。

我们于 2016 年 11 月发起了中国项目管理者幸福度的调研，调研对象涵盖资深项目经理（PMO 经理、项目组合经理）、高级项目经理（项目集经理）、项目经理、项目助理等不同职级的项目管理从业者。历时 6 个月，调研项目组共收集了 758 份原始问卷，其中有效样本为 685 份。

该调研旨在了解影响中国项目管理者幸福度的关键因素，建立中国项目管理者的幸福度模型，洞察中国项目管理者的幸福度水平和现状，提高绩效，实现组织的健康、长远发展。

1.3.1　职业成长

成长这个维度排在第一位令人意外，似乎也在情理之中。再次证明了国内职业规划的缺失，项目从业者的职业天花板现象令人忧虑。

对于成长这个维度，研究发现不同职级的项目管理者关注的因素有着明显的差异（见表 1-1），这对工作改善极具指导意义。

表 1-1 不同职级的项目管理者的关注因素差异表

资深项目经理	高级项目经理	基层项目管理者
公司提供我学习新知识和技能的机会	直接上司能有效开展绩效评估，并进行指导和帮助	直接上司能有效开展绩效评估，并进行指导和帮助
公司给我的职业发展提供指导	公司给我的职业发展提供指导	我在工作中有足够的机会获得挑战

（1）基层项目管理者（项目经理、项目助理）大多处于职业迷茫期，希望"公司给我的职业发展提供指导"。

（2）高级项目经理（项目集经理）往往是有了较清晰的方向，希望"直接上司能有效开展绩效评估，并进行指导和帮助"。

（3）资深项目经理（PMO 经理、项目组合经理）则是希望"公司提供我学习新知识和技能的机会"。

这是因为现在外界环境变化太快，资深项目经理的技能急需更新的缘故。

1.3.2 安全感

按照马斯洛需求层次理论,安全需求是属于仅高于生理需求的低层次需求。安全感这个维度排在第二位既在意料之外，又在情理之中。安全感对于中国项目管理者们幸福度的影响程度如此之高，说明国内项目管理者当前的职业安全水平很低，具有很大的提升空间。除了生命安全之外，安全感维度的更重要方面是职业安全和雇佣安全。

毋庸置疑，这就是互联网时代，它让人沮丧，也让人亢奋。很多行业都在这场潮流中受到前所未有的冲击与涤荡，职业安全和稳定成为这个时代最大的职业谎言。

调研发现，高级的办公室并不能明显带来幸福感，职业安全和雇佣安全则能带来明显的幸福感。职业安全和雇佣安全包括如下。

（1）雇主遵守劳动合同的承诺。

（2）公司员工不会无故被解雇。

（3）公司在困难时，不轻易大规模裁员等。

除此之外，调研结果还发现，项目管理者与上司沟通顺畅，安全感会增强。

1.3.3　工作的意义

工作的意义是指人们感觉自己在工作中所追求的目标是否有价值，觉得自己为之所投入的时间和精力是否值得。

选择什么样的工作，如何对待工作，从根本上说不是做什么事和赚多少钱的问题，是一个关于生命意义的问题。工作就是付出努力以达成某个目标。人生只有一次，只有全力专注于一个方向，并真正为其付出心血，才能使我们最大程度地展现自己的才能，成为独一无二的自我。

调研表明，对于"工作的意义"这一维度有明显影响的前4个因素依次分别如下。

（1）能实现自己的职业目标。

（2）能发挥自身优势，做自己擅长的事。

（3）觉得自己和自己的项目在公司很重要。

（4）经常得到上司或客户的认可与鼓励。

值得注意的是，不同职级的项目管理从业者都将"能实现自己的职业目标"排在"工作的意义"这一维度的第一位。排在第二位的因素，各不同职级的项目管理从业者有明显的差异。

（1）基层项目管理者排在第二位的因素是"能发挥自身优势，做自己擅长的事"。

（2）高级项目经理们排在第二位的因素是"觉得自己和自己的项目在公司很重要"。

（3）资深项目经理们排在第二位的因素是"经常得到上司或客户的认可与鼓励"。

由此可见，让基层项目管理者们负责自己擅长的事，经常征求高级项目经理们的意见，认可与鼓励资深项目经理可以提升他们工作的意义感。

1.3.4　薪酬

对于薪酬这个维度，高薪酬并不明显提高幸福感，以何种方式支付则对于员工幸福感有重大影响。

调研显示，影响薪酬的前4位因素分别如下。

（1）我的薪酬水平合理，不低于同行业平均水平。

（2）薪酬分配合理与平等。

（3）我的薪酬能保障我和家人的生活。

（4）除了薪酬，公司还会以其他形式认可我的贡献和成就。

在不同职级的项目管理者中，影响因素排在第一位的都是"除了薪酬，公司还会以其他形式认可我的贡献和成就"。但是排在第二位的影响因素，基层项目管理者明显不同于高级项目经理和资深项目经理——基层员工的生活压力更大，而高级项目经理和资深项目经理主要担心个人价值被低估。

1.3.5　公司声誉

与人们通常的观点不同，调研结果发现，大公司与员工的幸福感无明显相关，公司声誉对员工幸福度影响不大。

一个员工加入一家大公司所带来的情绪高涨只能持续一段时间，之后，还得看这个公司是否有真正让员工所感知和内化的品质。这也应验了心理学研究的结果：任何外在事件对情绪的影响只有3个月，3个月后情绪恢复到基准水平。

能提高项目管理者幸福感的"好"公司的特质如下。

（1）规范的项目运作流程。

（2）良好的公司运营操守。

（3）健康的企业文化氛围。

（4）良好的组织社会形象。

1.3.6　人际关系

在人际关系这个维度，调研结果验证了国际知名调研公司盖洛普之前对全球的调研。结论是：高层管理者对于项目管理者人际关系的影响最大。

不同职级的项目管理从业者中，影响人际关系的各种因素的排序如下。

（1）上司公平公正地对待下属，并保持沟通透明高效。

（2）可以从直接上司处获得必要的支持和帮助。

（3）和项目团队成员相处融洽，能有效协作，达成团队目标。

（4）和职能部门经理沟通顺畅，能得到有效支持。

1.3.7 对项目掌控度

对项目掌控度这一维度的调研结果耐人寻味：项目轻松不会明显带来幸福感。项目管理者们愿意承担压力，只要"工作压力不会影响生活"。

1.4 项目经理成功面试指南

本部分的目的是为应聘项目经理提供帮助，告诉你如何回答有关应聘的问题、方法和思路。对于一名成熟的项目管理者，你可以跳过，而对于没做过项目经理的人和已经是项目经理但自认为技能不足的人，希望有所指导。

1.4.1 对项目管理和项目管理者的基本认知

1. 什么是项目管理

> 项目管理就是将知识、技能、工具与技术应用于项目活动，以满足项目的要求。
>
> ——《PMBOK®指南》（第6版）

看了这个定义，会让人摸不着头脑，这也是《PMBOK®指南》的特点——说的都是真理，里面的每个字你都认识，但放在一起你就不明白它的内涵！通俗一点，项目管理就是通过周密的计划，管理好项目中人、事、物，达成项目目标。项目管理的 4 个核心要点是：识别需求、管理干系人、平衡相互竞争的项目制约因素和善用滚动规划。

2. 项目经理是做什么的

项目经理是委派其实现项目目标的个人，是对一次性事件负责的人。项目经理是为了完成独特性、一次性的任务，以目标为导向，调动协调各项资源，把不同专业技术人员在合适的时间、地点、场合进行合适的整合，确保项目工作在项目预算范围内按时、优质地完成的管理者。

项目经理是项目团队的领导，他/她的职责是激励团队以积极的方式完成任务。项目经理需要的技能应包括硬技能（技术技能）和软技能（管理技能），坚实的技术基础能够在技术方面对团队起指导作用，管理技能有助于沟通和解决问题。管理技能不仅限于技术方面，还包括解决问题的能力、估算能力、编制计划的能力及人际关系能力。

从某种意义上讲，项目管理的本质是整合，有结合的部位均需整合，也包括干系人利益。因此，项目经理最重要角色是整合，通过计划、执行、评估和改进等过程的不断重复，管理干系人期望，解决问题，直至达到项目的商业目标。

3. 管理层需要什么样的人

每个经理都在找有能力完成某一商业目标的人。最困难的是要了解他们懂什么和能做什么。你必须证明自己具备胜任能力，更重要的是必须让招聘者认为你是诚实可靠的。

管理是指无论在有利或不利的环境中都能应对自如。在问题没有被详细表述或没有可选的解决方案时，你必须表现出你的管理才能。如果你让管理层来解决所有的问题，那要你还有什么用，管理层正在做你做的工作呢。

作为项目经理，遇到问题首先应该专业地评估、有效地沟通、有力地执行。也就是评估和分析问题的影响并推荐可能的解决方案，比如：

（1）进度是否会拖期？

（2）成本是否会超支？

（3）质量是否会变差？

（4）有没有人能解决这个问题？

（5）可能的解决方案是什么？

（6）如果团队解决不了，能否找到外部资源？这些资源在哪里？

（7）如果需要领导出面，需要领导解决什么问题？

作为项目经理，应该跳出问题细节的泥潭，从业务、管理、团队、计划、资源协调等层面对项目进行控制。项目经理需要做到每一项工作都有人在做，但不一定都是项目经理在做。

4. 干系人管理技能是项目经理的必备素质

了解干系人的心理及其行为方式是项目经理必需的素质。IBM 多年来的口号是"尊重每一个人"。迈尔斯布里格斯类型指标（MBTI①）表征人的性格，可用于帮助项目经理分析干系人风格及对团队产生的影响。项目经理应该理解个人工作风格，并且牢记这些实践经验。

项目管理者的本质是管理自己、影响他人，"管理"是建立在合法的、有报酬的和强制性权力基础上的，但是项目管理更多的是建立在个人影响力和专家权以及模范作用的基础上。概言之，项目管理者最需要的是"说不清道不明"的领导力。

合格的项目经理运用的是领导的方式，不合格的项目经理则是运用管理的方式。项目经理有能力管理的没有任何人，只有你自己。项目经理握有较虚的职权，只能通过自己的专家权力和影响力去影响别人。只有做到管理自己、影响别人，这才是合格的项目经理。

可见，项目经理应该具备一些基本的能力并遵循一个基本准则，这个基本准则的核心就是：只有被领导者（项目团队成员）成功，你这个领导者才算成功。

5. 项目经理需要哪些管控能力

项目是一个复杂的过程，项目经理必须建立一套计划管控体系。这其中，计划充当着这个过程的"地图"。该地图必须足够详细以便决定下一步做什么，同时也必须足够简单以使人们不会迷失在细枝末节中。

---

① 参见本书第 2.3 节。

这其中的主要问题如下。

（1）度量方法。度量方法如果没有管理好或运用好，会产生负面影响。

（2）计划管控。许多项目经理都犯同样的错误，他们编制一个十分出色的计划，但从不付诸实施。事实上，他们很少按计划进行工作。

（3）关键检查点（里程碑）。这些检查点是达到商业目标的路标。要记住项目计划不仅只对新的开发项目有用，它们在支持和维护中同样重要。

（4）预算。项目经理要编制和管理项目预算，一个没有实现商业价值的项目是失败的项目。

（5）团队管理。项目经理需要做到每一项工作都有人在做，但不一定都是项目经理在做。在你成为项目经理之前，成功只同自己的成长有关；当你成为项目经理以后，成功都同团队成员的成长有关。

（6）经验与风险管控。当你的项目出现严重问题的时候，你去向有经验的项目经理请教……但你时常发现：似乎有经验也救不了你！

一个有经验的项目经理，和没有经验的项目经理，他的"经验"体现在什么地方呢？

一个真正有经验的项目经理，一定不会让这种所谓的"严重问题""意外事件"发生。"谨慎""预见性"非常重要。面对安全方案选择，不会冒险去用"先进"的方案。面对承诺，他会思考如果承诺兑现不了该怎么办……

6．项目管理角色面临的压力

项目经理的角色是一柄双刃剑。这个职位要承担一定的压力，也会得到相应的奖励。一旦你成为项目经理，就必须对这两方面做好准备。

成功地完成一个项目，每个人都会得到奖励。能够帮助团队成员开发他们的潜能是项目经理特有的回报。在任何任务中，人都是最重要的元素。通过运用自己的管理技能造就了一个充满活力的团队，是一件值得骄傲的事。

1.4.2　成功面试必备知识

正如人人都说过，项目管理是一个复杂而博大且没有专门教材的学科，需要有一定的知识广度和深度。

1．书籍

关于项目管理者应看的书，你可以给项升（ID：PM-ecology）公众号发送"书单"，看看我的推荐。

2．软件/工具

项目管理的常见工具：Microsoft Project、Oracle Primavera P6 EPPM、Applied Business Technology、Project Workbench 等。

3．项目管理技术

在面试中通常会提到的有关项目计划问题，这也是项目管理的核心。大部分项目计划编制工具都会使用到一些或全部术语和功能。以下这些是一个项目经理必须知道的（不限于）。

（1）生命周期：PLC、敏捷、瀑布、迭代、RAD、配置管理、版本控制。

（2）范围：需求、项目需求、产品需求、WBS、范围蔓延、镀金、变更控制、渐进明细、需求变更、代码行、可交付成果。

（3）进度：活动清单、紧前关系、功能点、参数估算、类比估算、网络图（单代号、双代号）、甘特图、PERT 图、任务列表、关键路径（CPM）、赶工、并行、资源平衡、关键链、RBS。

（4）费用：估算、预算、应急储备、管理储备、EVM。

（5）质量：PDCA、 QP、QA、QC、回顾、清单、黑盒测试、白盒测试、α测试、β测试。

（6）团队：项目型、矩阵型、职能型、强矩阵、弱矩阵、平衡矩阵、RAM/RACI、OBS、集中办公、冲突、管理风格。

（7）沟通：沟通方式、内部沟通、外部沟通、平行沟通、水平沟通。

（8）风险：概率影响矩阵、风险识别、风险分析（定性/定量）、风险应对、风险控制、减轻、规避、转移、接受、上报、次生风险、应急计划、弹回计划。

……

对于那些从未正式管理过一个项目的人，需要说的是做技术工作与管理项目是不同的。项目经理需要做到每一项工作都有人在做，但不一定都是项目经理在做。项目的成功需要团队成员的努力，只有团队成员成功项目才会成功、项目成功就是项目经理的成功，反之，项目失败就是项目经理的失败。总之，项目经理的成功是建立在他人成功的基础上的。

1.4.3　你可以问面试官的问题

当面试官完成对你的问题询问，你也可以向面试咨询问一些问题，但提何种问题是一个人能力水平的体现！

（1）公司项目的优先级是什么？

（2）项目的执行发起人是谁？

（3）公司使用项目管理体系对项目经理的定位是什么？

（4）有量度项目成功的方法吗？

（5）公司层面是如何降低项目中重复问题的发生的？

（6）公司部门经理在项目上是如何给项目经理提供协助的？

（7）公司对项目经理的职业规划是怎样的？

（8）项目的绩效考核体系是什么样的？

……

对于项目管理经验不足的人，你不需要理解技术环境的内部是如何工作的，但是你应该理解一般的概念和特征等。你应该说明如何带领团队有效地完成目标、强调你的管理哲学。可以适当说明上级、与你地位同等的人，你的用户和部下是如何评价你的团队协作和管理能力的，这里一定要提及任何你掌握的商务领域知识。

在面试中，你应自信并注意倾听。不管面试结果如何，都应以一种积极的态度面对，尽量给所应聘组织留下良好印象。

第2章

好的项目管理者为何如此稀缺

> 不在其位却显得能胜任其职，是件容易事；而在其位又确实能胜任其职，则是件难事。
>
> ——拉罗什富科

据 Standish Croup 调查，82% 的项目公司都选错了人。在美国，不同项目上积极工作的员工只占 30%，而在世界范围内，这一数字更是低到只有 13%[①]。

在过去的 20 年里，Standish Croup 研究了数百家组织的项目业绩表现，收集了 250 万个项目的 2 700 万员工的数据。在不同行业、规模、国家里，项目管理者们都在试图搞懂为何不同项目的员工表现天差地别。

项目团队成员的关键业绩指标（Key Performance Indicator，KPI），如客户满意度、利润率、生产效率、质量、出勤率、低流动性、更少的安全事故等存在关联，当项目有一个好的管理者时，一切都会改善。但问题是，优秀的项目管理者之所以很少，是因为成为优秀的管理者所需要的才能是多方面能力的综合呈现，因此非常稀缺。

---

① www.standishgroup.com.

2.1　小心彼得原理陷阱

韩庚在一家高科技公司从事研发工作。由于他工作非常努力，深受上司赏识，于是，在不久前被公司提拔为项目经理。韩庚非常感谢上司对自己的知遇之恩，决心更好地工作来回报上司。

可上任不久，韩庚却发现自己困难重重。

（1）自己在从事技术工作之余，以更大的精力来管理好这个项目团队，琐碎的事务让他忙得焦头烂额，根本无暇顾及太多技术的事。

（2）项目团队中很多资历比自己老的技术人员对自己不服，自己又不好意思说什么。

结果，工作进展得很不顺利，项目计划一拖再拖，领导对此大为不满。为此，韩庚自己也感到很委屈。

2.1.1　彼得原理

在组织中，不管晋升有多少标准和条件，有一点是毫无例外的，就是必须在现有职位上工作称职。只要称职，就具备了晋升的可能性。另外，任何组织都不会对不称职者继续晋升。所以，组织中晋升的一般规律是：只要胜任，或迟或早就会晋升；在上一层级依然胜任，那么还会晋升；而一旦晋升到不胜任的岗位，这个晋升过程就会终止。

美国学者劳伦斯·彼得（Dr. Laurence Peter）发现了这个有趣的现象，并得出了以下结论：在各种组织中，由于习惯于对在某个等级上称职的人员进行提拔，因而雇员总是趋向于被晋升到其不称职的地位，这就是彼得原理，有时又被称为"向上爬"理论。

彼得原理在现实生活中无处不在。

一名称职的教授被提升为大学校长后无法胜任；一个优秀的运动员被提升为主管体育的官员，导致无所作为；把销售冠军提拔为销售经理，由于其未必拥有大局观或合作观，极可能导致不但提拔了一个失败的销售经理，还少了一个合格的销售冠军。

1. 彼得原理的影响

彼得原理的潜在影响，使得组织中的相当部分人员被推到其不称职的级别。在极端情况下，每一个职位最终都将被一个不能胜任其工作的职工所占据，最终使得层级组织的工作任务多半是由尚未达到不胜任阶层的员工完成的。这会造成组织的人浮于事，效率低下，导致平庸者出人头地，发展停滞。

彼得原理道破了所有组织制度之谜，也使得劳伦斯·彼得先生无意间创设了一门新的科学——层级组织学。凡一切组织，如商业、工业、政治、行政、军事、宗教、教育各界，都受彼得原理控制。

一旦放任彼得定律发生，以下几种可怕的事实将无可避免。

（1）每个人都会有一个被提拔的上限（称为彼得高位或彼得高度），而且这个位置是他所不能胜任的。

（2）组织中的位置均将被不称职的人占据。

（3）由于不称职的人占据重要位置，他将雇用更多不如自己的人做助手，并导致机构臃肿，人浮于事。

彼得原理是 20 世纪三大管理学发现之一（另外两个是墨菲定律和帕金森定律），解释机构总是难以避免地变得臃肿的原因。

鉴于彼得原理的存在，要求改变单纯的"根据贡献决定晋升"的组织员工晋升机制，不能因某个人在某一个岗位级别上干得很出色，就推断此人一定能够胜任更高一级的职务。要建立科学、合理的人员选聘机制，客观评价每一位职工的能力和水平，将职工安排到其可以胜任的岗位。不要把岗位晋升当成对职工的主要奖励方式，应建立更有效的奖励机制，更多地以加薪、休假等形式作为奖励手段。将一名职工晋升到一个无法很好发挥才能的岗位，不仅不是对本人的奖励，反而使其无法很好地发挥才能，也给组织带来损失。

对个人而言，虽然我们每个人都期待着不停地升职，但不要将往上爬作为自己的唯一动力。与其在一个无法完全胜任的岗位勉力支撑、无所适从，还不如找一个自己能游刃有余的岗位好好发挥自己的专长。

2. 陷入彼得陷阱的现象

由于组织环境和其商业目标的差异，很难简单地评价组织中各位置是否已经变成彼得高位，不过一些现象可以帮助验证。若彼得原理已经深度起效，则以下情况会相应发生。

（1）对重要事务的决策总是快速而空洞，而平常事务的决策反而漫长而实际。由于领导正处于彼得高位，缺少对重要事务的决策能力，因此要么草率地决策，要么召开几个内容非常空洞的会议掩饰一下。

> 国内一家公司的老总在飞机上偶遇另外一家公司老总，飞机落地之后，一个500人的部门已经被转手，并在几年后成为国内著名的并购失败案例。

而对于平常事务，由于领导对其信息比较熟悉，能列出很多因素反复斟酌，决策过程反而很长，被斟酌的因素也非常实际有效。一个显而易见的现象是：几乎任何公司讨论考勤／报销／出差补助／节日福利的总时间往往长于组织战略与管理。

有一句话表明了这一点：决策的时间与决策涉及的金钱数额成反比。

（2）高层领导总是感觉员工缺乏执行力。高层领导总是感觉员工缺乏执行力，因而更关心且喜欢插手工作细节，而非其管理与决策职能。

> 关于本主题的更多探讨，请参考本套书的《管法：从硬功夫到软实力》第8章。

> 一个例证是，在IT公司如果发现一个管理20人的大项目经理仍在花时间写代码，他多半已经处于彼得高位。

（3）忠诚度和服从成为选人的核心原则，忠诚竞赛代替绩效竞赛。人们常常认为裙带关系是某些企业的组织结构问题造成的，但实际上任何成为彼得高位的公司都将产生裙带关系。

企业的最高领导者一般无论如何都有任人唯贤的本心，即总是希望能提拔更有能力的人，但在一个所有中层都成为彼得高位公司别无选择。由于无法有效提升绩效，忠诚竞赛成为中层下一次提升的动力（处于彼得高位的人仍会被提升，当然也仍会不胜任），裙带关系应运而生。

（4）人浮于事、效率低下。处于彼得高位的领导会不自觉地雇用平庸而非杰出的下属，这客观上造成组织的人浮于事，效率低下，导致平庸者出人头地，发展停滞。

2.1.2　如何应对彼得定律

1. 高层对彼得原理的应对

作为一位有责任感的领导，或者是公司的创始人，有一些方法可以减轻彼得原理的影响。

（1）不以服从评价下属，杜绝任人唯亲文化。任人唯亲是直接跨过所有步骤让自己的企业变成彼得企业的最快办法，应首先防止。

（2）合适之人合适之位，谨防唯绩效评价制。即使总是提拔成绩最好的人，也可能陷入彼得原理的陷阱。如前文的技术专家型管理者和销售冠军型销售经理等。应分析管理位置的职能和要求，提拔合适的人。

多数情况下改变一个人的难度非常大，知人善用才是用人之道。

（3）拓展员工晋升途径，建立多维职业生涯体系。"提拔合适的人"很容易理解但为何总是被违反？因为很多公司没有建立起员工晋升的途径，这是一个必须解决的问题。

（4）从管事转变为用人，管好自己，影响下属。这是高层领导最重要的工作。合格的高层管理者运用的是领导的方式，不合格的则是运用管理的方式。为此，高层领导应该具备一些基本的能力或者遵循一个基本准则，这个基本准则的核心就是：只有被领导者（项目团队成员）成功，领导者才能成功。

> 历代明君均有贤臣辅佐。正如刘邦所言："运筹帷幄我不如张良，行军打仗我不如韩信，治国理政我不如萧何。但这 3 个人能为我所用，所以我才能得到天下。"其实在公司里最应该做领导的人，不是能力最强的人，而是最会用人的人。所谓能力随时在变化：战争年代张良、韩信能力最强，国家安定萧何、陈平能力最强，唯一不变的是用人的

能力。

企业亦如此，从地下室创业到成为跨国公司，各阶段对人的要求是不一样的，只有掌握好用人才能最终获得成功。从这一点上，马云最成功的不是将阿里巴巴变为一流企业，而是至今其参与创业的 18 个人无一离职。反过来看为什么有些公司会被逐渐淘汰，这是因为组织在成长过程中，管理者没有将管事的职能交给更年轻的人，决策层的思维就已经落后很多了。

2. 员工对彼得原理的应对

即使"不幸"加入了陷入彼得陷阱的公司，也不用急着跳槽，因为天下几乎没有非彼得公司。

（1）不要埋怨"外行领导内行"。"外行领导内行"备受国人批评，殊不知这位领导正是正确地雇用了比自己更懂技术的人来帮助自己。因此要多去理解领导的工作，以及如何去支持他。对项目驱动型组织来说，这种情况更是难以避免——没有人能把多个专业都变成内行，而项目又常是跨专业的复杂工作。事实上，无论管理者是否具有专业背景，总有一些技术问题他们不明白。如果高管们本身就是技术高手，这些问题可能少一些。但是，如果高管们都是技术高手的话，企业面临的问题常常更大。

（2）正确理解自己的位置。要深入了解自我，理解一个人工作和生活的终极目的究竟是实现自我价值还是仅仅为了升职和晋升。找准自己的定位，不要为了不适合自己的目标而努力。

（3）做合适自己的职业规划。技术和管理需要不同的技能，因此如果希望被提升为经理，就不要只沉醉于技术，更不要想"我的技术这么好了，怎么不提拔我？"

2.2　项目管理者的能力素质

"到底什么样的人适合做项目经理？"是绝大多数组织长久以来的困惑。正如 Standish Croup 的研究，并不是所有人都擅长项目管理工作，在当前状况下能把项目管理做好的人也较为稀少。

项目管理本质上是一种基于战略方向、组织开拓创新的学问，其目的在于组织来源于各方的资源在短时间内形成合力，完成突破性的商业目标。事实上，擅长项目管理的人往往也擅长组织力量进攻。

2.2.1　和谐的人际关系能力

关于本主题，请参见本书第 1.1.4 节，此处不再赘述。

2.2.2　系统思考的能力

项目管理者面临的挑战是如何把大家的职能利益观念改变为项目利益为先。从人性角度，每个人都生活在自己的世界中，每个人都有自己更关心的事情。本位思考是人类思维的天性。市场人员更多从市场分类和市场趋势的角度看问题；工程师从实用性和功能规格视角出发。就项目而言，一个常见的情况是，计划部门强调进度"要快"、财务部门要求"省钱"、质量部门挥舞"质量第一"的大棒、市场部门高举"客户至上"的大旗……你需要识别这些差异，让大家首先从团队最优角度看问题。

显然，让一群本来目标、利益和习惯都不一样的人统一目标、统一步调、凝聚成团队、建立协同性，是相当不容易的。

项目经理必须要善于化解跨职能、跨专业部门/团队的矛盾，尝试找到各方达成妥协的方案，这也是项目经理最重要的职责之一。事实上，项目管理的本质就是整合，为了做到这一点，项目经理应站在全局角度来思考和解决问题，找到各干系人之间的平衡点。作为项目经理，你的责任是组建一个有集中项目目标、统一想法的组织单元（尽管这往往不像部门那么显性）。

2.2.3　换位思考的沟通能力

项目是一个干系人矛盾和冲突的载体，作为运转核心的项目经理，必须要通过自己的努力，协调项目中各方利益，化解矛盾，获取共识，达成目标。因此，项目经理必须要具备很好的沟通能力。需要注意的是，项目经理必须具备主动沟通的意识和能力①。

在沟通中，达成共识的关键是"换位思考"，至少要有一方会主动站到对方的角度去考虑问题，才有机会促成双方的共识。如果大家都仅仅站在自己的角度来思考问题，而不替对方着想，则这个共识势必是很难达成的，其结果就是沟通效果不好。

技术专家们没有经历过对方的工作环境历练，难以想到对方的困难，理解不了对方诉求背后的真实原因，因此很难做到站在对方的角度思考问题，这时常造成不同干系人之间的误会和矛盾。项目经理必须帮助各位专业骨干和专家化解矛盾、达成共识。因此，项目管理者要站在不同干系人的角度思考问题，理解他们各自的苦衷和期望，先与他们各自达成共识，再尝试帮助他们进行沟通，促成他们之间达成共识。项目涉及的干系人越多，项目经理就越需要换位思考，沟通的难度也越大。

2.2.4　项目经理必备特质之"仆人式"领导

矩阵型结构占到了项目组织的绝大多数，从我国当前的项目管理环境来看，除非项目经理还管理着某一职能部门，否则项目经理就不是领导。因为在大多数人的传统认知里，职能部门的领导更像是大家心目中的领导，因为他能决定部门内所管辖人员的薪资和晋升。而对于项目经理，在别人眼里就是一个"打杂"的！

怎么才能在有责无权的情况下带领团队呢？我们发现，最有效的是采取"服务大家"的方式，也就是罗伯特·K. 格林里夫（Robert K. Greenleaf）倡导的仆人式领导模式。仆人式领导是一种存在于实践中的无私的领导哲学，他们以身作则，乐意成为仆人，其领导的结果亦是为了延展其服务功能。仆人式领导鼓励合作、信任、先见、聆听以及权力的道德用途。

优秀的项目经理不但能影响领导做出有利于自己的决策，而且还能不让领导察觉出来，让领导以为是自己想出来的，这样的人才是真正的高手。

老子在《道德经》中有这样一句话："太上，不知有之；其次，亲而誉之；

---

① 肖杨. 晋升：从项目经理到年薪百万的职场精英[M]. 北京：机械工业出版社，2018.

其次，畏之；其次，侮之。"可见"太上，不知有之"境界更是超越了"亲其师，信其道"的境界。也就是说你教会别人东西而不让人知道你的存在才是最高的为师境界。当领导也一样，其最高境界就是让别人察觉不到你的存在，但是还达到了自己的目的。

"仆人式"领导还有另外一个优点，就是不必承担拍板责任。很多项目经理意识不到这个好处，总是希望被授予直接的权力，以便更省力气地完成目标。然而，在不确定性项目环境下，如果领导真赋予了权力，也带来了承担大风险的责任。反倒是，当项目经理没有直接约束他人的权力时，如果可以名正言顺地给领导做汇报，借此机会影响领导的决策，借助领导的力量约束自己的项目成员和其他项目干系人，这才是项目经理最有用而且风险最低的权力，也就是我们所说的可以有机会影响领导的权力。

项目团队往往是由专业和技术骨干及专家组成的，他们往往都很有个性，因此，大多数时候得靠"哄"。要学会通过服务和赞美的方式让专家配合你的工作……如果赞美到点子上了，人家怎么好意思拒绝你的要求呢？这就是服务型领导的做法，通过自己的真诚服务，温暖项目成员的心，让大家愿意配合你的工作，这才是本事。

基于有责无权的现状，项目经理必须懂得"借力"，也就是用"仆人"的身份来影响和领导自己的领导，这就是所谓的"向上管理"。这要求项目经理通过摆事实和讲道理，影响领导做出自己所期望的决策。很多项目经理经常抱怨自己的项目不受领导的重视，自己的观点得不到领导的支持，自己要不到所需的资源。其实，这些状况都只能说明，这位项目经理不擅长向上管理。

2.3　什么性格的人才适合做项目经理

经常有人会问：什么性格的人才适合做项目经理？这个问题真是不太好回答了。要成为项目经理不需要什么天才，但的确是需要一点天分的。这其中性格因素就是一个需要考量的天分。

迈尔斯布里格斯类型指标（Myers-Briggs Type Indicator，MBTI）以瑞士心理学家荣格划分的 8 种类型为基础，加以扩展形成 4 个维度（见表 2-1），这 4

个维度就是 4 把标尺，每个人的性格都会落在标尺的某个点上，这个点靠近哪个端点，就意味着这个人就有哪方面的偏好。如在第一维度上，个体的性格靠近外向这一端，就偏外向，而且越接近端点，偏好越强。你可以通过 MBTI 测试自己的性格特征。

表 2-1　MBTI 的 4 个维度

维　　度	类型	相对应类型英文缩写（全称）
1	外向	E（Extrovert）
	内向	I（Introvert）
2	感觉	S（Sensing）
	直觉	N（Intuition）
3	思考	T（Thinking）
	情感	F（Feeling）
4	判断	J（Judging）
	感知	P（Perceiving）

1. 外向 VS 内向

项目是人做的，项目经理的绝大部分时间是在和各种各样的人打交道。一般来说，外向型的人容易和人交流，内向型的人不太容易和人交往。但是我们不能简单地做出推论说外向型的人就一定适合做项目经理，关键在于和人打交道的过程中你是否有成就感。如果人前一套，人后一套，每天上班就像在演戏，那么即使你很擅长和人打交道，我也不建议你做项目经理，因为这份工作对你意味着痛苦，而非快乐。

2. 感性 VS 直觉

项目管理既是科学也是艺术。科学的事物需要可度量、可复现、可控制。德鲁克说过，凡是可以度量的事物，才有改进的可能。项目管理过程中，项目经理会遇到各种各样的技术问题，面对技术问题我常用的方法是，搞清楚里面的关键因素及其相互关系，并抽取关键参数，在与技术人员打交道的过程中，重点盯住关键参数是否正在向良性的方向发展，通过这种方法，就不容易被技术人员"糊弄"，事情就不会变得不可收拾。而感性方面的技能往往用在对人的激励方面和关系处理方面，尤其是应对复杂的公司政治关系方面。如果这二者应用的场景搞反了，除了让自己焦头烂额，几乎不会有任何收获。

3. 思考 VS 情感

逻辑思维往往和理性思考连接，情感直觉往往和感性关联。项目管理科学有几个关键的思维逻辑，抓住本质的东西，无论事物如何变化都不会惊慌失措。这些思维逻辑有：分类分级思维、不求完美思维、整体最优思维、PDCA 思维。

（1）分类分级思维。当有纷繁复杂的事物要处理时，不要眉毛胡子一把抓，而是要先分类，减少信息处理的维度；如果分类之后还是无法兼顾所有方面，那么就要考虑分级，也就是先抓重点。

（2）不求完美思维。这包括事和人两个方面。项目上的事跟项目的特点是相关的，因为项目的复杂性和不确定性，往往一开始无法制订完美的计划，需要根据渐进明细的原则，进行滚动式规划。另外，项目上的干系人多，作为项目经理要平衡各类干系人的期望，而不是满足所有干系人的利益。

（3）整体最优思维。项目管理的三大基准是范围、时间、成本，当然也可以再加上一个质量。现实中由于竞争激烈，商业环境变化多端，项目经理往往眼睛只盯住进度，而忽略了其他几个方面；或者是因为成本优先，而放弃质量；更有甚者，项目初期只谈成本，项目中期只谈进度，到了结束的时候又盯住质量不放。这些实际上都是违背了整体最优的原则。

（4）PDCA 思维。项目管理过程中难免不会遇到障碍和困难，面对团队成员报告的问题，作为项目经理，一定要淡定从容，按照以下步骤处理项目中问题：调查和确认事实、分析问题的影响、制订计划和解决方案、采取行动、检查行动的效果，再图改进。

4. 判断 VS 感知

不可否认有些人天生就很有计划性，我们常常评价一个人做事很有条理，或者拎得清，其实就是在说这个人做事很有计划性。项目经理如果自由散漫地对待工作，往往导致混乱不堪的结果，并且使项目"永远"不能结束。

事实上，除了性格因素，人生态度也是项目经理能否胜任的重要因素。项目经理承受的压力是立体的、全方位的，好的项目经理应该是积极乐观的，否则很难适应项目管理工作。久而久之，你可能变成一个愤世嫉俗的人。如果仅仅把项目经理职业当作谋生的手段，而不是当作发挥自己才能的事业，那么结果往往是痛苦不堪。作为项目经理，你尤其需要保持乐观积极的态度，才能应对发起人、客户、供应商、团队成员、用户、社会及文化方面的压力。

2.4　选错人注定是一个悲剧

优秀的项目管理者，通常具备以下才能。

（1）用强有力的使命和愿景感召员工，激发每个员工去行动。

（2）能克服苦难和阻碍，保证达成业绩。

（3）创造出一种明确责任的文化。

（4）鼓励授权、畅所欲言、公开透明，依此建立关系。

（5）根据效率而非政治关系进行决策。

研究发现，大约 1/10 的人具有上述所有才能。还有另外 1/5 的人具备基本的管理潜质，如果公司提供合适的辅导和发展计划，他们也可以胜任项目管理职位。当然，每个项目管理者都可以或多或少地学会如何激发团队。但如果没有天生的才能，项目管理者会让自己和团队筋疲力尽。

大公司一般每 10 个团队成员中有一名管理者，而调查表明每 10 个人中仅有一名具有项目管理的才能。算一下不难发现，每个团队中恐怕只有一名适合管理的人。遗憾的是，这个人可能并不是那个项目管理者，而更可能是某个管理潜能有待挖掘的"普通"员工。

长久以来，很多公司都犯了一个大错——选错了项目管理者，且试图把他们培养成为他们所不擅长的人，因此浪费了大把时间、精力和其他资源，这种状况对于各方而言，恐怕结局都是一个悲剧！

2.4.1　技术专家型项目经理未必有更多优势

在国人的文化中，"学而优则仕"，项目经理一般都出自较好的技术背景。

事实上，技术优秀与他们是否具有胜任项目管理者角色的才能相关度不大。

　　很多从技术出身走向管理的人非常看重要做的事，既想在曾经让自己引以为豪的技术领域出类拔萃，又想把管理做得很棒，遇到困难身先士卒，只要自己懂，通常会亲自去解决，同时在不断解决问题的过程中获得成就感并树立自己的威望。一个常见的现象是，技术出身的项目经理会沉迷于技术细节，把大量的时间花在学习新技术或者一头扎在解决技术难题上。

　　"告诉你怎么干，还不如我自己干更容易"是技术专家型项目经理们常说的一句话，尤其是他们看到项目组成成员中有人的工作令人不满，而这项工作又恰恰是自己老本行时更是如此。由于对结果不满意，就亲自动手来代替之。第一次"我来"，第二次"我来"……做着做着就"把猴子背在了自己的背上"。

　　必须告诉这些项目经理，判断项目经理工作是否有效的标准是项目组的绩效而不是他/她个人做了哪些工作。项目组的业绩就是项目经理的业绩；反之，项目组的过错也就是项目经理的过错。项目经理应侧重于"做对的事情"，而不是像技术人员那样侧重于"把事情做对"。

　　对于技术专家型项目经理来说，他们曾经是技术专家。换句话说，有相当多（如果不是绝大部分）的人成为项目经理的一个重要原因是他们具备完成项目任务所需的某项技术，且技术水平较高。换句话说，当初正是因为自己的技术很棒，才有机会得到管理职位。"技而优则仕"是国人文化的一部分。

　　由技术专家对项目组进行管理具有明显的优势：他们熟悉本专业技术，因此不至于犯技术上的低级错误；能够指导下属的专业工作；易于和在项目组中占大多数的成员（大多为专业人员）沟通并在他们中树立威信等。

　　然而，这些技术专家型项目经理所拥有的优势中也隐藏杀机：懂得项目所需要的某种专业技术性工作并不一定是他们最大的优点，相反有可能会是他们最大的弱点。原先他们还懂得怎样把全部分内的技术性工作做得出色，但是现在突然间他们只懂得项目全部工作的某一部分，而常常不懂得怎样去做非本专业的其余十几个、几十个工作。更为严重的是，他们常常会以技术人员的心态去处理团队管理问题，而不明白完成技术工作与管理项目组之间存在很多本质的区别。

　　研究表明，在现实工作中，由技术专家走上管理岗位的人员所持有的心态中，有70%仍然是技术人员心态。正如詹姆斯·刘易斯（James Lewis）博士所说："有很多人愿意成为管理者，但他们中的大多数并不愿意去管理。"

很多技术背景的管理者总有一种感觉，就是远离了技术便没有安全感，但抱着这种想法的人几乎没办法做好管理。将技术优秀的技术专家提拔为管理者恰是深陷彼得陷阱，这时常会导致以下两个严峻的现实。

（1）公司少了一位特别能干的技术专家。

（2）公司多了一位糟糕的管理者。

从技术专家走来的管理者，在刚晋升时，往往会面临很多问题，经历痛苦的转换期。常见的问题如下。

（1）角色定位错误，过于关注技术。

（2）只见树木、不见森林，关注局部而非整体。

（3）刻舟求剑，静态看待技术外的事。

（4）不愿低下高贵的头，排斥非正式沟通。

（5）过于依赖正式权力，缺乏政治敏感性。

（6）黑白分明、绝对的对错，一元论。

（7）缺少权衡、妥协、忍让，理想主义/完美主义。

（8）藐视人情世故，忽视社会学范畴中常理高于一切的现实。

（9）缺乏领导艺术。

技术背景的项目经理，在成为项目经理的那一刻起，请无论如何时刻记住：能走向管理岗位，你所掌握的技术确实起到了主导作用；但走上管理岗位后，能稳定地拥有管理职位（甚至有机会进一步升迁），绝不是因为你的技术很棒，而是你的管理能力很强。另外，哪一天如果你被从管理岗位上换下来，那也绝不是因为你的技术水平不够，而是你的管理能力达不到要求。

当然，这并不是要大家完全放弃技术，因为掌握一定的技术对搞好管理是很有帮助的，而是要求大家不要再像之前从事技术工作时那样执着于技术。

2.4.2　项目经理应该了解多少技术

项目经理应了解足够的技术（正确的废话），这样在决策时就能进行权衡（或帮助客户/发起人权衡），就能做出更优的决策（或指导团队做出更优的决策）。

项目经理要知道如何收集和分析需求，要知道如何设计和确认设计完成，要知道如何识别和管控风险，要知道配置管理系统如何有效使用并使其发挥作用，还要知道质量人员如何测试及能够提供什么信息……

这并非要求项目经理必须清楚如何完成这些工作的细节，成为技术专家，而是要求知道如何组织项目各项工作并促成工作的完成。因此，项目经理需要具备一些专业域的知识和方法域的解决问题方法论。

项目经理需要了解所应用技术的特点、难点，解决相应技术问题所用到的流程以及相应的风险。项目经理需要理解项目要解决的问题，以及如何利用解决方案来解决项目的问题①。项目经理要能够快速获得对技术域的理解，如果不知道项目要解决什么样的问题，就不足以清晰项目工作何时、花多大代价完成，更无法理解怎样才能验证项目完成的好坏。如果项目经理不了解系统原理和架构，就不能识别其中蕴藏的风险，也就无法真正把项目管起来。

我在这里并不是要求项目经理要亲自阅读或是编写代码、设计 PCB（ Printed Circuit Board ）、编制工艺，好的技术背景虽然有助于项目经理了解项目的状况，却并不意味着优秀的技术专家一定可以成为优秀的项目经理。

实践中要避免出现两种情况：一是对项目一无所知的项目经理；二是想成为架构师的项目经理。对项目一无所知显然是不足的，架构师担任项目经理的局限性也很明显。架构师虽然了解项目的流程和技术，但常会置项目经理的工作于脑后，假如项目经理专注于开发而不是如何管理项目，项目也会遭受挫折。

2.4.3 非技术背景项目经理做修炼

技术背景的项目经理做事风格偏硬，喜欢撸起袖子自己干，往往不注意软技能的修炼。而非技术背景的项目经理往往行业技术知识不足，容易被技术专家忽悠，因此需要多修炼一些技术硬功夫，以及提升自己的技术素养。

---

① Johanna Rothman.lliring the Best Knowledge Workers, Techies, and Nerds:The Secrets and Science of Hiring Technical People. Dorset House, NewYork，2004.

绝大多数非技术背景的项目经理不乏理科背景，但基本没有从事过具体的技术研发工作。因为缺乏技术一线的背景，往往天生硬不起来，只能靠软技能来管理项目。研究发现，非技术背景的项目经理的一个困境是，当遇到技术人员用所谓的技术权威来要赖时，他们往往无计可施，只能是哑巴吃黄连。

原则上，要管好项目，项目经理应该两手抓，两手都要硬。技术背景的项目经理要补软技能的短板，非技术背景的项目经理要补技术的短板。虽然不需要项目经理成为技术专家，但项目管理者必须要加强技术逻辑能力，也就是能用技术术语和概念，根据技术原理进行逻辑思维和推理。

实际上，这既是一种能力也是一种学习方法。我虽然是技术背景，但是在项目管理实践中，我也不懂项目中所有的技术。工作中，我经常处理一些棘手的"专业"之外的技术问题，这其中很多问题还是拖了几个月解决不掉的。有几位非技术背景的项目经理就特别佩服我，对我说："懂技术就是好，一通百通，什么结构、电子的问题到你这儿都不是什么问题。"事后总结发现，其实我并没有解决任何具体的技术问题，这些问题都是工程师解决的，我所做的就是按照我的逻辑，让工程师完成工作，试验、反馈、修正，最终达成目标。

因为所解决的这些技术问题并非我专业特长，所以相对解决的问题而言，我就是非技术背景的项目经理。

非技术背景的项目经理不应该放弃对技术的学习，某种程度上更需要把自己行业的知识体系掌握下来，这样做的最大好处是让你容易和技术人员沟通，而且让你拥有了技术判断能力。你需要掌握的是核心概念和原理，而非技术细节。知识的学习需要总结自己的方法，掌握方法才能快速有效地学习所需要的专业知识，通过思想实验逐步实现知识体系的归一化。

1. 不能以自己非技术出身，就否定自己

不懂技术的最大问题是，你无法和工程师交流和沟通。关于沟通我们都知道，你需要用对方能听得懂的语言和对方沟通，才有可能达成有效的沟通。你不能苛求工程师能用你能听得懂的语言和你沟通，如果是这样的话，你除了获

得工程师的不满，什么也得不到。每个工程师的内心，其实都是很傲娇的。

技术也好，管理也罢，本质上都是知识，能够首尾相连，前后贯通的就是知识体系。知识体系都有一些共同的特点，掌握这些特点对于我们来讲还是非常重要的。因为只有如此，你才会了解该学习哪些知识是有意义的。

任何知识体系都是有层次的，这种体系不是上下关系，而是内外关系，大致可以分为 3 层（见图 2-1）。

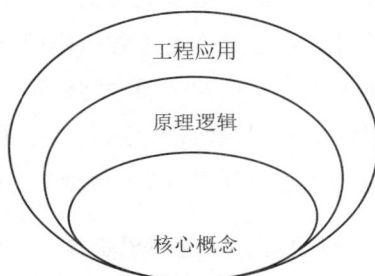

图 2-1　知识体系的层次

最里面的是核心概念，往往有一两个核心的定义来支撑整个体系。掌握了这一层，你基本上可以用一两句话把一种知识体系讲清楚，但是你不一定能做出什么东西出来，甚至连数学公式也未必能看得懂，但是别人会觉得你很高深，那么复杂的体系，两句话搞定，不是一般人物。

第二层是由核心概念派生的原理逻辑层，由核心概念派生出一些术语，然后用逻辑把这些术语串联起来就变成了原理。掌握了这一层，你基本上可以把这门知识的方方面面都考虑到了，而且据此可以安排工作，工作之间的相互关系和影响了然于胸。在这个层次上，你可以通过画几个方框（模块）再加上几根连线（逻辑）把该知识体系讲清楚。但是你不一定会计算，不一定能把东西做出来。但是掌握了这一层，你可以进行逻辑推理和思考，而且还能够创新，很多创新是先要把原理逻辑想清楚，才能工程实践做出来。先有概念，通过思维派生逻辑，逻辑清楚了再动手，方向就对了，最后才能做出来，即工程应用。

最外面一层是工程应用层，工程应用往往会涉及数学、工艺和流程步骤，也就是说你不一定懂原理，**但是你照着做一定能做出来**。现代社会知识爆炸，其实很多人只是掌握了工程应用的知识，对于原理未必清楚。

> 一个实例是牛顿经典力学体系。
> **核心概念层**：是什么推动世界运动，是力，因此力是核心概念。
> **原理逻辑层**：力有什么特性，牛顿三大定律。
> **工程应用层**：加速度公式、万有引力公式、冲量公式。

形而上谓之道，形而下谓之器。道是无形的，器是有形的。上面讲的这 3 层，核心概念层是道、原理逻辑层是术、工程应用层是器。非技术出身的项目经理需要掌握的是道和术的层次。这两个层次纯粹是逻辑思维，而且一旦把这两个层次掌握了，你就可以高屋建瓴地指导别人工作了，大部分工程师其实对原理层也不是很清楚，所以在进行逻辑对决的时候占不到你什么便宜。

2. 要注意学习方法，勤思考、多做思想实验

很多人特别喜欢读书，读完之后除了记住几句听起来很时髦的词句，并没有掌握什么，还时常越读越困惑。例如，同一种情况有 36 种应对方法，这该如何处理？你不可能把这 36 种方法都记得滚瓜烂熟，即使全部都记住了，在遇到事情时还是不知道该选择哪种方式应对，总不能把 36 种方法全都尝试一遍。这就是没有掌握学习方法的缘故。

我在读书学习的过程中根据前人的经验和自己的摸索，总结出了一个模型，发现很好用，在这里分享给大家。我称这个模型为 WWH 模型，即 What-Why-How 模型（见图 2-2）。

图 2-2　WWH（What-Why-How）模型

是什么（What），这是读书的过程中要做的事情，就是搞清楚这本书在讲

什么，这个"为什么"包括基本概念和基本逻辑。读书的时候先不要怀疑作者的言论，先假设对方说的是合理的，此时的状态是没有不接受，也就是既不相信，也没有不相信，且看作者在说什么，是如何论证的。此时，要用作者的逻辑来验证作者的观点，如果作者的逻辑能够很好地证明其观点，那么这本书是值得读的。记住，任何科学体系都必须满足两个特征，即自洽性（自己能证明自己）和相容性（不能用自己的逻辑证明相互矛盾的结论）。

除了自洽性和相容性，好的知识体系应该有一个核心的观点，所有的派生的概念和逻辑最终都是为了证明这个核心的观点，也就是中心思想。如果一本书竟是一些观点的罗列，作者自己没有中心思想，这种书往往属于毒鸡汤，还是趁早扔掉为好。

为什么（Why），这是在读过之后要做的事情。经过"是什么"的过程之后，就书中一些关键的概念和逻辑提出"为什么"的问题。通过问自己为什么，可以把新学到的知识和自己既有的知识融会贯通。这其实就是在做归一化的思想实验。因为"为什么"之后还有更多的"为什么"，凡事都架不住多问几个为什么。科学类的知识（无论自然科学还是社会科学）都是一家之言，也就是有其适用的特定条件，所有这些一家之言都是在讨论某一种真理的某一个方面，通过问为什么，可以把这些知识背后的知识挖掘出来，到最后往往就是一个适用性更广泛的道理。那么也就实现了知识的归一化，同时你对世界的认识也更加透彻，也就不需要记住 36 种处理方法了。

怎么样（How），是知识如何应用的问题。以技术为职业的人而言，就是把知识进行工程应用。对于项目管理者，并不需要这么做，你要做的仍然是进行思想实验，也就是结合工作和实践来思考刚刚学到的知识应该如何应用。

记住，最关键的是要思考技术对于人的作用和影响，也就是该技术可以解决人的什么问题。知识是人创造和发现的，知识最终都是为人服务的。以人为中心来思考知识的应用，看问题的层次就提高了，在论证技术方案的合理性的时候也就不会手足无措了。更重要的是，当工程师给出很多方案时，选择合理方案也就不会那么困难了，因为你已经懂得了技术的价值是什么。

3. 不要试图展现你比工程师更专业，而应展现你比他更有逻辑

我认识的很多资深的非技术背景的项目经理，自身的技术知识其实是很丰富的，逻辑思维能力也很强。但往往还是无法和工程师处理好关系，其中非常重要的原因是：他们喜欢用工程师的专业知识来挑战工程师的工作。并不是说发现工程师的问题不要指出，也不是说工程师要技术权威的时候一味地放纵，而是要注意方式方法。

要尽可能地用引导方式和问问题的方法，让工程师自己的逻辑出现混乱，当他陷入困境的时候，你再出手，此时仍然以问问题的方式说"你看往这个方向是不是可行的？"，这个时候工程师对你是感激，而非不快。如果你太直接地指出对方技术上的问题，工程师往往面子上挂不住（中国人是讲面子的），反而不利于工作的开展。要知道，技术是工程师赖以获得成就感的源泉，被你那么轻易戳破了，瞬间尊严会受到严重的挑战。

另一个重要的作用是，当面临错综复杂的跨专业技术问题时，清晰的技术逻辑和项目逻辑结合，会让你更加淡定，能够起到稳定军心的作用。这种表面是技术问题的项目问题，如果直接交给工程师来处理，往往处理不好，因为工程师只会看到他眼前的技术问题，跨专业的问题往往会被忽视，更不用提项目整体的问题了。这个时候，懂技术的项目经理，运筹帷幄的能力才能真正解除项目的危机。

2.4.4 初任项目经理如何面对与技术"牛人"的冲突

4 年前，陆朔研究生毕业后，加入一家提供无线通信系统测试解决方案的 IT 企业。除市场外，从售前技术支持、研发、测试到系统交付，陆朔基本都做过。不久前，陆朔被领导任命为交付二部的项目经理，负责某专网市场客户的项目管理工作。尽管对项目的完整过程熟悉，但是带团队还是头一次。

项目组的技术"牛人"（我称其为"牛仔"）孙斐，是 6 年前公司从竞争对手处挖来的。在众人以为孙斐将被任命为新项目经理时，公司出人意料地提拔了陆朔。

陆朔本以为有"牛人"存在会让自己的项目好做些，可自己被这位大拿搞得郁闷至极。陆朔一直想和孙斐搞好关系，就试着请孙斐吃饭，被不冷不热地找个理由拒绝了。"软的不行，那就公事公办吧！本就是同事关系，我也犯不上巴结你！"陆朔想。

接下来一段时间，项目在看似风平浪静下进行。

可是，一个技术问题引发了陆朔和孙斐的争执，谁也不能说服谁。陆朔很生气，感觉孙斐倚老卖老。两周后，孙斐提出了辞职，据称是找到了更好的工作。项目到了关键阶段，孙斐果真离职，对项目的影响显而易见。麻烦的是，这么多年来，公司也没有培养出孙斐的替代人选。

刚从技术走向管理的人，经常遇到陆朔、孙斐的问题（见图2-3）。这需要从更多角度分析，正确看待，理性面对。

图2-3 项目经理与技术"牛人"的冲突

1. 高层安排更多基于公司整体利益而非单个项目

6年前，公司从竞争对手处将孙斐高薪挖过来算是挖墙脚行为。必须说的是，这往往也是公司不重用孙斐的重要原因——你对原公司不忠又会对现公司怎样？基于此，我对职场上的各位严正建议：跳槽须谨慎！

孙斐作为技术专家，高层希望他能带出一个团队，使工作具有可复制性（或说可控性、可替代性）。靠"牛人"完成工作往往有较大风险，因为人是容易出问题的。但是，孙斐长时间占据技术大拿地位，也客观上影响了其他技术人员的成长。孙斐的"牛人"行为，当然不是管理层愿意看到的，这往往正是"牛人"得不到公司重用的原因。

研究生毕业后陆朔就加入了公司，各岗位的历练使其熟悉公司业务与程序，这是成为合格项目经理的良好条件。

可见，站在公司角度，这种人事安排既合理又长远可行。做得好，可以获得以下收获。

（1）给有培养前途的新人一个提升和锻炼的机会。

（2）暗示"牛人"，公司需要有更大格局，对公司长远发展有帮助的人。

（3）人尽其责，每个人都有自己的合适位置，适合做专家的发挥其技术专长、适合整合的让其做管理。

2. 准备转型的技术专家谨防格局狭隘的影响

作为技术专家，孙斐来公司6年有余，一直从事具体的技术工作而未被提拔，倍感怀才不遇，这是技术"牛人"们常面对的困境！

基于此，"牛人"们常误认为自己的技术是公司的核心竞争力，将工作做成了"秘籍"（离了自己不行）。他们一方面不愿意将核心技术传授给同事，防止鸟尽弓藏、卸磨杀驴；另一方面随时准备走人，表现出对公司的不忠诚。更不成熟的表现是，他们常借项目遇到的麻烦，凸显自己的重要性，也顺便发泄对公司的不满情绪。

转型期的技术专家需要从着眼于技术转向着眼于组织的商业价值、整体利益。孙斐没有意识到自己正处于技术转型的关键时期，狭隘的格局已经影响到自己的职业前途。在此种心态、思维和格局下，即使已经找好下家也很难在新公司获得好的职位，更谈不上成为组织的核心。

3. 没有技术优势的新任项目经理如何面对与"牛人"的冲突

作为没有技术优势的新任项目经理，陆朔对公司业务、项目工作较为熟悉，具备了转型项目管理工作的必要条件。众所周知，从技术走向管理，本就存在诸多障碍。技术"牛人"孙斐的存在，加大了组织、协调、管理的难度。

　　既然如此，陆朔应在技术上充分授权给孙斐，抱着向前辈学习的态度给足面子（这是不得不面对的现状，国人还是很看重"面子"的，这一点在本书第 1.2.3 节做过详细探讨）。不该与孙斐就技术问题争执。

　　事已至此，建议如下。

　　（1）主动弥补与"牛人"的裂痕，就自己的冲动行为道歉。

　　（2）强调依存关系："我和项目需要你"。

　　（3）承诺往前看、旧事不提："从今往后"。

　　（4）试着从职业前景和公司层面与"牛人"沟通。

　　（5）寻找后备人选，制订备用方案，做好"牛人"离职的准备（不主张如此）。

第 3 章

打造面向业务的系统化思维

> 我们鼓励讲究实绩、注重实效，却往往奖励了那些专会做表面文章、投机取巧的人。
>
> ——米契尔·拉伯福

任何方法的背后都有理论的支持，尽管我们有可能并不知道该理论是什么。理论的背后是假设，而假设的背后则是思维方式。

项目管理是一套系统的管理方法。良好的项目管理不仅需要开阔的思路和视野，更需要系统化的思维方式。

3.1 系统复杂性与思维的局限性

自工业革命以来，人类解决问题的思维模式主要是"还原论"，也就是机械性思维。这种思维包括以下 3 个步骤。

（1）将整体分解成若干元素。

（2）对这些元素进行研究并理解它们的属性或行为。

（3）将对这些元素的理解进行组合，从而达到理解整体的目的。

3.1.1 机械性思维的局限性

机械性思维对人类社会的进步起到了极大的推动作用，但也严重限制了人类解决问题的能力。

1．一个救火队员的诞生

技术"牛人"杜鑫负责的负压检测子系统工作进度落后，在项目经理江峰的协调下，安排杜鑫加班以赶上原定计划。经过连续两周每天 12 小时的努力工作，终于有所进展。不幸的是，一个月以后负压检测子系统暴露出越来越多的错误，杜鑫不得不花时间纠正错误。糟糕的是，他完成的工作量比开始下降，而且情况正在恶化。

既然加班不能解决问题，江峰决定采取行动。他说服老板增加资源，一个人加入了负压检测子系统。更糟糕的是，二人完成的工作量只相当于一人单独所完成的工作量，并且出现了更多的错误。

江峰找杜鑫了解情况。杜鑫说："你给我找来的人对工作不了解。我花了 3 天时间让他了解情况。后来，我发现他犯了很多错误，不得不帮他纠正。我还要加班培训他……还不如没有人帮忙！"

这是一个典型的项目场景。布鲁克斯定律告诉我们："为一个延误的项目增加人员，将导致更多的延误。"

分析这个过程，可以使用图 3-1 来表示，这个过程可以使用"救火"来描述这种情形。"牛人"在"救火"，项目经理在"帮忙"，但都没有采取任何措施来预防未来的火灾。

这种解决问题的思维过程属于典型的机械思维。

2．机械性思维的局限性

机械性思维的本质是试图通过修复或解决小的部件，来解决大的问题，这种思维模式具有两大典型特征。

（1）关注的焦点在于事物的内部、构成元素以及这些元素之间的关联关系。事物可以由其分解开的元素予以解释，而且这种解释既是充分的也是必要的，因此，不需要采用其他因素来解释这件事物。也就是说，按照机械性思维，事物的属性或行为状态与其所处的环境无关，事物是与环境独立的。

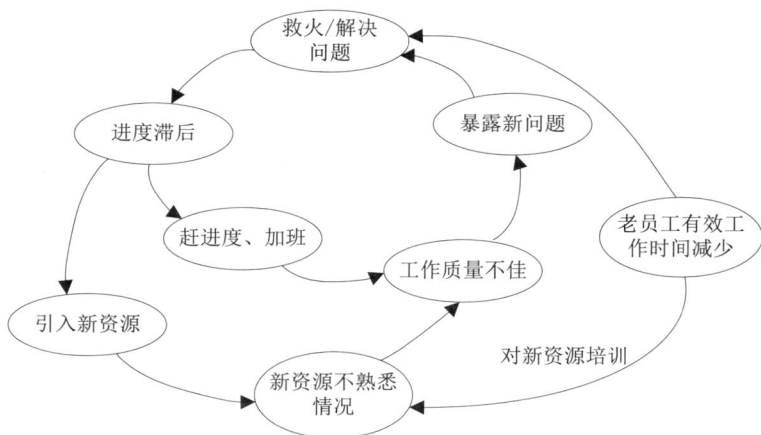

图 3-1　救火队员的诞生

　　某舰载有源电子侦察系统的主任设计师鲍某是毕业于国内某名校的博士。系统在设计前，有关领导就定下了建造国内"最先进"舰载有源电子侦察系统的建造目标。为此，鲍某和他的设计团队在分系统中都选用了国内最好的分系统或设备。两年后，各分系统陆续完成，并分别通过了验收测试。不幸的是，虽然各分系统技术指标达到了设计要求并工作良好，但系统整体作战性能却无法实现，因为各分系统间存在严重的电磁兼容性问题。

　　（2）认为系统整体的最优来自于各个局部的最优。按照机械性思维，被分解开的系统元素通过预先设定的功能对整体起作用，如果整体出了问题，那么一定是某个或某些元素出了问题。同样，只要各个元素的性能得到优化，则整体的性能也将会得到改善。

　　机械性思维模式对于解决一些技术性问题或机械系统是有效的，也让我们人类取得了巨大的成就。但是，这一思维模式，对于解决社会系统问题，并不奏效。

　　因为对于一些复杂的社会系统而言，因与果之间并不是线性的，而是存在着众多且微妙的相互联系、相互作用与反馈回路，甚至是互为因果。也就是说，因造成了果，而果又产生其他的影响，从而又作用于因。

技术"牛人"杜鑫的遭遇并不是个例，很多项目的加班安排（见图 3-2）如出一辙。

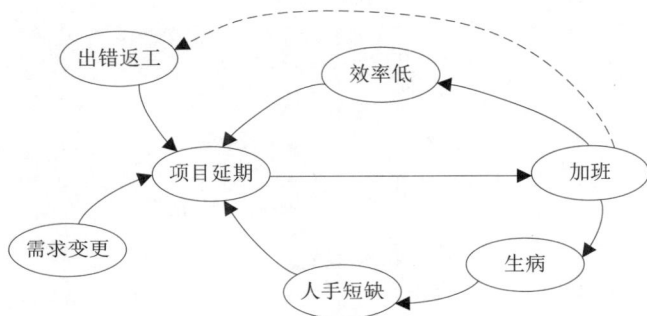

图 3-2　项目成员通过加班解决延期问题

3.1.2　寻找导致问题的根源

1. 进度是怎么延迟的

我的一位朋友是某研究所的总工程师，近两年该所发展迅速、项目任务饱满。但是，他向我诉说了"幸福的苦恼"：项目普遍拖期严重，他们还自嘲道"没有我们完不成的项目，但我们也没有按时完成的项目"。受他之邀，我帮他们诊断。

他安排了项目经理、各部门经理、工程师和主要代表同我一起访谈。

项目经理："工程师完成系统调试的时间太迟。"

工程师："元器件到位的时间太迟，调试周期被压缩。"

采购经理："工程师对元器件采购的申请提出时间太迟，设计周期太长，采购时间不够。"

工程师："设计周期已经没有办法压缩，使用的技术是新技术，需要验证。市场部门签订的合同为什么这么短？"

市场经理："我们的合同周期算长的了，竞争对手比我们短得多。"

近两个小时的访谈无果而终，大家都有问题，也都没有问题。这个过程可以用图3-3来表示。

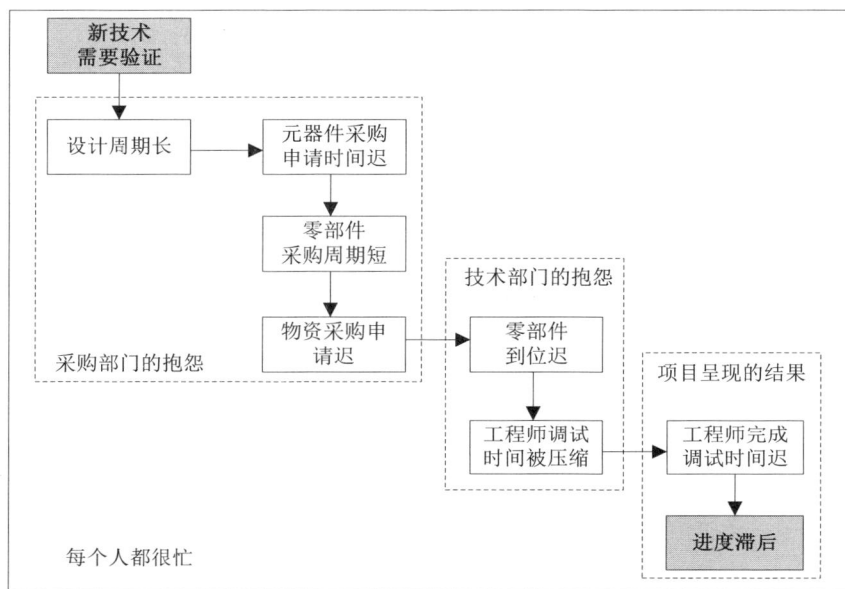

图 3-3　进度是怎么被延迟的？

根据我的建议，他们对声称的"新技术"做了调查，并将各项目采用技术进行统计，分析汇总的结果发现，那些所谓的"新技术"有大部分在另外的项目组使用过，只是没有在组织内分享！以致同一个错误，在组织内的不同项目上复现。

我们习惯忙于事务，而不善于总结。这是国内的多数组织普遍存在的事实。

2. 杰弗逊纪念馆大厦外墙面腐蚀

美国华盛顿广场有一座宏伟的建筑，这就是杰弗逊纪念馆大厦。这座大厦历经风雨沧桑，年久失修，表面斑驳陈旧。政府非常担心，派专家调查原因。

调查的最初结果以为侵蚀建筑物的是酸雨，但后来的研究表明，酸雨不至于造成那么大的危害。最后才发现原来是冲洗墙壁所含的清洁剂对建筑物有强烈的腐蚀作用，而该大厦墙壁每日被冲洗的次数大大多于其他建筑，因此腐蚀就比较严重。

工作人员尝试使用"更换清洗剂""使用耐腐蚀涂料"等多种方案，始终没有得到解决。

问题是为什么要每天清洗呢？因为大厦被大量的鸟粪弄得很脏。

为什么大厦有那么多鸟粪？因为大厦周围聚集了很多燕子。

为什么燕子专爱聚集在这里？因为建筑物上有燕子爱吃的蜘蛛。

为什么这里的蜘蛛特别多？因为墙上有蜘蛛最喜欢吃的飞虫。

为什么这里的飞虫这么多？因为飞虫在这里繁殖特别快。

为什么飞虫在这里繁殖特别快？因为这里的尘埃最适宜飞虫繁殖。

为什么这里的尘埃最适宜飞虫繁殖？其原因并不在尘埃，而是尘埃在从窗子照射进来的强光作用下，形成了独特的刺激致使飞虫繁殖加快，因而有大量的飞虫聚集在此，以超常的激情繁殖，于是给蜘蛛提供了丰盛的大餐。蜘蛛超常的聚集又吸引了成群结队的燕子流连忘返。燕子吃饱了，自然就地方便，给大厦留下了大量粪便……整个过程如图3-4所示。

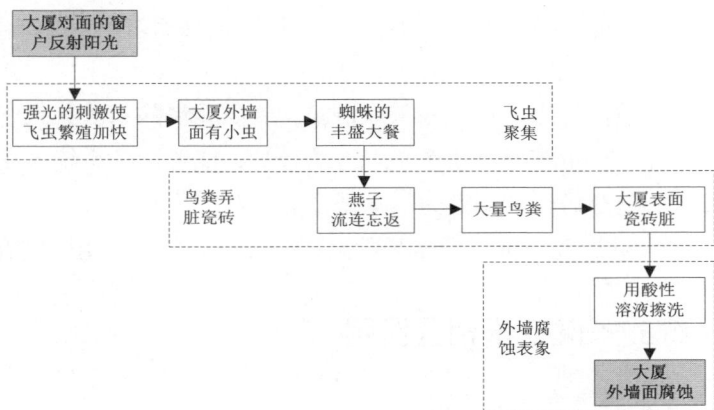

图3-4 杰弗逊纪念馆大厦外墙面腐蚀问题的产生

找到了问题根源，解决问题的最终方法自然就得到了：拉上窗帘。杰弗逊大厦至今完好。

有些问题并不像我们看起来的那样复杂，只是没有找到问题的真正根源。不解决根源，问题都是表象的。

3. 最高明的医生善治"未病之病"

战国时期，名医扁鹊闻名天下。传说魏文侯曾求教于扁鹊："你家兄弟三人，都精于医术，到底哪一位最好呢？"

扁鹊答："长兄最佳，中兄次之，我最差。"

文侯再问："那为什么你最出名呢？"

扁鹊答："长兄善治未病之病，于病情发作之前，一般人不知道他事先能铲除病因，所以他的名气无法传出去，也就是我们家人推崇备至；中兄善治欲病之病，于病情初起时，一般人以为他只能治轻微的小病，所以他的名气只及本乡里；而我仅擅治已病之病，于病情严重之时，一般人都看到我下针放血、用药敷药，都以为我医术高明，因此名气响遍全国。"

这个故事告诉我们，保持身体健康最好的方式是调理、养生。就像《荀子·劝学》中所讲：神莫大于化道，福莫长于无祸。也就是说，将"道"融化于自己的言行之中，是最高明的；没灾没祸，是最持久的幸福。达到这样的状态，就是孔子所讲的"从心所欲而不逾矩"。这是最高层次的系统思考的智慧。精通系统之道，顺势而为，游刃有余。

次一级的智慧是，提前预见并采取措施，将问题消除于萌芽状态之中，不使其发作。为此，你也需要具备系统思考的智慧，能够洞悉系统内在的结构，并保持开放的心态与敏锐的洞察力，见微知著。

最后，当问题已经发生时，你需要找到杠杆解与根本解，做出睿智的决策。①

3.1.3　系统的关键在于相互作用

1. 今天的问题来自昨天的解

老张是某大型集成电路（Integrated Circuit，IC）制造公司的车间

---

① 邱昭良. 如何系统思考[M]. 北京：机械工业出版社，2018.

主任，他们为很多客户同时生产多种规格、型号的 IC 产品，制造流程超过 50 个步骤。

　　由于一些量产问题，A 公司某笔订单发生了交货迟延，于是 A 公司向市场部催货，市场部李经理给老张打来电话想了解生产的情况，并希望采取措施尽快出货。老张知道，在该公司同时生产上百个不同规格的 IC 产品，而且 A 公司也有许多不同批次订单的情况下，要找到该笔延迟交货的订单并不容易，更别说改变计划有可能造成生产线混乱。但是，他也知道 A 公司是重要客户，李经理亲自来电话已经说明了问题。

　　于是，他就指派了专人跟踪 A 公司的订单，并调整生产计划，加快进度。经过一番折腾，A 公司的订单终于交货了。

　　但是，好景不长，A 公司的订单出货不久，B 公司又来催货，希望马上拿到货。于是，故事重新上演一遍……结果，催货的公司越来越多，而且迅速增加。该公司生产线则被不断中断、调整，导致更多的交货迟延和更多客户抱怨。

过去为了解决一个问题而采取的措施往往会产生副作用，从而使得在另外一个时间或另外一个地点产生另一项问题。正如彼得·圣吉所言：今天的问题来自昨天的解。

2. 关于系统

　　中国航天工程的先驱钱学森先生认为：“系统是由相互作用、相互依赖的若干组成部分结合而成的，具有特定功能的有机整体，而且这个有机整体又是它从属的更大系统的组成部分。”系统具有 4 个基本要素：输入、输出、将输入转换成输出的过程、控制转换过程的调解机制。如图 3-5 所示。

　　系统的主要特点如下。

　　（1）系统是由若干要素（部分）组成的。这些要素可能是一些个体、元件、零件，也可能其本身就是一个系统（或称为子系统）。如运算器、控制器、存储器、输入/输出设备组成了计算机的硬件系统，而硬件系统又是计算机系统的一个子系统。

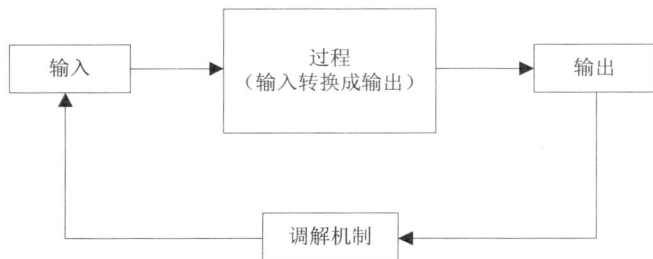

图 3-5　系统的组成

（2）系统有一定的结构。一个系统是其构成要素的集合，这些要素相互联系、相互制约。系统内部各要素之间有相对稳定的联系方式、组织秩序及控制关系，也就是系统的结构。例如，钟表是由齿轮、发条、指针等零部件按一定的方式装配而成的，但一堆齿轮、发条、指针随意放在一起却不能构成钟表；人体由各个器官组成，单个各器官简单拼凑在一起不能成其为一个有行为能力的人。

（3）系统有一定的功能，或者说系统要有一定的目的性。系统的功能是指系统与外部环境相互联系和相互作用中表现出来的性质、能力和效用。例如，信息系统的功能是进行信息的收集、传递、储存、加工、维护和使用，辅助决策者进行决策，帮助企业实现目标。

（4）系统优势在于系统总体可以完成单个组成部分无法实现的功能。即常说的 1+1>2；系统的状态是可以转换和控制的。总之，系统的关键在于"相互作用"。

其实，老张的遭遇并不是个例，就连大名鼎鼎的福特汽车公司也发生过类似的事情。

在福特汽车的研发团队，车身工程师发现汽车的前端有一个振动的问题，为了解决这个问题，他们在车的前端增加了一个大的加强件。

但是，一个又大又重的加强件增加了车重，使得轮胎预留空间变得不合适了——这对底盘工程师而言是一个问题，为此他们不得不增加轮胎压力来解决这一问题。

然而，轮胎压力增加之后，振动问题又出现了……

组织是一个环环相扣的复杂系统，任何一个部门或成员的一个举措，都可能在不同的时间、对系统中的不同主体产生这样或那样的影响。

3. 犯罪问题的偶然解决

生活在 20 世纪 90 年代的美国人只要稍微关注报纸新闻，便会经常体验到心惊肉跳的刺激感，原因就是居高不下的犯罪率。故意或过失枪杀案司空见惯；劫车、贩毒、抢劫强奸同样屡见不鲜，暴力犯罪成了人们生活中挥之不去的恐怖阴影。

权威专家对犯罪率的预测十分悲观，1995 年，犯罪学家詹姆斯·艾伦·福克斯为美国司法部部长撰写了一篇报告，称青少年杀人案将急剧上升，他认为：乐观的话，青少年杀人案在 10 年内会上升 15%，悲观的话，则会翻一番。甚至连克林顿总统都同意此观点，犯罪的蔓延似乎在所难免。

然而与专家预测相反，之后美国的犯罪率非但没有攀升，反而开始出现全面持续的下降。青少年杀人案发率在 5 年内下降了 50%，斗殴、汽车盗窃等几乎各类犯罪的案发率同样如此。

按照见招拆招的机械性思维方式寻找犯罪率问题的解决方案，一般可以形成 3 种做法。

（1）惩奸除恶，形成对罪犯的高压态势。

（2）政府进行干预，加强枪支器械管制等治安管控手段。

（3）对潜在的罪犯进行教育。

但以上 3 种做法都有实施难度，且人力物力成本都很大。

1970 年诺尔马·麦科维只有 21 岁，是一个穷困潦倒、目不识丁、一无所长、酗酒吸毒的女子，此前她已经把两个孩子送给别人收养，但她又怀孕了。当时她所在的得克萨斯州和美国的多数州一样，堕胎是违法的。然而麦科维得到了权势人物的关照，他们为了实现堕胎合法化，帮助她发起了一场集体诉讼，1973 年该场诉讼胜诉，美国全境允许合法堕胎。

　　研究发现，出生于不幸家庭的儿童走上犯罪道路的概率要远高于其他儿童，在堕胎合法化后，数百万女性选择了堕胎，这些穷困潦倒、未婚先孕、承担不起非法堕胎或没有门路的未成年妈妈常常是不幸的代名词。

　　诺尔马·麦科维诉讼导致的堕胎合法化产生了巨大的影响：多年后，这些未出世的孩子本应步入壮年，在犯罪界大展拳脚的时候，犯罪率开始骤降。美国犯罪高峰没有出现的主要原因是潜在罪犯人数的大幅减少。

很多系统问题正如众所周知的蝴蝶效应，一只蝴蝶在一个大陆扇动了一下翅膀，最终导致另一个大陆发生一场飓风。诺尔马·麦科维在无意中扭转了历史进程，尽管她的初衷只是想堕胎。

3.2　提高问题的认知层次

从系统思维角度出发，我把认识世界定义为 4 个层次，如图 3-6 所示。

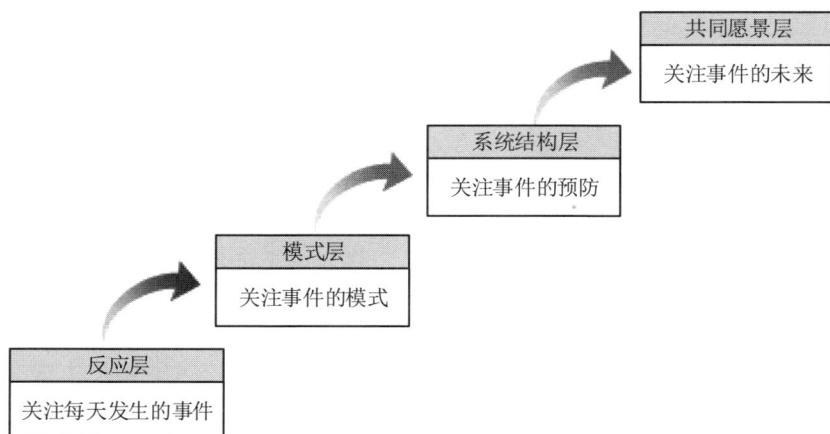

图 3-6　认识世界的层次

1．第一层：反应层（又称事件层）

处于这一层的人主要关注每天发生的事情。救火队员例子（见第 3.1.1 节）中，杜鑫解决了"新加入员工导致的错误"的问题——扑灭一场火，这就是遇到问题解决问题，往往关注事件本身，即俗话所说的"见招拆招"。在这个层次，只是对事件做出反应，而没有控制事件的发生。

2．第二层：模式层

处于这一层的人主要关注事件的模式、寻找事件发生的规律。例如，经过一段时间，发现杜鑫时常处于救火的忙乱状态，项目经理江峰组织对其进行救火培训，提高其救火能力，以便于火情发生时，能快速扑灭它。

3．第三层：系统结构层

处于这一层的人主要关注导致事件模式（规律性）的根源（发生此类事件的根本原因），找到预防事件的方法，开始面向未来。例如，公司建立一支独立的救火队，使工程师不必参加任何救火工作，大家各行其是、各负其责。

4．第四层：共同愿景层

处于这一层的人主要关注创建一种新的模式以替代低效的旧模式，建立新的系统取代旧系统，它是真正面向未来的。找到降低工程师出错概率的方法、提升经验教训的使用、合理分配设计与采购的时间、找到工程师与救火队员的最佳比例等。

3.2.1　博士和农民工的对决

某企业引进一条香皂包装生产线，结果发现经常有空盒流过。厂长请一个博士后花了 200 万元设计出了自动分拣系统。一乡镇企业遇到同样问题，农民工花 90 元买了一台大电风扇放在生产线旁，有空盒经过便被吹走。

网友评论：现在社会，文凭不代表水平，学历代替不了能力，知识不一定能转化为生产力！

这个案例，我在微信中至少见到过 10 次以上，果真如此吗？我仅就网友的评价做探讨。如果仅考虑短期效益，上述评价可以接受！

傻子坐在高压锅旁，看见高压锅冒汽儿，甚是不爽，于是找东西把出气孔堵上。崩开，再堵，又崩开，又堵……最后，傻子找了个小木楔子，用锤子狠狠地敲进气孔里。这回，高压锅终于不冒汽儿了。

然后……好久好久都不冒了……傻子心里终于踏实了！

再后来，听到"砰"的一声……

系统性问题得不到解决，真正高效亦无法实现。人们多数时候在短期效果与体系效率方面拎不清，选择短期效果者往往还自鸣得意，认为"聪明"地用低成本实现了目的，很多认知层次不够的媒体亦如此宣传。

农民工对空盒开展工作，使用大电风扇能把空盒吹跑。试问，空盒中有半块香皂或盒子里有其他异物呢？实质是，这解决了问题的现象，而问题并没有真正解决。这种解决问题属于典型的第一层次（反应层）。当然，这也导致永远解决不完的问题。换言之，这种解决方案只能解决一个问题。

对于空盒、半块香皂或有异物的盒子，都可以将自动分拣系统作为一种解决方案，仅需要对系统做功能扩充。换言之，博士的方案解决了一类问题。这属于面向未来的第三层。

当然，也可以对整个生产线进行改造，降低空盒出现的概率，这属于第四层。

会有人问："农民工的方案不好吗？"，我必须告诉你，这个方案很好，而且我很欣赏这个农民工——作为一个农民工，在没有经过系统的高等教育条件下就能想出这种方案，是非常值得欣赏的。

但是，如果博士采用电风扇的方案解决此类问题，我就痛批他。因为他是受过良好高等教育的博士，他拥有系统解决问题的能力，必须系统解决问题。换言之，农民工解决了一个问题，而博士必须解决一类问题。

"乡镇企业花不起这么多钱怎么办？"有人会问。这里要澄清的是，处于这一层次的乡镇企业使用电风扇并没有错，他们尚不到需要深层次解决这一问题的阶段。

请注意：博士和农民工二人的解决方案，层次不同、不具备可比性。网友将其放到一起比较，这个评价具有很强的误导性，其背后的真实用意让人生疑——读书也没什么用！

3.2.2　系统思维解决问题的方法

面对一个具体问题，用系统思维解决的过程可以使用图3-7来描述。

（1）对具体问题概念化、程式化，将这个具体问题升级为一个普通问题，找到问题背后的模式。

（2）找到这个普通问题的通用解决方案。

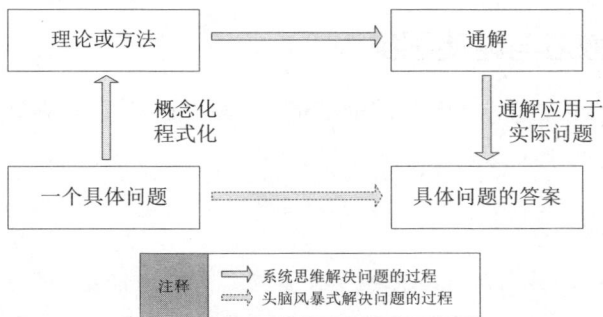

图3-7　系统思维解决问题的过程

（3）根据具体问题的边界条件，将通用解决方案具体化，得到该具体问题的解。

为方便理解，图3-8给出了一个一元二次方程的系统求解过程。事实上，对于一个具体的一元二次方程而言，也可以按照虚线所示的头脑风暴方式求解（不断代入答案试错），只是此过程具有很大的不确定性，效率往往比较低下。

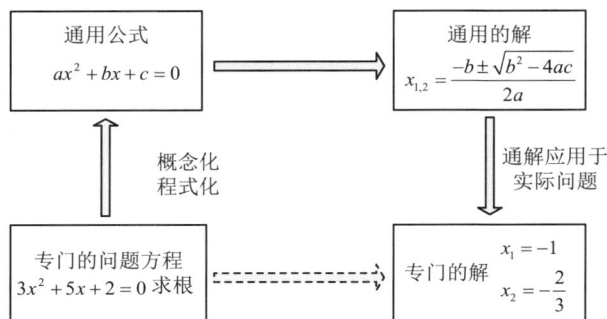

图 3-8　一个一元二次方程的系统化解决过程

在第 3.2.1 节中，博士和农民工面对空盒问题选择了两种不同的解决过程。博士将其升级为一个普通问题（存在与正常香皂盒不同的异物），然后面对这个普通问题建立通解（自动分拣系统），从而形成了系统解决方案。农民工则对具体问题进行了头脑风暴式解决。

3.2.3　牧场效应与囚徒困境

复杂系统有许多优势，但与其他事情一样——你不能免费得到任何东西。复杂系统本身会产生一系列问题。

1.　牧场效应

18 世纪，英国殖民者把奶牛业带到了美洲大陆。个体牲畜主想："我拥有的奶牛越多，就会越富裕，因为放牧是免费的。我要尽快扩大牧群。"每个牲畜主都以同样的方式思考，牧群快速增长。很快，一个问题出现了：牛吃草的速度大于草生长的速度。不久，奶牛们无草可吃，开始吃草根。后来，吃的东西没有了，牛群开始挨饿，畜牧主面临灾难。

在这种情况下，一个畜牧主减少奶牛数量，对他没有任何好处，只会为他人留下更多牧地，他们会有更大的积极性增加奶牛数量；无私的行为除了让自己会变得越来越穷，对阻止灾难没有丝毫作用，这就是牧场效应。

　　1994 年，福特汽车林肯大陆车型研发过程中，为这种车型汽车设计的耗电零件所需电量超过了电池的供电总量。零件工程师们都有充足的理由，没有一个愿意做出让步以减少耗电量。更出人意料的是，在认识到电力的限制后，每个设计师反而都在他们自己的零件上增添了更多的功能，为的是争取从公共利益中分配到更多的电能。

牧场效应也是很多社会问题不易解决的原因。

2．系统的成长上限

　　彼得·圣吉指出几乎每个系统都存在成长上限，组织增长一段时间后即达到上限、停止增长[1]。组织再造，开始一段时间起到了改进组织的作用，然后就达到上限。团队改进一段时间后即停止改进，对个人来说也一样。

　　在改进项目团队的过程中，同样存在一些因素会限制你能达到的改进程度。项目经理江峰试图以延长工作时间来解决进度滞后问题，但是压力和疲劳导致工作速度减缓、工作质量下降，效益降低。这就是成长上限。

3．囚徒困境

　　两个共谋犯罪的人被关进监狱，不能互相沟通情况。如果两个人都不揭发对方，则由于证据不确定，每个人都坐牢一年；若一人揭发，而另一人沉默，则揭发者因为立功而立即获释，沉默者因不合作而入狱 5 年；若互相揭发，则因证据确实，二者都判刑 2 年。由于囚徒无法信任对方，因此倾向于互相揭发，而不是同守沉默。这个博弈过程被称为"囚徒困境"。

　　A、B 两个独立的网站都主要靠广告收入来支撑发展，目前都采用较高的价格销售广告。这两个网站都想通过降价争夺更多的客户和更丰厚的利润。假设这两个网站在现有策略下分别可以获得 1 000 万元的利润。如果一方单独降价，就能扩大市场份额，可以获得 1 500 万元利润，此时，另一方的市场份额就会缩小，利润将下降到 200 万元。如果这两个网站同时降价，则他们都将只能得到 700 万元利润。

---

① 彼得·圣吉.第五项修炼[M].北京：中信出版社，2018.

这两个网站的主管各自经过独立的理性分析后决定将 A、B 两个网站均采取低价策略，这个博弈模型可用表 3-1 来表示。

表 3-1　A、B 两个网站的定价博弈　　　　　　　　单位：万元

		A 网站	
		高价	低价
B 网站	高价	1 000, 1 000	200, 1 500
	低价	1 500, 200	700, 700

牧场效应和囚徒困境告诉我们：系统中如果每个人都以对自己最有利的方式决策，每个人都在促使事情走向更糟。

2000 年 6 月，包括康佳、TCL 在内的国内 9 大彩电骨干企业领导人聚集深圳，宣布召开中国彩电企业峰会，建立彩电价格联盟。但价格联盟内部矛盾重重，金星彩电和西湖彩电并没有执行限价政策，以致同年 6 月底价格联盟成员企业重又汇聚南京，解决内部矛盾。最终价格联盟以失败告终并爆发了更严重的价格大战，其结果是中国家电企业中没有赢家。

2013 年、2014 年中国再次爆发猛烈的电商价格大战，其结果是主要几家电商陷入口水战，并没有真正的胜利者。

项目经理总是在权力不够、资源不足的情况下完成项目。项目管理中一个常见冲突就是对稀缺资源的争夺，关于此主题你可以参考《管法：从硬功夫到软实力》一书第 5 章的详细探讨。如果组织中的成员都认识到整体利益最佳在于合作而不在于竞争，项目团队会运行得更好。相反，如果每个项目经理都像一个"囚徒"，最终必然双输。

3.3　提升效率的关键在于综合优化

一个系统要提升运行效率，就必须使系统综合最优，这就是系统工程的基本思想。

3.3.1　寻找复杂系统的平衡

每一个复杂系统都包括两个基本元素，即正反馈回路（放大）和负反馈回路（缩小）。鉴于此，两个具有相同回路结构的系统，会以非常相似的方式运行。

细菌繁殖是一个简单系统的实例[①]。单细胞有机体以分裂的方式成倍增长，适当环境下，一个细胞半小时内会一分为二，在随后半小时内，2 个细胞又会分裂，成为 4 个细胞。继续下去，就得到 8，16，32，64，128 个细胞……整个过程如图 3-9 所示。

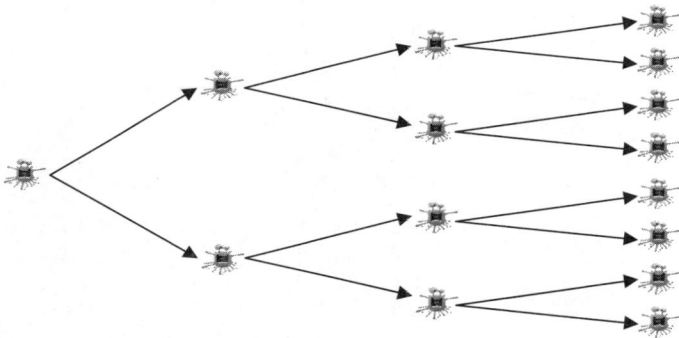

图 3-9　理想的细菌增长系统

上述情况的假设是没有细菌死亡。问题是所有生物有机体都会死亡，因此，要知道一定时间后的细菌数量，就必须考虑死亡率。

假如产生 10 个细菌，死亡 4 个细菌，则数量的净增长是 6 个。如果每产生 10 个细菌，就死亡 12 个，那么数量将逐渐减少。整个系统的情况取决于哪个回路更强或更具优势，如图 3-10 所示。

这个模型也可应用于城市人口的增减考量。当然，除了生死，还应考量人口的迁入和迁出，这样便形成了如图 3-11 所示的四回路系统。

问题是影响人口出生和死亡的因素实在很多，比如出生率、食物供给、天敌、战争和疾病等，其中的任何因素都会对系统产生影响。图 3-12 仅讨论了食物供给对人口数量的影响。

---

① 詹姆斯·刘易斯. 项目经理案头手册[M].雷晓凌，译. 北京：电子工业出版社，2009.

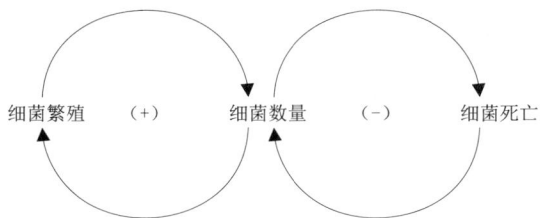

图 3-10　细菌数量的增长

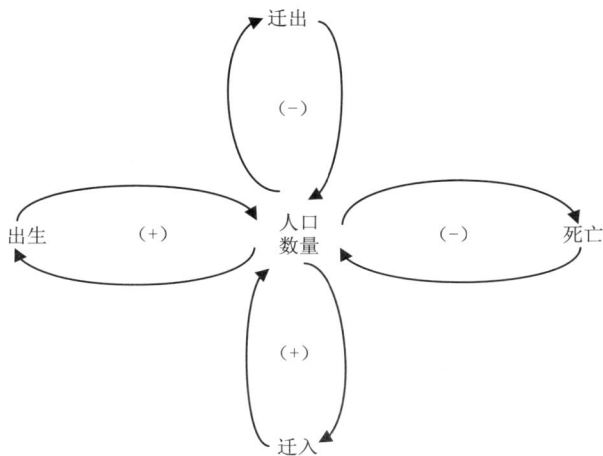

图 3-11　城市人口的增长

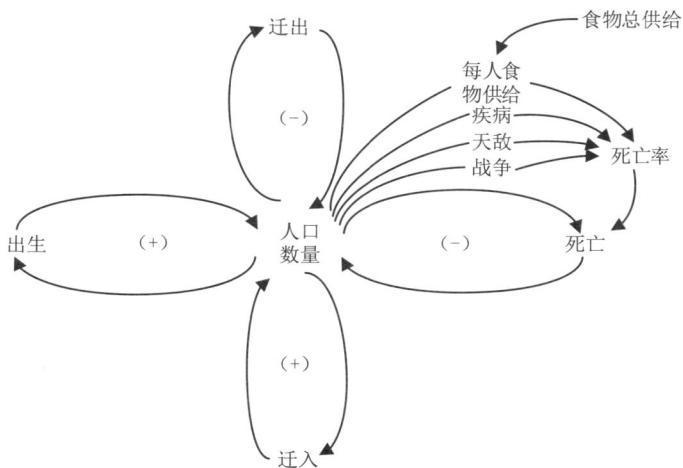

图 3-12　食物供给对人口数量的影响

人们有时候会干涉一个系统，消除自己不喜欢的负反馈回路，结果却发生另一个更坏的反馈回路。例如，如果医学发展使疾病减少，而又不对出生率采取任何限制措施，那么人口可能增长到没有足够食物供应的程度，发生饥荒，造成更多人死亡。即便食物供给不成问题，因医疗改善而长寿所带来的老龄化问题已不容忽视。

18 世纪 50 年代，一个年富力强的欧洲小国君主希望有一番作为。在与大臣们经过多轮探讨后，面临 4 种发展策略的选择[1]：①找借口和邻国发动一场战争。②邀请声名鹊起的新潮经济学家亚当·斯密离开他居住的寒冷的格拉斯哥到该国温暖的首都定居，并尝试他的新理论。③作为社会的楷模，启动一种喝早茶和下午茶的潮流。④引入一种全新的政策——儿童福利津贴，这在某种意义上是一种"反向税"，即让国家为生育孩子的家庭进行补贴。

在进行了很长时间的思考并咨询了多位顾问的意见之后，该国王选择了第四个方案，即"反向税"，并持续实施了 20 年。

然而，结果却令人大失所望：虽然出生率上升了，但是城市人口并没有增长；虽然经济增长了一点，但是并没有像当时期望的那么多！让人意想不到的是，死亡率在迅速上升。事实上，在 20 年中，城市经历了几次可怕疾病的侵袭，整个经济中唯一的亮点就是葬礼业务。

唯一的例外是一个和印度、中国有海上贸易的海港城市。这个城市人口不断增长，并超过了首都，发展成了国家最大的城市，它的贸易税支撑着整个国家的财政，使得"反向税"计划得以勉强维持。

于是，国王来到了这个繁荣的海港城市视察，试图去理解为什么只有它那么繁荣。在正式的招待会上，市长为国王呈上了一杯浅棕色的液体——那是一杯茶，并说：这是从印度、中国进口来的"神奇树叶"。20 多年前，"饮茶"成了这个城市上层人士的时尚风潮，现在，大家都已经养成了"饮茶"的习惯。而它就是让这个城市欣欣向荣的"秘密武器"！

---

[1] 邱昭良. 如何系统思考[M].北京：机械工业出版社，2018.

在国家的生育补贴政策出台之后，短时间内的确有大量新生儿出生，导致人口增长了，但由于未解决经济增长的问题，大量新生儿也加剧了居民家庭的贫穷，再加上公共卫生水平不够，导致死亡率也上升了，死亡人数增加，让人口总数并没有显著增长。

而"饮茶"看似对出生率没有什么影响，但是，它对人口有两个方面的影响：一方面，茶叶自身具有轻微的抗菌作用，虽然它没有现代的抗生素那样强力，但也可以稍稍提高一下身体的抵抗力；另一方面，泡茶需要将水烧开，从而杀死水中的病菌。这两重功效提高了人们的健康程度，也改善了公共卫生水平，降低了死亡率，使得该城市人口出生率高于死亡率持续了 20 年时间，导致人口总数稳步增长，保证了城市的稳定增长。

大多数系统在不受干扰的情况下会自我保持平衡，即使受到干扰也仍能回到平衡点上。对于复杂系统，寻找系统平衡点是重要的。通过了解正反馈和负反馈回路的性质，我们也可以区分哪些事情只是暂时影响系统，哪些事情对系统会产生持久影响。任何变化，不管有多大，只要不改变系统重要的正反馈回路或负反馈回路，都是暂时的。相反，任何变化，不管有多小，只要影响了系统正反馈回路和负反馈回路之间的关系，都将改变系统的长期行为。

从实践的观点来看，如果我们想要改变一个复杂系统，必须找到一种途径来改变保持系统平衡的不同回路之间的关系。否则，对系统所做的任何改变，都将遇到阻力，系统最终又回到最初的状态。

近年来，为改善污染的环境，政府提供财政补贴以推动新能源汽车的发展。结果如何，令人关注。

3.3.2　提升效率的关键在于综合优化

在人组成的社会系统中，系统要素都是由人员和技术组件组合而成的（技术组件包括计算机、设备等）。社会技术系统中的各组件相互作用，任何一个组件的变化都可能影响其他组件。例如，计算机的使用改变了人们的交往方式，影响了社会系统和薪酬系统，一些人认为用计算机工作是有益的，而另一些人则认为是对自己的一种威胁。

实践中，总是有人过分强调组织内良好的人际关系、维持低水平人际冲突，这些过度"和谐化"的言行导致了某些组织系统的衰退。换句话说，他们要在工作场所建立"乌托邦"。不幸的是，这些并没有能提高组织绩效，反而导致了不少麻烦。

另一个极端是，有些组织只优化技术系统。他们投资先进设备，使工作过程流程化，采用统计过程控制方法，但是它们忽视社会系统。由于缺乏组织内人际系统的平衡，冲突渐趋白热化。过度技术化、试图用技术解决非技术问题，这往往误入歧途。近年来，"跌倒老人扶不扶"导致人人自危，试图用行车记录仪解决此问题就是例证。这在本质上是人员组件被破坏（社会信任体系瓦解）的恶果！

公司启用了 ERP 系统，给老王配了一台计算机。之前，老王需要同老李（共同工作20余年的一对老友）一起对统计资料进行面对面审查，现在他拥有了新技术手段，工作效率大为提升。

然而，老王发现他不能再经常找老李聊天了，工作明确禁止工作之余"闲谈"。现在，他们每人都有计算机，独自进行工作。老王和老李失去了社会交往，士气下降。他们开始向同事抱怨公司的冷酷无情。还经常这样"煽动民心"，导致低落士气在组织中蔓延。

经理们注意到了他们在"煽动民心"，警告他们停止。这进一步证实组织（以他们的老板为代表）已经变得冷酷无情，不把他们当人看。他们的反抗更甚……公司"忍无可忍"地把他们都开除！

综合优化实在不易，因为各要素是相互关联的。

某著名汽车集团总装厂决定将一台已过时的设备升级为一台机器人。操作这台设备多年的工人听说后，心神不宁："公司不要这台设备了，我干什么？"

沮丧的心情、低落的士气，使得他的绩效直线下降。这引起了领导们的关注！最终，该员工被迫离开了公司——他对公司意图的看法最终成了一个自我实现的预言。

可悲的是，公司本打算在设备升级后，把他调到另一个岗位。公司一直认为他是一位有价值的员工，只是人力资源部门没有及时告诉他公司的计划安排。

不幸的是，这不是一个孤立的例子。

只有通过社会与技术系统的综合最优化，组织才能取得最优绩效。

3.3.3　N 维系统中的问题在 N+1 维系统中解决

系统工程的一个基本原理是超越系统本身解决问题，即：N 维系统产生的问题只有在 N+1 维的系统中才能解决。

哈曼特公司业务发展迅速，但项目没有进度不拖延的，主管业务的副总经理祝宁江向我求助，请我为其讲授项目进度管控的方法。

我没有直接按照他的思路讲授项目进度的管控方法，而是请他回答以下问题。

（1）项目需求是否经常变更，每个项目的变更频次是多少？

（2）项目组是否存在工作返工？

（3）各项目之间是否只存在同一个功能模块重复开发现象？

（4）项目团队成员是否存在被部门或其他项目占用的问题？

……

表面上来看是进度拖延，其实很多时候是需求、质量、成本、组织等问题，只解决表象的方案结果可想而知。项目组遇到的很多问题常常需要在更广范围、更高组织层面上解决。正所谓"不识庐山真面目，只缘身在此山中。"如果将这些问题局限在项目组内部，往往难以找到问题的实质，自然也得不到有效的解决方案。

只针对其中体现出来的现象进行管控，实则是为系统注入了新的干扰和噪声，导致系统更加不稳定，更不稳定的系统则需要更多的人为干涉，更多的人为干涉则导致系统更加不稳定……这就是恶性循环。治标是管理系统的噪声，治本是管理、优化甚至升级系统。

在项目管理中，区分噪声和系统模式是一种能力。噪声是标，系统模式是本；噪声能由系统自己纠正，模式必须在 $N+1$ 维系统通过改进系统结构来优化。项目组遇到的很多问题常常需要在更广范围、更高组织层面上解决。尤其是如果将这些问题局限在项目组内部，往往难以找到问题的实质，自然也得不到有效的解决方案。

不触及系统结构，你注定是在管理噪声、治标不治本的项目管理很多时候还不如不管。

3.4　艰难的选择

中国式管理比较关注短期而不是长期，是一种被动管理而不是主动管理。同样的问题也困扰着项目管理。

3.4.1　短期高效与体系效率孰重孰轻

项目经理如此关注今天的问题，以至于看不到将来的问题，或不能预见到今天的问题是项目将来更大"病情"的症状。这是可以理解的，因为人们通常会对最突出的事情做出最强烈的反应。显然，当下的问题是最突出的问题，而明天的问题"不在这里"，在遥远的某个地方，是摸不着的。

头痛医头、脚痛医脚，有如对待百姓上访，一味地堵住上访者不能解决根本原因，也许可以短时期减少上访的次数和人数，但迟早会积累更多的问题。系统性问题得不到解决，真正高效无法实现！人们多数时候在短期高效与体系效率方面拎不清，选择短期高效者往往还自鸣得意，认为"聪明"的低成本实现了目的，很多宣传亦如此。

为解决一个问题，采取了一项短期内见效的对策，但长期而言，会产生越来越严重的后遗症，使问题更加恶化，不得不更多地使用这项对策，难以自拔。

正如彼得·圣吉所说，有时候对策可能比问题更糟。人们在生活、工作时会面临大量的决策，不幸的是很多决策都有"副作用"。《伊索寓言》中"下金蛋的鹅"、中国成语中"揠苗助长"、古诗词中的"抽刀断水水更流，举杯消愁愁更愁"都蕴含着系统思维的智慧。在组织中，管理者每天都会面临大量的决策，很容易陷入饮鸩止渴式的困境。

> 由于经济危机，一家生产高级消费品的公司面临着严重的资金短缺问题。他们被迫以最高利率寻求银行贷款。不幸的是，这个应急对策为其带来了不良后果，债务累积的高额利息负担使他们陷入了更为严重的现金流问题。

> 为此，公司决定采取降价促销措施。由于该公司产品一向维持高价格，本次降价促销大幅度增加了销售额，在一定程度上解决了公司的现金流问题。为此，公司领导颇为喜悦。

> 但是，谁知好景不长。由于降价促销影响了产品的品牌形象，其产品出现滞销、收入减少，公司又面临资金短缺问题。与此同时，由于促销降低了公司的毛利率，使公司减少了新产品开发的资金投入，新产品数量大大减少，更加降低了收入，加剧了现金短缺问题。

问题是时间紧迫性往往会放大问题本身。从今天的问题中摆脱出来，从短期的关注中跳出，看到"大局"，这需要真正的修炼和能力。也许还需要外部审计员的帮助。所以，建议进行周期性的项目审计，以便防范短视。

3.4.2　是见长效还是短平快

现实中，我们时常鼓励"电风扇吹盒子"式的小聪明，美其名曰"秘籍"，这是一个充满秘籍的神奇国度。问题是，这些秘籍经常是解决表象、不解决根源，舍本逐末。这在政府和公司中甚为盛行。分析之，发现一个原因就是：解决系统问题的表象容易，解决系统问题的根源很难；而且，解决根源往往时间长、代价大，国人更喜欢"短平快"的方式和方法。

> 有两个战友从部队转业后分别做了两个乡的乡长。甲乡长平时尽做些改善性的工作，如修修水渠、整整河道等。乙乡长则大刀阔斧进行改革，新修了马路、建了高楼，县里的会议经常在乙乡召开。

一次，洪水来了。甲、乙两个乡都受了灾，但由于甲乡在平时做了不少水利建设工作，受灾不严重。而乙乡的路被冲毁了、楼房被冲倒了。乙乡长身先士卒战斗在抗洪第一线，最后累倒在现场。记者们去采访他，领导们也到医院去看望他，老百姓都说他是个好领导。

洪水退去了，乙乡长荣升为副县长，而甲乡长依然是乡长。

请仔细品味吧！

项目经理处理项目团队中的问题成员，也时常如此。面对问题成员，项目经理一般不直接处理（他们往往也没有处理员工的权力；而且，即便是有这个权力也未必敢使用），而试图提高自己的人际关系技能。当然也可能请职能经理或发起人找这个人谈话，结果仍无法改变此人（正如圣雄甘地所言"改变别人很难，唯一可以改变的是自己"）。也许真正有效的方案是"开除该人"，但真的会这么做吗？

第 4 章

降低复杂度是项目成功的关键

> 任何事物都不及"伟大"那样简单；事实上，能够简单便是伟大。
>
> ——爱默生

复杂性一直是项目的固有特点，当今的全球化、新技术、虚拟团队以及分散各地的供应链又进一步显著提高了项目的复杂性。在如此复杂的条件下，要把项目做好，不管是进度、成本、质量还是干系人管理，对项目经理和整个项目带来新的挑战。

4.1 复杂度是项目管理的大敌[①]

1 个项目，如果只有 1 个团队成员、1 个专业、1 个部件、1 个客户，项目管理是容易的；当然，这样的项目几乎不存在。N 多团队成员、N 多专业、N 多部件、N 多供应商、N 多干系人，其复杂度自然就不一样。

4.1.1 降低复杂度是项目管理成功的关键

一个公司之所以是行业的佼佼者，好的技术、产品很重要，更重要的是对

---

① 刘宝红. 采购与供应链管理[M]. 北京：机械工业出版社，2015.

复杂度的控制与管理。

> 在零售业，沃尔玛是行业的领先者。沃尔玛之所以是沃尔玛，不是因为它把东西卖给客户的时候有什么不同：你拿货，它收钱，走人；真的不同是，它能有效管理成千上万家的零售店，每个零售店平均有 14 万种产品——不管客户走到哪个分店，看到的一样，接受的服务一样，而且成本最低。

对复杂度的成功管理与控制，才是沃尔玛的核心竞争力。这正是卖汉堡包的麦当劳和卖糖水的可口可乐能跻身世界级公司，而不与街头小贩为伍的关键。

> 特蕾莎·梅提（Teresa Metty）是摩托罗拉前首席采购官，她曾就复杂度做过一个精彩的演讲[1]。她说，复杂度影响公司的灵活性、分散公司的应对弹性、降低公司的资源利用率和对市场需求的及时应对能力。复杂度处处束缚组织各部门的手脚，增加管理难度，消耗更多资源，造成组织运转失效。

1. 独特性、创新性是滋生复杂度的温床

创造性文化是公司做好项目、出好产品、增强竞争力的关键，但这也恰是滋生复杂度的温床。设计独特、缺乏产品标准、缺乏对产品线的协调管理，是增加产品复杂度的根源之一。必须说的是，很多行业，特别是成熟行业，市场的关注重心是价格，而不是差异化的设计。

2. 部门的职能分工是复杂度泛滥的催化剂

组织目标常被分解为部门目标，这对于仅需单个部门开展的工作也许并不是问题。项目往往是跨部门的工作，当每个部门都站在自己的角度看待项目时，情况就糟糕了——组织中的各个部门之间存在着利益上的冲突，很多企业的部门出现本位主义，于是，各部门"只扫自家门前雪、不管他人瓦上霜"。挂在大

---

[1] 2006 年在 Northeast Supply Chain Conference & Exhibition 的演讲。详见 www.nesupplychainconference.org。

家嘴边的总是"我们部门怎么样""其他部门怎么样"。

项目是互相关联的系统，项目问题绝不可能独立存在。如果每个部门均站在各自的局部利益角度看待问题，即使所有局部目标完成甚至超额完成，也并不能代表项目目标的完成。即使是在形成了整体目标的情况下，片段思考、局限思考的现象仍然会存在（见图4-1），更何况是整体目标时常并不清晰呢？

图4-1　项目的收益在哪里

生产、采购部门希望型号越少越好，市场部门希望产品品种多样。有时候设计人员采用独特设计，并不是因为非这样做不可，而是不了解对生产、采购、分销、库存、售后服务的影响。事实上，分工和部门间的壁垒使设计人员不一定能够接触、理解和思考这些负面影响。

3．项目实施过程的缺陷加剧了项目的复杂度

项目本来是一个整体，为了认识、管理和控制，从技术和专业角度将其分解成生命周期阶段、子系统、产品组成部分等。这个分解会产生以下两个副作用。

（1）信息损失。

（2）信息损失导致的信息矛盾。

这两个副作用导致项目的结合部（界面）最容易出问题。部门与部门之间的结合部、专业与专业之间的结合部、个人与个人之间的结合部、工序（过程）与过程之间的结合部等。实践中，我们通常将工作分解到职能部门，分解的时候基本假设是各部门之间界限分明，分工明确，如图4-2（a）所示；但实际完成工作时却是如图4-2（b）所示的情况。

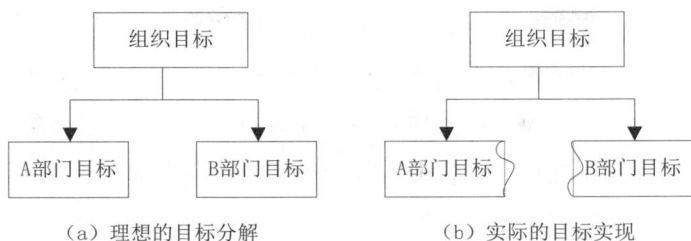

（a）理想的目标分解　　　　　（b）实际的目标实现

图 4-2　分解与整合导致的项目矛盾

4．复杂度是一个累积过程

复杂度来自组织里各成员日复一日、年复一年的行为和决策，伴随着组织的成长，复杂度一直在累积。市场人员接下复杂的特色项目、工程师开发出非标设计、实施人员开发独特的工艺、采购人员导入一个又一个新的供应商，等等。这些都是公司和项目的复杂度的来源。

5．凭技术领先崛起、靠复杂度低长久

公司要发展，创新性不可或缺，但问题是不管什么技术，最终都难逃成为大众商品的命运。而一旦成为大众商品，市场竞争白热化，谁能降低复杂度，谁就能更好地控制成本，谁就能领先对手。

> 在摩托罗拉多年，经历了手机从奢侈品到大众消费品的历程，特蕾莎·梅提对这点的认识不可谓不深。她说，对那些防患于未然的公司，对复杂度的防范是企业文化的核心，他们无时无刻不在与复杂度作斗争，所以做好了赢得大众化商品之战的准备。

对于那些无视复杂度的公司，如果它们的文化以创新为核心，允许复杂度随便侵入项目并最终导入产品线，在一个大众化商品的世界里，不要说发展，就连生存都很困难。很多高科技公司能够凭借领先技术崛起，但对项目和产品线的复杂度控制不力，一旦技术不再是行业的驱动力，就会昙花一现，趋于平庸，甚至难逃灭亡的噩运。

6．复杂度大增是通病

我们的企业伴随着三四十年的快速发展，资金充沛、机会多多，选择做什

么容易，选择不做什么难，跨行、跨界、大规模进军差异化市场，企业无序扩张、不断试错……其结果是产品种类、型号大增，组织、系统和程序的复杂度随之上升。复杂度大增成了项目甚至是企业的通病，导致项目的效率低下、成本上升，表现在企业绩效上，就是营收增长了，利润率却减少了；市场占有率提高了，利润率却降低了。

4.1.2　复杂度难管的原因

> 复杂化是简单的，而简化却很难。
>
> ——布鲁诺·穆纳里

复杂度难以控制，主要有以下几个原因。

1. 复杂度是专家们增加的

独特组件是设计出来的，独特工艺是由实施人员开发的……他们是专家、权威，别人很难来挑战其决策，连公司的最高层也不能。

　　一个营业收入 100 多亿元的项目驱动型公司的 CEO 对我说，他们是装备制造业，由客户定制；但设计人员定制过头，有太多的非标件，他对此甚为头痛。一旦质询，工程师们总是振振有词，找出 N 多个理由来，如"满足客户需求""这是技术问题"等挡箭神器（见图 4-3）。

图 4-3　"技术问题"挡箭神器

复杂度常是专家们增加的，而专家们是不能质疑的。

2．复杂度是出于善意的

复杂度的增加，很多时候是出于善意和满足合理诉求。没有一个市场人员会故意接些啃骨头的复杂项目，诚心把公司做死；没有一个工程师会故意开发一堆非标件，诚心让公司亏本；采购导入 N 多供应商，也是为了把成本降下来！这些善意的诉求成了复杂度的保护伞，让复杂度堂而皇之地泛滥。

3．复杂度难以度量

假定生产一个杯子、一个型号、一个销售点，其单位成本为 1 元。现在要生产 4 种杯子、6 种颜色、20 个销售点，单位成本应该是多少？假定 4 种杯子的单位生产成本都一样（因为生产流程只是做了微小的调整）、6 种颜色的原材料采购成本也一样（这就如你到苹果公司的网上买 iPad，白色跟黑色的价格一样），再假定每个销售点的销售成本也一样。这些假定都有道理，在这些假定的基础上，杯子的单位成本还是 1 元。

事实上，杯子的单位成本已经不是 1 元，因为规模效益递减、复杂度大增。不过传统的成本核算与公司会计没法反映这点，复杂度没法在公司的报表中显示出来。西方管理学中有一句话，却没法度量就没法管理，这恰是复杂度没法得到控制的根本原因。

4.1.3 控制复杂度，决心比技巧更重要

> 无论复杂性程度如何，标准化的项目管理做法、有效沟通和强有力的人才库对项目的成功必不可少。具有强有力领导技能的管理者在获得项目的成功中扮演关键角色。
> ——《项目复杂性管理实践指南》

减肥最根本的方法就是少吃多动。这本身没多少技巧可言，需要的是决心。

复杂度控制就如减肥，决心比技巧更重要。当然人们会说，这话说起来容易做起来难，客户的独特需求摆在那里，你能视而不见？每个项目都用标准件或者已有的组件，那创新从哪儿来？这看似有道理，事实却不尽然。

1. 应对项目的独特性

控制和降低复杂性，需要识别什么是客户需要的、什么是客户想要的。想要和需要之间还是在本质上有所不同的。

在项目中，想要趋向于客户想象的解决方案而需要则与业务相关。如果想要源于对需要的清晰理解，那么根据用户的要求实施项目没有问题，但是你不是每次都能知道是否是这种情况。为了安全起见，我建议你要求客户说明他们为什么会提出这些要求。通过不断地提问，最终会知道问题的根源。针对业务的解决方案就是客户的真实需要。

在实践中，区分需要的与想要的一个最佳实践是：客户愿意付钱的是真正需要的，否则就不是其需要的。客户愿意付钱的复杂度可以接受，否则就是坏的复杂度而必须控制和降低。

> 客户到网上买一台联想笔记本电脑，联想会有标准配置推荐。如果客户想增加点什么，就必须额外付钱。理论上，一台计算机可以有 200 万种配置，但联想从来没有生产过那么多种！主打的、卖得最多的，实际上只有几种标准配置。

在这点上，项目经理们要认真对待，你的原则必须是：你有个性化要求，当然可以，拿钱来。

关于本主题的更多探讨，请参考本套书的《技法：提升绩效与改进过程》第 5.3 节。

---

2. 创新不是复杂性的借口

创新与标准化并不排斥，就如优秀的面点师傅，面点可以做百十种，但基本原料就是面粉；或者高明的中医，医术精湛，能治百病，所用大都是些常见药材。当然，现实很骨感：我们工作中遇到的大多数人都是凡人，远远达不到大师的标准，所以非标设计是难免的。不过，这跟创新并非一回事。

> 某机床研发公司是大型生产装备制造企业，属于典型的项目驱动型组织，产品的品种多、批量小，非标化设计一直是个大问题。负责生产的副总对设计人员选用的螺钉甚为恼火。
>
> 该公司选用的螺钉有上百种，很多螺钉的形状、大小、长短尺寸都差不多，生产线上的工人经常上错。一旦上错，就得重来，费工费时。万一上错了没发现，设备运营一段时间后，螺丝就可能掉下来，酿成质量事故，被客户骂得狗血淋头：连个螺钉都上不好，还能指望你们什么？

这一点，联想和苹果值得学习。ThinkPad、iPhone、iPad 据说就只用 1~2个品种的螺钉。螺钉是小，但反映的是大问题，即无谓的创新，或者说没有约束的创新。诚然，标准螺钉不一定能满足设计要求，但也肯定不需要设计出成百种不同螺钉来；设计几种，重复应用也是标准化。对于大多数公司而言，只要把无谓的创新管好了，项目一定会好很多。

没有毫无约束的创新，就如没有绝对的自由：真正的自由都是戴着镣铐跳舞。

> 毫无疑问，英特尔是一个创新公司，但熟悉英特尔的人都知道，在英特尔你很难改变任何事情：生产线一旦定型，任何设备、原材料、工艺、温度、电压、气压、湿度等的变化，都得通过严格的审批，几无改变的可能。但英特尔还是在创新，通过有控制的方式来创新。

没有约束的创新是不能持久的。

在 2000 年前后，手机由模拟信号时代进入数字信号时代。作为模拟信号的领头羊，摩托罗拉理所当然地落后了，就如数字信号向智能机过渡时，诺基亚掉队了一样——现在想必你能猜得到，当下一代技术取代智能机时，下一个掉队的手机公司是谁了。

为了追赶竞争对手，摩托罗拉仓促应战，无序、匆忙地推出一系列新产品，导致复杂度大增：众多的手机平台，3 倍于实际需求；65 种手机型号，3~4 倍于实际需求；众多的独特设计，2 倍于实际需求。其中有一款手机，100 多种配置、4 种机壳颜色、30 个软件版本、没有软件安装延迟、没有硬件安装延迟，甚至连芯片、显示屏和电池都是非标件，成了摩托罗拉的噩梦。

创新历来深深植根于摩托罗拉的基因，但没有约束的创新却害死了摩托罗拉[①]。

2011 年 8 月 15 日，谷歌以 125 亿美元收购了摩托罗拉。2014 年 1 月 30 日，谷歌又以 29 亿美元的价格将摩托罗拉出售给联想集团。谷歌做了一笔严重亏本的买卖！

摩托罗拉移动看上去是 2011 年死的，其实远在 10 年前就死了，在它们整出那么多的产品的时候其实就死了。百足之虫，死而不僵。苟延残喘的结果，无非是让公司的价值变得更低：如果在 2000 年前后就把自己卖掉的话，估计多卖个三五倍也不成问题。

对于复杂度来说，项目团队经常以受害者的身份出现，比如需求太多样化、需求太过个性化而且变化频繁等。事实上，项目团队自己也正是施害者，没有做好知识结构化、标准化和构件化工作，导致后续项目只能再次开发、研制。要提高项目的执行效率，必须提高项目的构件化（标准化）程度，这是组织提高项目管理能力的必由之路。

4.1.4　复杂度是项目管理的焦点

很多国外公司的项目管理之所以做得好，关键是对复杂问题处理得好。管理上的复杂问题多，难问题少（不是说没有）。即便在技术领域，难问题也往往是因为复杂而难。难问题需要技术解决方案，复杂问题则更多地需要协调、组织；难问题依靠个人能力就可能解决，复杂问题则要求群体参与和协作。

---

① 诚然，导致曾经的巨无霸企业轰然倒下的原因不止一个，糟糕的战略恐怕也难辞其咎。

国人听西方人的报告，对人家的解决方案往往有不过如此的感慨。本质就是因为国人从难的角度看问题，而没有领会到问题背后的复杂度。

本土教育、管理关注的重点往往是难度，而不是复杂度。也正因为此，培养的人才更多是精于单兵作战，疏于团队工作。如果要说中西方管理上的区别，这恐怕是重要的一方面。要说中西管理上的差距，这恐怕是最大的差距之一。

简单总结一下：

（1）复杂度是项目管理的大敌，降低复杂度是项目成功的关键。

（2）每个职能、每个人都在增加复杂度，控制复杂度，技巧比决心更重要。

（3）独特性和创新不是复杂度滋生的借口，构件化、标准化是管理复杂度的必由之路。

4.1.5　案例：摩托罗拉的 100 多种手机电池

特蕾莎·梅提是摩托罗拉的前首席采购官，多次提到一个案例：摩托罗拉有 60 多种型号的手机，不同的型号很少共用电池，造成相应配备 100 多种电池，这极大地增加了项目的复杂度。外观设计多样化有一定的道理，因为消费者可能喜欢不同的样式；100 多种电池则纯属多余，买手机时谁会在意里面的电池是什么形状、颜色？

特蕾莎·梅提说："市面上的每种摩托罗拉手机都有一种不同的电池。电池的复杂度简直是不可思议。光这一项就要了我们的命。"

很难追究这 100 多种电池是如何设计出来的，这也不是一朝一夕的事。但恶果却是严重的，手机成为大众商品后，成本压力山大。多种电池的弊端很快显现：在供应商端，采购额分散，价格谈判余地小；在生产、分销渠道，多品种电池增加了库存、提高了成本，而且市场宣传难以聚焦、无法形成产品影响力。在一款手机只能流行几个月的市场下，这些电池不是供货不及时（因为大家都买某个型号的手机），就是积压太多（手机款式不流行了，配套电池自然就滞销），简直是项目执行的噩梦。

出路只有标准化。这么大的公司，这么多机型，这么多供应商，这么多分销渠道，标准化着实不易。摩托罗拉专门成立一个"电池委员会"——这简直是头痛医头、脚痛医脚式的"见招拆招"。

对已有产品的标准化存在如下两个问题。

（1）设计资源不足——设计人员都是稀缺资源，项目时间紧、任务重，最后期限压在头上：新项目都来不及开发，留给现有项目优化的时间能有多少？

（2）很多快速消费品生命周期短，手机畅销时间平均一年半，等标准化了，手机已经退市了。

这像极了计划生育：孩子都生下来了，还能谈什么计划？

对摩托罗拉来说，已经上市的 100 多种电池没多少可作为的，唯一能做的就是在未来不要犯同样的错误。他们选取了 5 种电池，决定以后机型都只能从这 5 种电池里选。

2015 年，有人问摩托罗拉的一位高管，这 5 种电池是否能够满足后续的产品设计？答案是肯定的。不过这些都不重要了，摩托罗拉的移动业务已经卖掉了，一个百年老店终于走到了终点。大企业看上去强大，但在根本问题上，往往没有犯错、纠错的机会。

4.2　用结构化思维降低项目的复杂度

项目管理的过程就是将复杂问题简单化并予以解决的过程，降低复杂度的一个重要方式是结构化。

4.2.1　为什么连问题都不会问

"我的沟通能力不行，怎样提高沟通能力？"

"怎样提高领导力？"

"我想要转变职业，怎样提高认知水平？"

"我想提高能力，该读什么书？"

"我的项目总是出问题，怎样管好一个项目？"

"项目计划总是赶不上变化，如何制订出一个管用的进度计划？"

……

这些问题其实都难以回答，因为它们不是真正的问题，只是一个表象。认识我的人知道我特别强调，要求大家要建立起结构化思维（Structured Thinking），不然就会经常遇到迷茫和痛苦。所谓结构化思维，是指一个人在面对工作任务或者难题时能从多个侧面进行思考，深刻分析导致问题出现的原因，系统制订行动方案，并采取恰当的手段使工作得以高效率开展，取得高绩效。作为项目经理，如果你拥有了结构化思维，将对自己的职业生涯带来巨大帮助，使得自己面对项目困难更淡定从容。

1. 一个小实验

请用 20 秒钟的时间，把图 4-4 所示的这 9 个符号记下来，等 10 分钟之后把它复述出来。

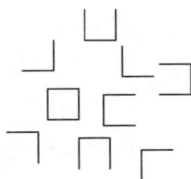

图 4-4　一组符号

这个实验曾经做过很多次，如果立刻让被实验者复述出来还有可能，但是 10 分钟之后能够记得这组符号的人就寥寥无几了。如果把这组符号重新整理一下，并赋予它一个逻辑或物理含义（见图 4-5），那么很多被实验者在 10 分钟之后都能复述出来，而且想忘记反而变得困难。

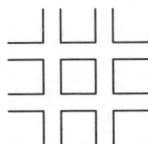

图 4-5　赋予逻辑意义的符号

可见，同样的内容运用不同的结构传递给对方的时候，对于对方记忆的黏性是完全不同的，答案的呈现方式称为结构化的方式。这也是为什么在日常工作中经常看到同样的一件事情，有的人 3 句话就能说清楚，而有些人一下午也说不到核心上。

为什么会如此？这不得不谈谈人类意识的特点，也就是大脑处理信息的方式。

（1）不能一次太多。心理学研究发现，我们的大脑可以同时处理的信息不能太多，否则会让我们的大脑觉得负荷过大。你也可能碰到过这样一些人，他说的每个字你都听得懂，然而组合在一起，你也不知道他想说什么，听他说话时间一长，你会头疼，变得焦躁，"你到底想说什么？"之所以这样，原因就在于我们的大脑处理不了太多零散而复杂的信息。

（2）喜欢有规律的信息。这是大脑赋予人类最重要的技能，也是知识产生的源泉，正是因为有这样的技能，人类才创造了如此非凡的文明成就。天才和普通人的区别不是在内核的多少，而是处理能力方面，他们往往能够透过纷繁复杂的现象发现本质，也就是核心的规律。

2. 结构化思维模式

现在，你可以测试一下自己的结构化思维能力。请用 10 秒钟时间，看看是否可以记住图 4-6 所示中的这串数字。

4125236572 46060

图 4-6 一串数字

好！现在合起本书，来回忆一下这组数字并写在一张纸上。在我的课程中，每次让大家来做这个游戏时大多数人都记得很辛苦。只有非常少的人看一眼就全记住了，而且说这辈子想忘了都很难。他们是怎样记住的呢？把书翻到附录 6，给出了答案。

罗伯特·卡茨（Robert Katz）将高效管理者的技能分为 3 种：技术性（Technical）技能、人际性（Human）技能和概念性（Conceptual）技能。如图

4-7 所示。

图 4-7　高效管理者的三大技能

概念性技能是指对复杂情况进行抽象和概念化的技能。管理者以整体视角看待组织的能力，即把组织视作一个整体的全局把握能力。它决定着组织的总体成功，在管理过程中起着统一和协调的重要功能，而且级别越高的管理者需要的概念性技能越强。结构化思维就是概念性技能中最关键的技能。拥有结构化思维的人在面对工作任务或者难题时能从多个角度进行思考，深刻分析导致问题出现的原因，系统制订行动方案，并采取恰当的手段使工作得以高效率开展，取得高绩效。

要使得思维结构化，必须抓住 3 个关键点。

（1）化繁为简。结构化思维的基本方法就是分类分级、自上向下、逐步求精，这样有利于把复杂的问题简单化，更容易抓住事物的本质。例如，什么是战争？面对这个问题你也许会引经据典地说上一大通，但是简单来说，战争就是打得赢就打，打不赢就跑。

（2）清晰表达。你自己希望别人讲话条理性好，当然别人也希望你讲话有条理，这样沟通才能顺畅。这就是很多领导讲话都喜欢讲三点的原因。

（3）知识归一。这个时代不是缺乏知识，而是知识太多，信息太杂、碎片化严重。通过结构化思维可以自下而上地进行知识梳理，不断丰富自己的知识体系，人与人之间的竞争到最后就是知识体系的竞争。别人一抓一把零散的知识，而你一拎一套完整的知识体系，胜负可想而知。

4.2.2　提升思维的结构化

虽然人类大脑天生就具备找规律的能力，但这不意味着不需要刻意地训练你的这种能力。动物的行为是写在 DNA 里面的，遇到问题会做出本能的反应。而人类的大多数行为能力是靠后天的刻意练习才能加强的，大脑的强大之处就在于它似乎无所不能，什么都会。动物天生就会捕猎寻找食物，而人类却需要经过长期的学习才能掌握生存的技能。

训练结构化思维的基本方法分为两种：一种是自上而下逐步求精；另一种是自下而上归纳总结（见图 4-8）。

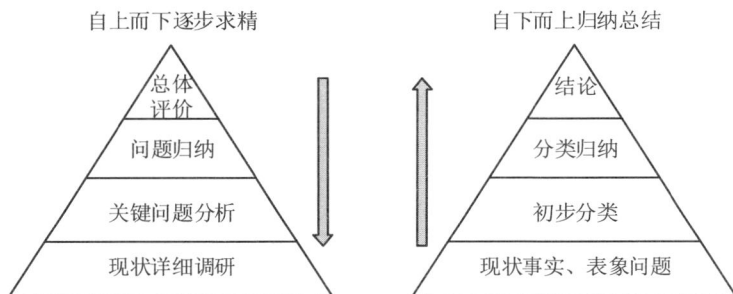

图 4-8　结构化思维训练的方法

1. 自上而下逐步求精

自上而下的思维方式是比较常见的一种思考方式。

　　喜欢厨艺的朋友在做菜前，一定会先想好要做什么菜，要备什么配料，用什么锅、要多大的火，以什么方式来烹饪，这也是一种结构化思维的过程。

　　自驾出游前，每个朋友都会先设定目的地，再设计出行路线，然后保养车辆、加满油，甚至设计好路上在什么地方休息、在什么地方吃饭，车上要带多少水等，也是结构化思维的结果。

事实上，自上而下的思维除了这些自然而然的思考，重要的是总结常见的方法，也就是发现事物背后的普遍结构性规律，现以建造房子为例供大家参考，如图 4-9 所示。

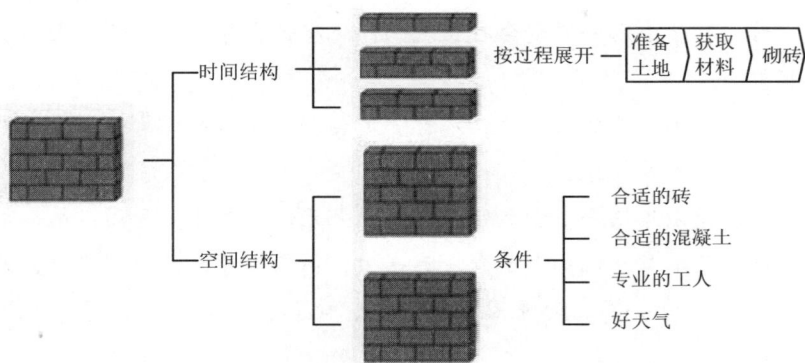

图 4-9　建房子的时间、空间结构

　　常见的逻辑关系有两大类，即时间结构和空间结构。常见时间结构关系有流程、逻辑关系、依赖关系等，常见空间结构有并列关系、包含关系等。找到结构之后要注意用一个原则来判断其是否合理，这个原则就是 MECE 原则。也就是各部分之间相互独立（Mutually Exclusive），相互排斥，没有重叠；所有部分完全穷尽（Collectively Exhaustive），没有遗漏。

　　所以，自上而下的过程，在逻辑学里面也叫分析和演绎的过程，适合发现已有知识的逻辑，寻找问题的细节和论据。

　　请思考以下问题："如何能够将 200 毫升的水装进 100 毫升的杯子里？"①

　　我声明这不是一个脑筋急转弯，而是一个需要解决的问题。想到答案了吗？在课上，很多学员都会七嘴八舌抢着回答，有人说喝一半再倒、有人说换个杯子等，而每次都会从远处隐约地传来一个答案"把水冻成冰"。各位你想到了吗？没错，这是这个问题的标准答案之一。在此我们的重点不仅要找到答案，而且要找到分析问题的思维过程。那么，为什么 200 毫升水倒进杯子里水会流出来？

　　有人说这还不简单？因为你杯子小、而且又不具备像气球一样的张力，可以随着水增多而变大。

---

① 李忠秋. 结构思考力[M]. 北京：电子工业出版社，2014.

好，杯子小水一定就会往下流吗？还有什么原因？没错，因为地球有重力。

那杯子小、地球有重力，水就一定会流出来吗？还有什么原因？没错，因为水是液体。

现在稍微总结一下水之所以会流出来无外乎有 3 类原因：第一类原因是杯子本身，比如太小或没有张力；第二类原因是外部环境，比如有地球引力；第三类原因是水本身，比如它是液体会流动（见图4-10）。

```
┌─────────────────────────────┐
│ 把200毫升水倒入100毫升的杯     │
│ 子，水流不出来的原因           │
└─────────────────────────────┘
              │
    ┌─────────┼─────────┐
┌───────┐ ┌────────┐ ┌─────┐
│ 杯子  │ │外部环境│ │ 水  │
└───────┘ └────────┘ └─────┘
```

图 4-10　水流不出来的原因

杯子、外部环境、水这 3 个维度就可以理解为分析这个问题的一个空间结构，不但把问题想全面了，而且还分得很清。如果你从这 3 个方面分析，会发现很容易找到多种答案。比如，针对杯子方面的解决方案是换大杯子或换一个有张力的杯子，但前提是不可以更换杯子。如果从外部环境角度分析，比如可以把水和杯子拿到太空上去，有可能解决吧？理论上是有可能的，但你又说拿到太空上成本太高了。还有一个角度就是水本身，我们把它从液体变为固体（冻成冰）就可以解决了。所以，这就是一个简单运用结构思考方式分析问题的过程。结构思考是人类思维领域的基本规律，内化为思考、外化为表达，所以通过结构化思维的训练可以让我们轻松找到问题的解决方法。

2．自下而上归纳总结

当出现一大堆信息，无法下手的情况该怎么办呢？这就用到结构化思维的另一种方法，即自下而上的方法。自下而上的方法一共分 4 个步骤。

（1）天马行空。把头脑中关于这个问题的所有碎片想法都列出来，先不要关心合理性和逻辑性。当你觉得都列得差不多的时候，再读一遍这些碎片想法，思考可能的分类方式。可以将同类的想法连线或者挪动到一起。

（2）分类分组。进一步提炼同类想法的本质，写一个名词或句子，并把这些同类想法归到这个名词下。注意分类有两个方向，即水平方向的并列关系和垂直方向的层级关系。

（3）结构提炼。看一下这些分组，是否存在某种规律，按照这样的规律，是否需要补充或调整。用相互独立、完全穷尽的 MECE（Mutually Exclusive Collectively Exhaustive）原则来决定分组调整。最后形成的组，其实就是你的结构。

（4）观点补充。确定了结构之后，看每个结构之下是否还需要补充其他信息，最后完善思路，提炼核心观点。

工作中常用的鱼骨图（见图 4-11）就是一种非常好的归纳总结的方法。

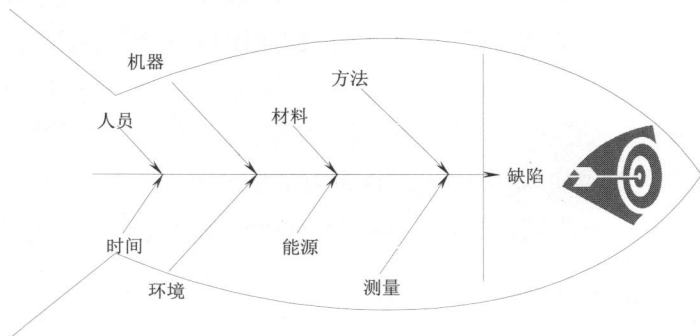

图 4-11　鱼骨图

4.2.3　关于这个问题的三点建议

事物的结构往往具有普遍的规律，站在"牛人"的肩膀上才能看得更远、学得更快。结构化思维遵从 MECE 分析原则、80/20 法则，其基本关系有顺序关系、并列关系、包含关系 3 种，常用工具包括二维矩阵①、流程管理工具②、干系人分析③等。具体内容可以在互联网上搜索。

1. 结构化思维训练

如果只是粗浅地阅读，不做练习，只能说你又喝了一碗鸡汤。鸡汤本来是好东西，营养丰富，就怕不消化，结果滑肠而过，就不会有什么收获了。为了掌握这种实用的方法，你在生活中还需要刻意地练习，坚持 3 个月，定能有所得。日常练功心法如下。

（1）拆书。看书的时候，列出作者的核心观点，添加分论点，然后寻找其中的逻辑关系，有空可以拿出来看看。这样拆书的好处还有一个，即如果你发现一本书根本无法提炼核心思想，也无什么结构，那么恭喜你，看了一本垃圾书。

（2）写作。一周一篇文章是起码的要求，君不见网络大神每天都发文，其实他们就是掌握了结构化思维的心法。写作时必须用结构化思维的方式写，并且尽量使用你积累的结构素材。如果你没有时间写文章，那就尝试写出文章的结构。

（3）演讲。只要把在路上看手机的时间留出来思考，每天给自己一个议题，用 15~20 分钟的时间，用结构化思维的方法来解决/论证这个议题，不一定要写下来，说给自己或者同伴听就行。这个训练成本最低，而且是最关键的一环。

2. 三点建议

我们经常会发现有人这样表达：关于这个问题我有三点看法；还有些领导在讲话时也会经常说：今天下午我只要讲三点，然后再分别从 3 个要点来阐述自己的观点，听众就很容易理解！

经常用这种方式说话的人，其逻辑和沟通能力都很强，因为能这

---

① 任务分析矩阵（紧急性、重要性）、波士顿矩阵（市占率、增长率）、安索夫矩阵（新/老产品、新/老市场）等。

② 产品价值链、客户生命周期等。

③ 波特五力模型等。

样说其实是不容易的，不信你可以随便试试。"关于这个问题我有以下三点看法"，说完以后经常会有以下几种情况发生，第一种情况是正好有三点，第二种情况是说完两点发现没有要说的了，第三种情况是说完三点后发现还有很重要的内容没有说！所以，如果有人可以这样结构化的表达，一定是他的归纳分类的逻辑能力和沟通能力很强。

你可能听过"奇妙的数字 7±2"，说的是大脑短期记忆很难一次容纳 7 个以上的记忆项目。能力强的人可能一次能记住 9（7+2）个项目，而有的人只能记住 5（7−2）个项目，大脑比较容易记住的是 3 个项目。如果要点太多且不进行归类分组，听众基本不会理解你毫无头绪的表达。

　　上司：听说你们的"润智读书"项目运行不太顺利，你接下来准备如何实施呢？

　　下属：嗯……啊，这个……因为现行的机制存在些问题，而且先期方案调研深度也不足，我准备在形式上再创新一下，另外员工参与度不高也是个重要的问题，同时推荐给大家的数目跟需求也不符合……

　　上司：？？？（你究竟想表达什么？）

事实上，很多人经常陷入上述窘境，没有要点的沟通也让听众变得思维混乱。为了取得沟通实效并提高工作效率，准确清晰地进行归类分组非常有必要。再看上述例子的另一个版本。

　　上司：听说你们的"润智读书"项目运行得不太顺利，你接下来准备如何实施呢？

　　下属：我准备进一步优化"润智读书"项目的运行管理，大致分为以下三点：第一，形式上更加创新；第二，推荐符合需求的书单；第三，开展深入持续的调研。

　　上司：非常好，明白了。加油！

为了提高这种能力，你可以三为基础去考虑"要点是什么"。比如跟客户沟通之后，客户提出了哪 3 个方面的需求？开完会后的决议包括哪 3 个方面？看完电影回家的路上，可以问问爱人有哪 3 个方面收获？这些问题都尝试着用 3 个要点进行分类，虽然并不是所有的事物都一定可以分为三点。

有人可能会产生一个疑问：为什么是三点呢？首先，三点便于识忆（刚才已经解释过了）；其次，三角形本身也是特别稳定的一个结构，3 个要点会支撑一个中心思想；最后，通过分三点这种有意识的训练，其实是在加强你的分类能力，而这种三点的表达方式也一定会提高沟通的效率。（细心的你会发现，我又说了三点）

4.2.4　用结构化思维解决问题

结构化思维方法对每个人的帮助都很大，建议项目经理要掌握这种方法，最好把这种方法变成一种本能的反射。如果你真的练成此种神功，对于克服工作上的压力将会有很大的帮助。即便是跟人吵架也会游刃有余，不会在吵完架后细想总觉得自己没有发挥好。

刚工作时，害怕跟别人吵架，随便一个人就可以把我辩倒，每次吵完架后细想总觉得自己没有发挥好（见图 4-12）。

后来，很喜欢跟人辩论，觉得自己很强势，很享受把别人辩倒的快感。

现在，不屑与别人辩论，我尊重每个人的意见，考虑他们的立场，跟他们讲道理；心态很平和。

图 4-12　每次跟别人吵架过后总觉得自己没有发挥好

学过项目管理的人都知道，问题本身就是一个项目，面对任何问题，要做的第一件事就是确定目标。

"怎样提高领导力"这个问题实际上不是问题，也不是目标，需要对它进行结构化。

（1）我想要提升领导力的原因是什么？是我缺乏引领项目团队达到项目目标的能力？（问题不只有一个方向，在这里就不穷尽了，只用一个方向来分析。）

（2）目标太大太模糊，我不知道该怎么去分解？

（3）目标分解了，但我不知道该如何制订计划，分配工作？

（4）任务分配好了，但我不知道该如何进行监控与激励？

（5）目标达成后，我不知道该干什么？

事实上，项目管理过程就是用结构化思维解决问题的过程，针对一个具体项目，一般的解决步骤如下。

（1）确定项目目标，识别干系人，并制定范围、时间、成本、质量等要求。

（2）针对目标进行分解，创建工作分解结构（WBS）。

（3）根据 WBS 来定义活动，列出所有要完成的任务。

（4）制订进度计划（如甘特图）。

（5）利用责任分配矩阵（RACI）分配任务，明确职责。

（6）监控项目工作的执行情况，执行结果与计划做比较，依据偏差做后续工作的调整。

（7）进行项目复盘，总结经验教训，发扬好的，改进不足。

4.3　降低项目复杂度的精髓在于平衡关键指标

项目管理者日常工作中每天都需要解决各种各样的问题，应对各种各样的人，处理各种各样由人和事构成的关系。在所有这些关系中，最为核心的关系是范围、时间、成本和质量构成的复杂指标系统。这个关系又称为项目管理铁三角，项目纷繁复杂的问题和关系如果追根溯源的话，大部分是由这个铁三角关系平衡不好所导致的。

4.3.1 项目的 T、C、S 和 Q

项目管理就是将知识、技能、工具与技术应用于项目活动，以满足项目的要求。项目经理通过周密的计划，管理好项目中人、事、物，以达成项目目标。所谓项目的目标其实只有一个，就是交付项目的产品、服务或其他输出，其根本上包括 4 个方面：质量（Quality）、成本（Cost）、时间（Time）和范围（Scope）。这 4 个核心目标，俗称项目管理三角形①（见图 4-13）。

图 4-13 项目管理三角形

项目管理的其他问题，即沟通、人力资源、风险、干系人、采购都是为这 4 个核心目标服务的。也就是这 4 个核心目标实现了才能真正交付项目的结果。其他方面做得再好，如果没有达成这 4 个目标也是徒然。另外，项目管理的核心就是平衡这 4 个目标，使其取得最佳平衡，保证能够交付项目的结果。

之所以需要平衡是因为这 4 个目标中任何一个发生变化，都会对其他一个以上的目标产生影响。例如范围增加（或修改），也就是我们平时说的需求增加（或修改），那么进度必然需要延长，因为要做的事情比原来多了；因为做的事多了，必然投入也会增加，也就是成本增加。如果做的事情增多，时间投入不足，成本投入跟不上必然就会影响到质量；质量不好，客户必然不满意。另外一种情况是压缩进度，如果不打算减少所做的事情，那么必然需要在单位时间内多投入资源

① 从理论上讲，范围、时间、成本三者可变，而质量不可以被损害，所以称为三角关系。

（也就是成本），否则质量和范围就无法保证。

对于这个三角关系我们不能用静态的眼光来看，而是应该用动态的眼光看待。期望一旦做好计划就不修改显然是与现实不符合的。大到国家重点项目、小到一次婚礼、一次旅游，都需要根据客观情况的变化，及时调整管理与计划。世间唯一不变的就是变化，所以这个三角形也只能出于一种动态的平衡之中。

虽然只有 4 个要素，但是这 4 个要素所能产生的组合会有千百种情况，参透其中的变化，也就参透了项目管理的本质。

4.3.2　管理项目的现实困境

对于项目经理来讲，项目管理铁三角的 4 个要素，尤其是 3 条边不能被全部限定死，也就是范围、时间和成本至少有一条边是留给项目经理灵活调整的。之所以说是 3 条边而不讨论质量，是因为现代项目管理认为质量不应该作为牺牲平衡的对象，一旦确定不应轻易牺牲，因为这关系到客户满意和企业的生存与发展。

项目的独特性导致其不确定性，意味着项目过程存在风险，这在客观上导致不存在一劳永逸、一成不变的计划。项目经理需要灵活机动地应对实施中遇到的问题。如果项目干系人把 3 条边都限定死、武断地指定 4 个目标，这相当于要求项目经理做出永远不需要修改的计划，就会导致灾难。但是，现实中偏偏就有高层管理者（如发起人）喜欢把范围、时间和成本都限定死，问题也就随之而来。

一个常见的例证是，技术问题导致了进度延期，项目管理者的心理过程大概如下。

（1）范围不能调整，因为这是写在合同里面的，是要验收的，做少了验收是不会通过的。

（2）时间不能延长，因为现在已经定好了交付时间，而且关键里程碑都是写在明处，项目经理也没法下手。

（3）成本增加，也就是投入更多的资源赶工，这似乎是一个可取的路径，但是投入更多的资源，客户不会买单，除非自己能说服发起人自掏腰包。这个风险太大，大概率是被老板骂出办公室。

（4）现在只有一个地方可以做手脚才能保证进度了，那便是一时半会儿大家都看不到、摸不着的质量了。

　　　结果不该被牺牲的地方，反而是最容易被牺牲的地方，正所谓"我只管现在风调雨顺、哪管日后洪水滔天"。世间从此又多了一个豆腐渣项目，这就是项目管理的现实困境。

事实上，从瀑布模型、迭代模型到近年来特别火热的敏捷模型，都在试图平衡好这3个要素之间的关系。

4.3.3　三角关系在项目过程中的应用①

项目三角形其实隐藏着一个神秘的原理，这个原理与《道德经》的"曲则全、枉则直"不谋而合。也就是如果你想要达到某个目的，那么最快的路径并不是直线，而是一条曲线。

1. 客户要增加需求

客户提出增加需求（变更）就是常见的一种项目状况。面对客户费尽心思憋出来的"创意"，作为乙方的项目经理，如果直接拒绝显然不太行得通。因为这样会让甲方很没有成就感——"我这么好的创意居然被你否定了"，对乙方的评价也常会变为"嗯！乙方的实力的确不行，以后合作要慎重"。

项目管理过程也是与不确定性斗争的过程，项目经理孜孜以求的太平盛世就是需求不要变，因为需求一变一系列的问题就接踵而来。我不建议项目经理直接和客户讨论需求的合理性，试图用更专业的方法证明并说服甲方放弃这个想法，这往往会导致甲乙双方的对立。如果甲方感觉搞不定你，就可能会去找高层来协调。到时，大概率是项目经理还得硬着头皮搞。

我建议项目经理采用曲线的方法来"逼"客户认真地考虑一下这个新需求是否值得添加。

不否定客户，而是先夸奖一下客户"这个创意很不错"；然后帮助客户分析

① 本节主要贡献者为陈利海。

一下新需求对现有系统的影响，并且说"新需求可增加"，记住说完这句话之后一定要说"但是……"后面说什么就要看三角形上有什么可以用来讨价还价的。先说因为新增加需求，所以需要增加投入，那么作为甲方要"加钱"，加完钱之后别忘了还要争取"加时间"。客户增加需求不可怕，关键是要争取到对我们有利的条件。只要能帮助企业获利，又不违法，何乐而不为呢？

分析影响，表示同意，但是得加钱和加时间。

2. 客户要压缩进度

客户可能为了赶某个特定的时间点而要求乙方压缩进度，这本身无可厚非。市场环境瞬息万变、机会稍纵即逝，应该对甲方表示理解。理解归理解，非专业的项目管理方法是不可取的。

不能让客户感觉似乎压缩进度很容易，那会让其形成这样的观念："啊哈！原来乙方藏了这么多缓冲，看来这次还压少了。"所以，当项目经理收到这样的请求时，不能像谈范围那样比较痛快地说"可以"，而应该在分析影响之后据理力争，这里掌握火候是关键，一定要在感觉客户快要翻脸之前，或者刚刚翻脸的时候，咬牙切齿、极不情愿地说出 5 个字"不是不可以"，当你说完这句话后客户仿佛在黑暗中看到了一丝亮光，快要沉入水底的时候抓住了一根救命稻草。

前面的"争"实际上是在攻心，为后面争取利益、减少项目风险做铺垫。接下来看向那个三角形，可以谈的方向首先是范围，所以应该谈能不能减少范围，或者把范围重新排一下优先级，在有限的时间内保证重要的工作先完成，以不影响客户的时间点为原则。接下来谈成本，因为要加班或赶进度，所以成本会增加，需要甲方给予相应的补偿。

对于甲方的咄咄逼人，项目经理要用专业的方法应对，不能百依百顺、逆来顺受，该争取的利益还是要争取的。

分析影响、据理力争、说"不是不可以"，但是"能不能少干点儿活、能不能加钱"。

3. 客户要削减成本

谈成本的思路和谈时间的思路是一样的，只是一定要表现出极不情愿的样子。当你做出让步时，要表现得好像你在让出某些有价值的东西，而不是简单放弃。因为如果成本上你很容易让步的话，甲方会感觉你可能可以压缩的空间很大，他会有一种吃亏上当的感觉。

分析影响、据理力争、说"不是不可以"，但是"能不能少干点儿活、能不能延长时间"。

至此，你大概已经看出规律了，就是：别人跟你谈一条边，我们不要跟着客户的节奏，而是跟他谈另外两条边。你谈你的，我要我的，双方更容易达成共识。

4．客户限定死了范围、时间、成本

如果能用上述 3 种情景和客户谈判，说明你已是一名比较合格的项目经理，大部分情况都可以应对了。但是，现实总是有残酷的一面，如果客户和发起人把 3 条边都限定死了，而质量又不能牺牲的话该怎么谈？

根据"曲则全、枉则直"的原理，在这个三角形中已经没有可以谈判的地方了，那么就应该转换战场，找别的角度谈，如图 4-14 所示。

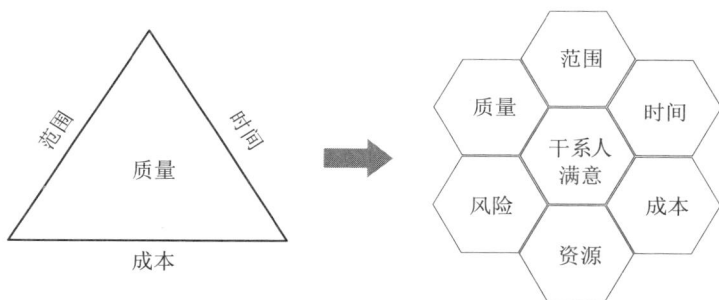

图 4-14　从三角关系到 6 个制约

所谓 6 个制约，实则是 7 个要素，多了风险、资源和干系人 3 个要素。针对限定死了范围、时间、成本的情景，答案就隐藏在这 6 个制约中——风险。没错，要和客户谈"风险"，说白了就是吓唬他，基本思路是帮他分析这样做的代价。例如，范围方面的风险、进度方面的风险、成本方面的风险以及质量方面的风险。所谓风险包括可能性以及一旦发生所造成的影响。这有点像为客户算命，占卜一下未来的吉凶祸福，待客户露出求指点的眼神之后，再反过头来谈范围、时间和成本。

三边限定死时，首先要淡定，显出你的专业性，然后谈风险、分析不利的影响、等待时机再谈三角形。

5. 三条边限定死，客户不害怕承担风险

如果谈风险也没有把客户搞定，那又当如何做呢？客户是老江湖，吃多见广，而且属于风险追逐型，怎么办？不急，图 4-14 所示的 6 个制约有一个中心——干系人满意，关键是跟干系人谈什么呢？

答案不出你的预料，就是谈感情、谈关系！前提是你们得有感情和有关系，临时发展关系是来不及的。谈关系的时候，顺便把风险也再谈谈，最后还是要绕回来谈范围、时间和成本。注意这里面的关系还包括对甲方相关人士，尤其是有决策权的干系人之间的关系。必要的话，利用甲方内部的矛盾来互相施压，以便让事情向着有利于我方的方向发展。不过，我郑重提醒你：不要介入甲方的政治斗争，看戏不入戏。

谈风月（左右故而言它）、谈关系、谈风险、谈三角形。

6. 通过关系牌还是搞不定

如果通过打关系牌还是不行，甲方铁板一块，就只有最后一个终极大招了——拖。

我们知道，在通用的项目生命周期中，干系人的影响力、项目的风险与不确定性在项目开始时最大，并在项目的整个生命周期中随时间推移而递减。因此在不显著影响成本的前提下，改变项目产品最终特性的能力在项目开始时最大，并随项目进展而减弱，详见图 4-15。

图 4-15 表明，变更和纠正错误的代价在项目接近完成时通常会显著增高。因此，站在项目实施方（乙方）来说，在项目生命周期中变更处理的原则如下。

（1）项目早期的变更，原则上倾向于接受（我称为"让怎么干就怎么干"），当然必须遵守变更控制程序。

（2）项目中期，要通过分析变更的影响，原则上尽可能与干系人沟通取消变更（我称为"要变更先谈谈"）。

（3）项目后期，变更代价太大，原则上尽可能不变更：遇到大的变更时可以考虑启动一个新的项目，遇到小的变更也要到售后服务时再做。当务之急，

必须获得验收，收尾项目。（我称为"生米已成熟饭"——吃，是这盘菜，不吃，还是这盘菜！）

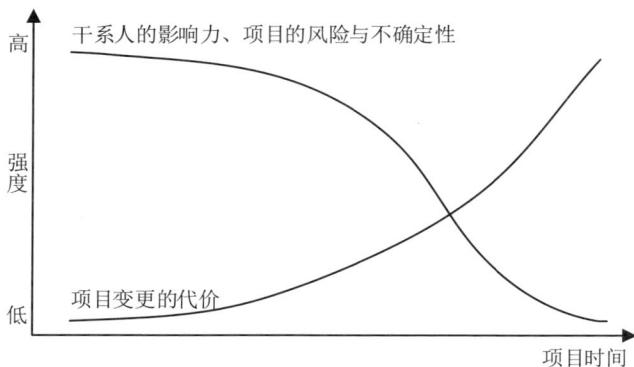

图 4-15　生命周期中随时间而变化的变量影响

看来，站在实施方（乙方）的角度：项目过程就是"绑架客户上咱们贼船的过程"。当然，如果站在委托方（甲方）的角度：项目过程就是"逐步移交主动权的过程"。

现在之所以谈不下来，是因为甲方占据绝对的主动权，我们只有等待合适的时机的出现才能实现攻守转换，有时候事情急不得，正所谓事缓则圆。关于"拖"字诀正基于此。

为了拿下项目，甲方在早期时常不得不先答应一些不合理要求，等项目中后期再伺机和客户谈判，争取自己的利益，当然也需要考虑客户的利益，在特定的现实条件下做出最有利于双方的专业的决定。

终极大招："拖"。

第 5 章

管住无能之错是必由之路

> 我们从历史中吸取的唯一教训是人们从未吸取教训。
>
> ——黑格尔

人类最迫切的愿望莫过于改变过去和预知未来，以目前的科技水平改变过去是不可能的，但预知未来却并非梦想。众所周知，经验教训总结的目的是了解哪些工作做得好，哪些工作需要改进；在自己和他人的错误中学习、不重复别人的错误是成功的捷径。然而，这个过程经常被忽视。

5.1 从"无知之错"到"无能之错"

经常可以听到有人抱怨"相同的问题一直在发生！"我要说的是：

（1）问题出现一次，是可以理解的。

（2）同样的问题出现两次，是很不幸的。

（3）同样的问题出现 3 次，就是不可理喻的。

类似的道理也适用于机会：

（1）机会错过一次，是可以理解的。

（2）机会错过两次，是很不幸的。

（3）机会错过 3 次，就是不可理喻的。

调查发现，项目中问题不断重复出现，相同的机会一次又一次错失。

当然，因为项目存在不确定性，某个问题管理之后还是发生了，或某个机会还是失去了，这也是可以理解的。如果再次发生同样的事情，那也可能仅仅是"运气差"，不一定就是管理不善。但是，如果第三次发生相同的问题或错失相同的机会，那就肯定是管理出现了问题。

5.1.1 坠落的"飞行堡垒"

1935 年 10 月 30 日，在俄亥俄州代顿的莱特机场举行了一场非比寻常的比赛。比赛的主办方是美国陆军航空队（美国空军的前身），参赛选手则是两个大公司研制的下一代远程轰炸机。比赛的结果本不该有什么悬念，因为在第一阶段评估中，波音公司研制的 299 型铝合金机身轰炸机遥遥领先，把马丁与道格拉斯公司（Martin and Douglas）研制的飞机远远地甩在后面。波音轰炸机的载弹量是军方招标要求的 5 倍，而飞行速度几乎是早先轰炸机的 2 倍。一位看过 299 型轰炸机试飞的西雅图新闻记者将其称为"飞行堡垒"，后来人们就一直这么称呼它。美国军事历史学家菲利普·梅林格（Phillip Malinger）说这场比赛只是走走过场而已，军方至少准备向波音订购 65 架新型轰炸机。

一群高级军官和公司高管目送 299 型轰炸机滑向跑道。这架飞机的机身外表非常光滑，外形非常抢眼，它的翼展有 31 米，机翼下吊挂了 4 台发动机，而以前的轰炸机往往只配备两台发动机。只见试验机呼啸着冲向跑道的尽头，略一抬头便腾空而起，以大仰角迅速爬升至近 100 米的高度。但突然之间，飞机就像一个醉汉一样倒向一侧，随即失速坠地，发生了爆炸。机组 5 人中有 2 人不幸遇难，其中就包括试飞员普洛耶尔·希尔少校（Major Ployer P.Hill）。

调查结果显示，这起事故并不是机械故障引起的，而是因为人为失误造成的。这架飞机比以往的飞机复杂许多，飞行员要照顾 4 台发动机，而且每台发动机的燃油混合比都有所不同。此外，飞行员还要操控起落架、襟翼、电动配平调整片（让飞机在不同速度下飞行时保持稳定的装置）和恒速液压变距螺旋桨等。由于忙于各种操作，希尔少校忘记了一项简单却很重要的工作。研发人员为飞机设计了一套全新的控制面锁定机制，但希尔在起飞前忘记对升降舵和方向舵实施解锁了。当地的报纸认为波音的新飞机"太过复杂，以致无法单人操控"。

最后，军方不得不选择马丁与道格拉斯公司设计的较小的轰炸机。波音公司几乎因此而破产。

5.1.2　无知之错和无能之错

人类的错误可以分为两大类：无知之错和无能之错[①]。

无知之错又被称为"必然的谬误"，也就是说，人们所做的事情完全超出了自己的能力范围，从而导致的错误。人类并非全知全能，即便是得到先进科技的支持，我们的能力也是有限的。关于世界和宇宙，其中很大一部分是我们无法理解也无法掌控的。现在如此，将来也是如此。因为没有掌握所有知识，我们部分理解了世界的运行规律。有些超高难度的项目我们还不知道该如何实现，有些自然灾害我们还无法预测，有些疾病发作我们还不知道该如何预防和救治。

无能之错是指人们并非因为没有掌握相关知识，而是没有正确使用这些知识而导致的错误。在不少领域，人类已经具备很多知识，能够一定程度地控制事件的发展。一些项目错误众所周知，但是很多知识没有被正确使用、总结的经验教训没有切实落实，甚至没有做总结导致同一错误重复发生。

在人类历史的绝大部分时间里，我们的生活主要被"无知之错"所主宰，给人类带来巨大痛苦的疾病即是明证。就大多数疾病而言，我们以前并不知道病因是什么，也不知道该如何治疗。但仅仅就在过去的几十年时间里，科学为我们积累了大量知识，以至于我们现在不能只应对"无知之错"的挑战，还要投入大量精力来应对"无能之错"的挑战。

直到 20 世纪 50 年代，人类对于如何预防和治疗心脏病几乎还是一无所知。比如，人们并不知道高血压的危害。即便了解了这一点，医生也不知道该如何降低血压。直到 60 年代，第一种治疗高血压的安

---

① 阿图·葛文德. 清单革命[M]. 王佳艺，译. 北京：北京联合出版公司，2017.

全药物才被开发出来，并证明是有效的。但那时候，人类依然不知道胆固醇、遗传因素、吸烟以及糖尿病对心脏造成的危害。

那时，如果有人不幸心脏病发作了，人类无所适从。医生们会给病人注射吗啡止疼，有时还会让病人吸氧，要求病人绝对静卧休养，甚至不允许病人起身上厕所！病患家属所能做的只有向上帝祈祷，希望病人能够挺过去。

今天，人类已经有至少十几种方法，降低心脏病发作的概率。而对于那些心脏病不幸发作的人，医生们也已经有很多可供选择的治疗手段，这些手段不仅能够挽救病人的生命，还会限制心脏受损的程度。

5.1.3　不可原谅的"无能之错"

现在，我们面临的错误更多的是"无能之错"，也就是如何持续地、正确地运用我们所掌握的知识、所积累的经验教训。对项目而言，在众多项目管理方法的选项中选择最有效的手段非常困难。即使对经验丰富的专家来说，也不是一件容易的事情。不仅如此，每种方法都存在很多隐患，可能会引发众多麻烦。

研究显示，如果心脏病人要接受心血管球囊扩张治疗，那么手术必须在病人到达医院后的 90 分钟内开始。否则，病人生存的概率就会大幅下降。对医院，这意味着对于每一位急诊就医说自己胸痛的病人，医生必须在 90 分钟内完成所有检查和化验，并做出正确诊断，制订出相应的治疗方案，并将方案告知病人并获得许可，还要确认病人没有过敏或其他需要考虑的问题，然后通知手术团队，并让心导管手术室做好准备，最后将病人送入手术室开始手术。

然而，在一家普通的医院里，所有这些步骤能够在 90 分钟内完成的概率是多少呢？2006 年，这一概率还不到 50%。这不是什么特例，此类失败在医院里司空见惯。研究发现，至少有 30% 的中风病人、45% 的哮喘病人以及 60% 的肺炎病人没有得到妥善治疗。

"无知之错"可以原谅，"无能之错"不被原谅。如果解决某类问题的最佳方法还没有找到，那么只要人们尽力了，无论结果如何，我们都能接受。但是，如果人们明明知道该怎么做，但却没有做到，那么这类错误很难让人接受。

　　然而，研究发现，原来倾向于"无知之错"的天平现在越来越倾向于"无能之错"了。

5.2　不知道历史的人注定会犯相同的错误

> 我们不应该忘记任何经验，即使是最痛苦的经验。
> ——达格·哈马舍尔德

　　国内经验主义盛行，然而在项目这个行当中如果过度相信经验，事实证明效果并不好。还有一个不容忽视又自相矛盾的问题是，我们"做的多而总结的少"。相关数据积累得不多，缺乏分析与总结以至于同一个错误反复发生。一方面强调经验之法力，另一方面又不做总结与提炼。这绝对有些滑稽！

5.2.1　相同的问题一直在发生

　　在一次项目管理前沿会议上，主题发言人向 400 多位听众问："你们当中多少人在项目结束时做过经验教训总结？"[①]

　　有 10~12 人举手。

　　他接着问了一个更尖锐的问题："你们当中有多少人被要求向管理层说明，如何在下一个项目上避免再犯上一个项目犯过的相同错误？"

　　只有 2 人举手。

　　项目尽管有其独特性，但在同一组织内部同类项目间的问题却十分相似，记录、总结这些问题/风险形成自己的经验教训检查表（数据库）极具价值。只有将这些经验和教训在后续项目中得以应用，才能减少不可饶恕的无能之错、避免重复性问题的发生。国内的项目经理们一方面强调经验，事实上他们在项

[①] 詹姆斯·刘易斯. 项目经理案头手册[M]. 3 版. 雷晓凌，译. 北京：电子工业出版社，2009.

目开始前又很少仔细研读过往项目的文档——这失去了学习其他项目经验和教训的绝佳机会。

经验教训总结及应用非常重要！正如一句名言所说"不知道历史的人注定会犯相同的错误"。这简直就是一个悲剧。

如果个人、项目或组织在遇到问题的第一次就学会了如何处理问题，形成自己的经验教训总结，就为避免事情的重复发生奠定了基础。如果个人、群体和组织都有良好的"问题记忆"，那么先前的不好经历或许就不会再次发生。

5.2.2　无能之错的源头在于经验教训总结不足

虽然每一个项目都是独特的，但是以前的项目和新项目之间又有诸多共同之处。项目后评价和经验教训总结是要用结构化的方法，形成检查表（数据库），供以后项目借鉴，就可以为解决无能之错奠定基础。然而，在许多项目上，这个过程却是项目生命周期中做得最差的环节之一。

人们不做经验教训总结的原因主要有以下几个。

1. 没有在内心中真正认可经验教训总结的重要性

完成工作时就急着做下一个工作（他们已经有了下一个工作，这是一个"忙"的社会，好像很多人如果不装作"很忙"就没有存在感一样）；项目中的人们常常优先考虑工作中的主要活动——那些可以看得到、对利润和进度贡献较大的方面，经验教训总结常被忽视，因为这是帮助"以后"工作的事！人们总是享受眼前快乐而漠视远期痛苦，这就是人性。

尽管"磨刀不误砍柴工"这句俗语人人皆知，但具体到一个项目，"磨刀"则很可能会暂时误了"砍柴"。如果这种误工可能使自己的绩效不足甚至受到惩罚，人们就不会去"磨刀"，而宁愿将"钝刀"交给别人让他们受罪。项目团队或管理层可能缺乏帮助后人的利他精神，"教会徒弟饿死师傅"的狭隘想法说法就是例证。

对项目进行总结就要召开经验教训总结会议，这需要大家来参加，但是一般人们都"痛恨"开会、写报告；管理工作、编写文档，需要成本、更需要时间，如果组织是向客户收取项目经费的，尤为如此。客户可能拒绝支付项目总结的费用，而组织也不愿意从管理费中开支总结费用，在成本有限的情况下，项目后评价常被视为可有可无的奢侈品。管理工作、编写文档，需要成本、更需要时间，因而它常常成为一项主观上的活动，而且通常被认为没有重要作用，总是缩减到最少甚至力图避免。国人不重视文档好像已经成为一种文化，毕竟我们喜欢做、讨厌写，做的多而总结的少。一个例证是，"口口相传"貌似是咱们文化的一部分。

老总希望员工采用现代项目管理方法，但是，他们一般不会允许暂时的"误工"。许多组织都缺乏必要的知识管理基础设施，组织也就无法记住已完成项目的经验教训，从而无法利用过去的经验教训。如果不从根本上建立经验教训总结的制度体系，不犯重复错误简直是痴人说梦。

2．不愿意面对某些方面需要改进的事实

在"不留任何俘虏、不惜一切代价成功"的文化中，承认我们还可以做得更好，简直是不可想象的。如果已关闭的项目运转良好，往往没有人想要浪费时间对其进行审查；如果项目运转情况很糟糕，没有人想要重蹈覆辙。

特别是近年来"抓凶手"的风气日盛！也许，一则是不敢面对糟糕的事实，二则是为了不让任何人难堪——特别是有人把其称为"揭伤疤"。然而，无论一项工作已做得如何好，总有可以改进的余地。我们应当以这种思想来做经验教训总结。很显然，责备、抓凶手或惩处之风只会导致没有人愿意对工作进行"诚实"的评价。

另一个值得警惕的现象是，从人性角度而言，人们总结自己做得不好的方面似乎可以接受，但是被人指出自己的不足却时常会引起对抗，网友对"母校"和"祖国"二词释义就是实例——母校是允许自己骂而不允许别人骂的学校、祖国是允许自己骂而不允许别人骂的国家！

3．"贤人"们不屑于经验教训文档的撰写

经验教训总结工作差的另外一个原因在于经验教训文档的撰写者。重要的项目团队成员在组织中属于"贤人"，一个项目未完，就往往被分配到另一个"重要"项目上。简单来说，"贤人"不是用来编写文档的。为了解决这个问题，职能经理们使用另外一些"闲人"编写文档。换言之，编写者水平可能有限。

解决这个问题要考虑需要编写的文档以及文档的预期读者。一般的规则是，写文档需要团队协作，这样就需要"贤人"们放下身段、花点儿时间，向文档编写者提供技术细节并予以指导，同时，文档形成后还必须让"贤人"们审阅。

当然，作为项目经理，不管喜欢还是不喜欢，写文档是一种必须掌握的核心技能。而且，对于一些平时不容易见到的人（如高层经理），文档也是体现项目经理价值的重要方式和机会。

5.2.3　项目经验教训总结不足的影响

项目经验教训总结不足造成了两个严重的后果。

1. 重复发明轮子，做无用功

项目经验教训总结不足的首要影响，是必须花时间和精力去应对重复发生的相同问题。如果知道当前情形与以前曾经面对的情形具有相似性，那么组织或项目也许能够采取实际行动，从而避免常见问题或利用常见机会。项目经验教训总结失效的结果是，组织或项目不得不"重复发明轮子"——做别人做过的事、犯别人犯过的错，陷入"吃二遍苦、受二茬罪"的恶性循环。

> 在 IT 行业的一个常见情形是，一个软件工程师在完成某个功能模块开发后，另一个软件工程师在遇到同样的功能需求时重新开发一个同样的功能模块。

2. 怀疑项目管理的价值

在组织或项目团队反复遭遇同样的问题之后，他们会把问题管理过程视为浪费时间和精力。既然同样的威胁会反复出现，同样的机会不断错失，那何必还煞费苦心地制定 WBS、做项目计划、评估问题或制定并实施对策呢？

既然有证据显示问题管理过程是无效的，那就没有必要使用，还不如把资源用于问题发生后的应急和补救。究竟会发生什么，好像都是取决于运气的好坏，而非管理的好坏。由于缺少对以前问题的组织记忆，人们无从明白本可预料到类似的事情会再次发生，他们这次本可更好地应对问题。

5.3 确保经验教训发挥价值

为避免重蹈覆辙，就必须弄清周围正在发生的事情，并吸取过去的经验教训，减少无能之错以改进未来。

5.3.1 用结构化方法确保经验教训总结的有效性

1．以项目后评价为契机

缺失项目后评价这个环节导致组织和项目团队经常忘记先前的问题经历。因此，在组织层面上，可以把项目后评价和经验教训总结作为项目的一项必须开展的工作。

如果组织通常不总结以前项目的经验教训，那么可能需要采取更广泛的行动，在所有项目上都建立项目后评价制度。当然，项目后评价的做法应该因项目的类型和规模而有所不同。对复杂的大型项目，需要开展全面的项目后评价；对简单的小型项目，则只需要开展简单的项目后评价。

2．结构化方法总结经验教训

北大西洋公约组织（North Atlantic Treaty Organization，NATO）在经验总结手册中说："经验总结被广泛用来描述人、事物和活动，可以通过总结学习，达到改善行为的目的。"NATO 项目经验总结结构化要求，如表 5-1 和图 5-1 所示。

表 5-1 项目经验教训总结示例

序号	跟进活动	责 任	完成日期
1	创建风险登录数据，根据之前项目中所识别的风险输入本数据库	项目管理办公室	待定
2	培训风险管理团队，对风险进行量化分析	人力资源经理	待定
3	确定和购买合适的风险分析软件，提供风险量化分析计算	IT 部门	待定
…	……		

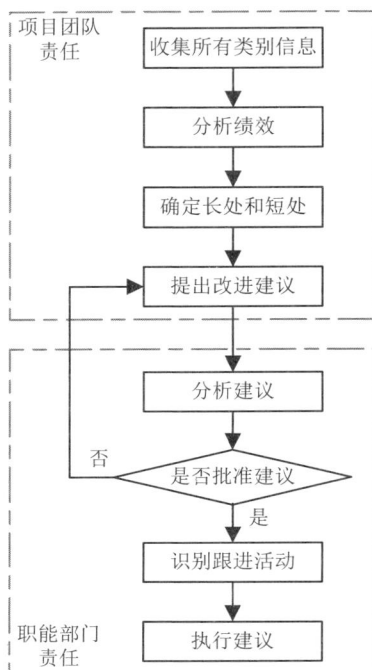

图 5-1　结构化经验教训总结过程示例

NATO 结构化经验教训总结的问题清单，如表 5-2 所示。

表 5-2　结构化经验教训总结的问题清单

序号	问题检查			如没有，原因是什么？
	问　题	是	否	
1	项目管理方法是否奏效？	☐	☐	
2	是否为客户提供了满意的最终产品？	☐	☐	
3	是否进行了风险识别、分析和控制？	☐	☐	
4	是否赶上了工期？	☐	☐	
5	是否达到了成本和预算要求？	☐	☐	
6	对项目变更是否进行了评估，变更是否对项目目标有不利影响？	☐	☐	
7	项目可交付成果是否符合验收标准？	☐	☐	
8	是否实现了质量规划、保证和控制？	☐	☐	

我建议 PMO（或类似组织）汇总项目经验教训总结报告，形成项目经验教训数据库供后续项目查阅、参考。本书第 5.4.3 节给出了实例（见表 5-4）。

5.3.2　经验教训总结要务实

很多项目都有经验教训总结，但不够务实，往往沦为应付领导们看的"花架子"。这不仅没有意义，还给员工增加了"无谓工作"的印象。

某项目的分包商使用了新技术，该技术未经过充分验证，存在技术失效的不确定性。在项目的经验教训库中，问题描述为"分包商使用了新技术，存在风险"，应对措施是"强化与分包商沟通、关注新技术的应用"。

这属于典型的"花架子"式的风险管理，完全没有可操作性，"强化沟通""关注新技术"无法落实更无法衡量。

一份冗长、未合理编排、满是项目相关专业术语但缺乏充分解释的文件很难对未来的项目有参考价值。为了使总结的经验教训发挥作用，经验教训文档中的内容，应该包含足够的情景介绍，从而能充分表达其见解要点，而且必须是一些实实在在可以落实的工作。每一个问题描述和应对手段，必须是一些具体的、可以落实的工作。

在上例中，将问题描述改为"由于分包商使用了新的电路板组件焊接技术，所以存在电路断路的风险，造成低温下的控制系统失效"，相应的应对措施可以是"使用双点双线焊接；电路板组件完成调试后应按照新的环境条件进行高低温环境试验"。

表 5-3 对糟糕的经验教训总结与有效的经验教训总结做了比较。

表 5-3　糟糕的经验教训总结与有效的经验教训总结

糟糕的经验教训总结		有效的经验教训总结	
问题描述	应对措施	问题描述	应对措施
分包商使用了新技术，存在风险	强化与分包商的沟通，关注新技术的应用	由于分包商使用了新的电路板焊接技术，所以存在电路断路的风险，造成低温下的控制系统失效	使用双点双线焊接；电路板组件完成调试后应按照新的环境条件进行高低温环境试验

应对措施需要成为项目工作中的一个新加入项，有时间、有预算、有验证手段、有责任人，这样才是真实可行的。经验教训总结对每个组织和个人，重要性无须多言。一个值得警惕的问题是人们常"报喜不报忧"，对一些失败也往往归结为"意外"。

不重复犯错的基础，就是一个基于良好经验教训库的问题检查表。保证项目顺利完成的不是聪明才智，更不应是经验，而是一个看似刻板、但却实实在在，能够很好落实的问题检查表。

管理绝不是高大上的工作；管理有时看起来很傻、很琐碎，但却是实在的！请记住：永远不要摆"花架子"！

5.3.3　注重过程和程序上的经验总结

虽然每一个项目的结果是不一样的，但不同项目的启动、计划和交付的过程和程序是类似的。这就意味着有关决策和假设、合作方法、风险识别、团队结构、沟通、会议程序、干系人管理、冲突管理等的经验对于将来的团队都可能有很大的价值。应该鼓励团队获取并分享在项目这些方面的经验。

在大多数行业中，所总结的管理经验的适用面远远大于技术经验，后者可能仅适用于很小一部分极其类似的项目。新项目团队要特别注意考虑他们可能遇到程序方面的事务和问题（例如，彼此沟通的最佳方式是什么？向上级主管报告进展的频率如何？哪些类型的问题需要向上反映？），并要意识到其他团队很可能已经处理过类似的情况，并已有很好的解决方法。

5.4　应对无能之错需要方法和工具

虽然许多组织都开展了经验教训的总结工作，但研究表明，很少有团队真正将之前团队所总结的经验付诸实践。有时为了方便（例如，"谁有时间干这个？"），经验教训总结根本没有开展，或仅是草草了事。有时团队将总结报告视为一种例行公事——满足组织要求而必须完成的任务，而并不将其视为一种可以促进改进的活动。基于种种原因，新团队往往倾向于无谓的重复而不是从之前项目中吸取经验。

5.4.1　为什么总是吃二遍苦、受三茬罪

在一项针对 18 家基于项目的组织的调查中,研究人员发现没有一家项目团队应用了存储的过去项目经验,即使项目文件是电子化储存,并能方便地检索和获取。另一项针对 6 家公司 13 个团队的调研发现:团队要么不清楚相关信息的存在, 要么他们认为所得到的信息与他们的项目不相关。

1. 复杂性助长了无能之错[①]

即使你知道该怎么做, 正确实施各个步骤还是非常困难的。研究发现, 导致这一结果的主要原因是现代科学的复杂性以及运用这些复杂知识时所面临的压力。在人类所有的实践领域中, 知识及其复杂性与日俱增;相应地, 人们正确实施所掌握知识的难度也在与日俱增。

在过去的 2013—2017 的 4 年中,美国针对律师失误的诉讼案件数量增长了 36%,有的律师搞错了开庭时间, 有的把卷宗弄丢了, 有的则用错了法律条款。当然, 错误百出的还有各种软件、情报和银行交易。

实际上, 任何一个需要掌控复杂性和大量知识的领域都难逃噩运。

关于本主题的更多探讨, 请参考本书第 4.1 节。

2. 提升个人能力不足以应对无能之错

对于从事复杂工作的从业者而言, 无论是工程师、医生、律师, 还是政府官员, 他们可能会觉得这种评价有失公允。因为他们觉得自己面临的问题非常复杂, 每天需要处理的信息越来越多, 要不断学习新知识并做出艰难的选择。即使这些从业人员已经付出了很大的努力, 但由复杂性造成的失败远比因为没有责任心而导致的失败多得多。所以, 在大多数技术含量很高的专业领域, 对

[①] 刘宝红. 采购与供应链管理[M]. 北京：机械工业出版社, 2015.

于失败的正确处理方法不是惩罚，而是鼓励从业人员积累更多经验和接受更多培训。

经验是非常重要的，这一点毋庸置疑。如果要解决项目上的复杂问题，只看教科书是不够的。即使你熟知《PMBOK®指南》的所有知识，即便你懂得快速行动的重要性，也不足以让你成功完成每一个项目。一名优秀的项目经理还必须熟悉项目的真实环境，熟知实施的各种步骤和正确时机。不断尝试、不断积累经验会让你熟能生巧，让你获得成功。如果导致失败的原因仅仅是缺乏某些技能，那么只需接受更多的培训和练习就能解决问题。

但这并不是普洛耶尔·希尔少校所碰到的问题的症结。他是最为训练有素的试飞员！这种情况很普遍。无论是在航空航天，还是在其他领域，个人能力往往不是最难克服的障碍。因为在大多数专业领域，训练的时间比以往任何时候都要长，培训的强度也是前所未有的。对专业人士来说，无论是工程师、教授、医生，还是律师，他们在单独执业之前都要高强度地学习基础知识，利用一切可能的机会来完善自己的技能，用来掌握和磨炼技能的方法已经非常高效，人类已很难找到更加高效的方法。

遗憾的是，人们还是会经常犯错，无论个人能力多么强都不足以改变这种状况。

3. 应对无能之错的困难

在复杂的环境中，专家们解决问题都面临一些不可避免的困难。

第一类困难是人类记忆和注意力的谬误。在重压之下，人们特别容易忽视一些单调的例行事项。比如当一个病人呕吐不止，而他的家人不停地向你询问病情时，你很容易忘记为病人测量脉搏。对于很多复杂的项目过程来说，记忆错误和注意力不集中是非常危险的。无论是为飞机起飞做准备，还是在项目中查找问题的原因，错过任何一条重要信息都会让你的努力付之东流。

2017 年 11 月 28 日，俄罗斯航天局在东方港航天发射场将 19 颗卫星发射升空，而后这些卫星与地面失去联系，发射失败①。俄航天局通报，编程人员本该输入东方港航天发射场的坐标，但却输成了拜科努尔航天中心的坐标。看似微不足道的失误，却让发射升空的 19 颗卫星有去无回，大量经费就这样"打了水漂"。

　　这是俄航天局第一次使用位于远东阿穆尔州的东方港航天发射场，此前他们一直使用位于哈萨克斯坦的拜科努尔航天中心。

第二类困难是人们会麻痹大意，这绝对不可小觑。人们的麻痹大意，会导致跳过一些明明记得的步骤。毕竟，在很多复杂的过程中，某些步骤并不总是那么重要。人们会一直说"以前从来就没出过这类问题"，直到真的发生了严重后果为止。

　　俄航天局的发射坐标总是位于拜科努尔航天中心，对以往发射而言这是事实，对其进行检查纯粹是在浪费时间。飞机的升降舵一般来说总是处于解锁状态，对其进行检查于希尔少校而言也看似多余。

5.4.2　应对无能之错需要方法和工具

1. 让已经积累的复杂知识发挥作用并非易事

这就是我们在 21 世纪初面临的情形：我们已经积累了数量惊人的知识，掌握这些知识的是人类社会里最训练有素、技艺最高超、工作最努力的一群人，而且，他们的确已经运用这些知识获得了非凡的成就。

但是，要恰当使用这些复杂的知识并不是一件容易的事。在各个领域，从技术到管理，从项目到运营，可以避免的错误和失败比比皆是，它们让从业人员受挫，让他们士气低落。而造成这一困境的原因越来越明显：我们所掌握的知识的数量和复杂程度，已经超出了个人正确、安全和稳定地发挥其功效的能力范围。

知识的确拯救了我们，但也让我们不堪重负。

---

① http://news.163.com/17/1129/20/D4EHCIKK00018750.html.

我们需要一些方法来防止重复的错误再次发生。这一方法立足于已有的经验，在充分利用已掌握的知识的同时，弥补人类不可避免的缺陷和不足。这一方法并非艰难之举，实际上简单至极，特别是对那些花了多年时间来培养和磨炼高超技艺的专业人士而言。

2. 一份飞行员检查表

希尔少校驾驶的 299 型轰炸机事故，并没有让美国军方放弃该机型，他们还是购买了几架该型飞机作为测试机。一些专家依然坚信这一型号的飞机是可以操控的。紧接着，一群试飞员聚到一起出谋划策。

他们决定不做的事情和他们决定要做的事情一样有趣。他们并没有要求驾驶 299 型轰炸机的飞行员接受更长时间的培训，因为希尔少校的经验和技术已经是超一流的了，他是美国陆军航空兵的首席试飞员。

这些专家想出了一个看似很傻的办法——编制一份飞行员检查表——使用清单开飞机就好比看着使用手册把汽车倒出车库是多么荒唐可笑！

这张检查表的诞生，从一个侧面说明了航空业取得了多么惊人的发展。虽然驾驶早期的飞机起飞也会让人感到紧张，但这毕竟不算难。但是，新飞机的操控复杂程度大幅提升，任何一个飞行员，无论他的记忆力有多好，飞行技术有多高超，都不能保证自己可以在飞行的各个阶段准确无误地完成所有操作。

在编制检查表的时候，试飞员尽量做到简明扼要，他们把起飞、巡航、着陆和滑行各阶段的重要步骤浓缩在一张索引卡片上。卡片上列出的事项飞行员都知道该怎么操作，他们会根据检查表的提示检查刹车是否松开，飞行仪表是否准确设定，机舱门窗是否完全关闭，还有升降舵等控制面是否已经解锁。这些事情对飞行员来说真的都是一些简单得不能再简单的操作了，你可能会因此而质疑清单的有效性，但让我们看看清单的力量吧！

自从这一看似愚蠢的飞行清单投入使用以来，299 型轰炸机的无事故安全飞行里程达到了 290 万千米。最终，美军总共订购了 13 000

多架这个型号的飞机，并将其命名为 B-17。由于飞行员驯服了这头巨兽，盟军在第二次世界大战中取得了决定性的空中优势，并利用它对纳粹德国和日本实施了毁灭性的打击。

一份简化的检查表可以帮助我们防范无能之错。它们会提醒我们不要忘记一些必要的步骤，并让操作者明白该干什么。这不仅仅是一种方法，而且还是一种保障高水平绩效的纪律。

5.4.3　扎紧无能之错的篱笆

W 公司的研发总监慕华这两天的日子不好过，他的下属陈轩石又给他捅了篓子：陈轩石设计的电路板上火线和零线的间距在一个隐蔽位置没有达到国际电工委员会（International Electrotechnical Commission，IEC）的标准，导致整机有着火风险。事实上，一个客户在使用设备时冒了烟，幸亏安保人员及时发现并做了处理。故障原因清楚，证据确凿，开发部门对此负主要责任。

由此导致大批产品的召回，损失巨大。公司忙着协调资源善后，还没有精力问责。

"陈轩石脑子的哪根筋搭错了，简直脑子进了水。"慕华心里暗骂。

"给我仔细查查，到底哪里出了问题？人员素质是否合格？团队配合是不是有问题？我们的机制是不是有缺陷？公司的项目流程是不是有漏洞？"公司领导目光如炬，好像已经看到了问题所在一样。

考虑到已造成损失，慕华的后背一阵阵发凉……

W 公司是一家国际化大公司，产品行销全球并享有良好声誉。公司的管理程序相当完善，还有很多叫不出名的管理方法早已深入该公司人心。慕华埋怨陈轩石是有道理的：从技术角度看，这个问题很低级。更重要的是，该类问题前年在另一个产品上也发生过，没有引起重视。好在当时的案例资料有存档。

陈轩石是公司的老员工了，在公司就就业业十余年，在多个项目上有出色表现。说陈轩石是不合格的工程师、素质不够，慕华打死也不信，对此事他现在只能骂陈轩石粗心大意。

"一有问题就知道找开发部，质量部、评审委员会等部门都干啥的？"慕华早就对公司在项目上的责任分工不完全认同。想到此，好像已忘记产品的设计失误，倒开始为陈轩石和自己部门鸣不平了。

看起来，W公司经验教训案例库做得还是不错的，每个案例都经过认真的拟制、审核、会签、批准方能入库，绝大多数案例的文件有4~5页（A4纸），7~8页的也不少见，可以说资料完整、分析精到、数据翔实，一看就是下了功夫的。事实上，经验教训总结是W公司每个项目团队面临的考核指标，提交不合格文档的人会扣发工资和奖金。

1．让经验教训发挥作用不是一件容易的事

回到公司，慕华立即召集团队成员开会。问起了经验教训案例库的事儿，令他大吃一惊。

（1）大家并没有认真对待经验教训总结。在现场的几位工程师就一个案例的观点竟然激辩起来，其中一名工程师根本不认同案例中的观点，而且自始至终也未达成一致。有人更是指责写总结的伙计是"菜鸟"，问题没弄明白、滥竽充数，只是应对考核KPI而已……不过，共识大家倒是有一个：处理项目问题已经忙得焦头烂额，还要写这种文档！这简直是"吃二遍苦、受三茬罪，再过一遍旧社会"！

（2）案例复杂、不容易记忆和使用。经验教训库中的问题描述缺乏逻辑与系统，多而杂，想记也记不住，记忆、使用非常不方便。

（3）失败案例总结没有人认真研究和学习。他们中的大多数人只对自己写过的案例熟悉，对于别人的案例基本上没有太在意。

（4）多数案例的指导意义不大。多数案例是些鸡毛蒜皮的事，看起来没有什么意思，根本不具备指导意义。

2．关键点比大而全重要，好查验比很花哨关键

在我的建议下，慕华对经验教训库做了改进。

（1）案例库瘦身。对案例进行清洗、瘦身，把滥竽充数者请出去。

精简后，硬件方面的案例数不到原来的一半，软件方面的案例数减少到不足原数量的 1/3。

（2）简化案例描述。用最简单的几句话，描述案例及其应对措施。这个工作整整花费了 2 个多月的时间。

（3）对案例逻辑分类。将案例按照"安全保证""生产工艺""原理设计""元器件性能"等几个大类进行逻辑分组，并做成 Excel 表格（见表 5-4）以方便使用。这是最关键的一步。

表 5-4 经验教训总结表（部分）

序号	案例属性	案例分类	现象描述	现象分析	应对措施	详细分析文件	整理人	备注	本项目排查
1	硬件	安全保证	高压电容高压脚有放电的迹象，PCB 烧黑。在温度高时尤其明显	高压电解电容走线不合适，电解电容同侧走线，导致爬电距离只有 2 毫米，有打火隐患	高压电解电容同侧不允许走线	×××控制板电解电容失效分析报告	安婷	无	本项目已对高压电容进行了排查，无此问题
...	......								

（4）追加案例前查重。增加一个新的考核点，就是在新项目实施和相关评审环节，项目经理和责任工程师必须提交经验教训检查表，确保案例库中的经验教训及其应对措施得以落实。

（5）将案例使用作为 QC 的检查项。作为项目质量工作的一项内容，QC 部门按照经验教训总结表对方案进行检查。

该数据表整理完成发布后，得到工程师们的好评。QC 部门又计划把它进行适当的改造。慕华发现，技术预研部门、新员工培训部门都对该数据很有兴趣，他们把它作为技术风险评估、员工培训的一项输入。更有趣的是，在一次接待一个重要客户的活动中，慕华把它展示给对方的老总。对方很快就把合同给了他，并且没有和他计较合同总价，同时表示对他的团队很放心。

5.5   将经验教训传授给后来者

项目管理常被认为是操作层面而非高层管理者的事，难登大雅之堂[①]。大都认为高层要做的是决策而不是执行。在项目管理课堂上，几乎看不到上市公司独立董事们的身影。这在客观上也导致了经验教训学习与传承工作的效果不佳，着实令人遗憾！

杰克·韦尔奇就任 GE 总裁之后，几乎对所有的部门都削减成本，却唯独对它的培训中心——克罗顿投资 4 500 万美元，用以改善原有的教学设备。韦尔奇的目标是把 GE 建设成为非正式的学习组织。韦尔奇对知识培训的投入在以后的发展中得到了丰厚的回报，GE 公司获得了前所未有的成功。

"不训之师，断不可战""磨刀不误砍柴工"……老总们越来越意识到对员工进行培训的重要性，花了大量时间、金钱对员工进行项目培训。

不能否认，项目管理培训工作如果长期坚持下去，对提高员工的素质是有好处的，但现实却十分不堪。

技术、技能培训的效果能做到立竿见影，但是对于管理培训来说，企业花了很多钱却未必能够取得预期的效果。常见的情况是，接受培训时员工热血沸腾，培训一段时间后又恢复到老样子。甚至不培训还好，培训后反而产生了一些不良后果：员工没有像老总们期望的那样勇担责任，没有提升管理意识和能力，反而通过培训有了批评、指责公司缺点的理由，甚至找到了背后嘲笑老总的理论根据（见图 5-2）。有人说，国人之所以难管是因为人们太聪明了。培训让国人更聪明，自然也就更难管理！

---

① 丁荣贵. 项目治理：实现可控的创新[M]. 2 版. 北京：中国电力出版社，2017.

图 5-2　尴尬的培训结果

5.5.1　项目管理培训是组织业务的一部分

国内的企业高管们对内训的态度，就像李敖 2005 年 9 月 28 日在北京大学讲演时说的那样："（他们会做 4 件事）第一件事，人不来听；第二件事，来听了，跑去小便；第三件事，小便以后不回来；第四件事，不鼓掌。"

1. 要是领导们也听听就好了——高层对培训的态度耐人寻味

一个常见的情况是，培训工作由企业人力资源部经理主抓，还有的让一位人力资源部培训主管负责，更甚者由一个培训专员自己随便干！与此相对应的是，老总们很少参加……难怪很多参加培训的人会说"要是领导们也听听就好了"。

君不见，老总们不是在开会就是在开会的路上——战略规划会、市场分析会、技术分析会、财务分析会等，就是很少参加项目管理培训，好像项目管理问题与他们无关。

不能否认，高管们也在注重自身的提高。看看北京大学、清华大学等学校的各种管理培训班人气很旺的情况就能看出这一点。但是，他们很难在项目管理培训中也能做到心态平和，有老总在场的培训常常成为企业会议的另一种形态。

2. 培训是企业必要的经营活动

一些企业提出了颇有人性味道的口号：培训是给员工的最大福利。持这种思想的企业绝不是个别的。其实，这种说法并不完善。如果培训只是给予员工的福利的话，他们怎么使用这种福利与企业无关，可以完全取决他们自己的喜好。

对员工进行项目管理培训的性质是什么、目的是什么、有何作用、怎样才能发挥作用？如果这些问题不清楚，就不能期望项目管理培训取得良好的成效。

对于面向未来的企业来说，培训绝不仅仅是给员工的最大福利，更是企业必要的经营活动。既然是一种经营活动，企业就必须仔细计划它们的培训内容、计算其合理的培训资源投入量，而且必须评价培训带来的收益。

"管理出效益"已广为人知，但老总们常常认为项目管理只是"将事情做正确"的问题，也就是下属的事，"项目经理负责制"的提法就是明证。但要想项目取得成功，不仅需要胜任的项目经理去完成项目管理，还需要胜任的企业高管去对项目进行有效治理。在某种程度上，项目治理的成果是项目成功与否的战略方向，而项目经理们只是按照这一方向具体实施项目的人。据 2013 年 Standish Group 的调查，成功的项目中有 61%是由于项目得到高级管理层和组织的有效支持，而失败的项目中有 70%是由于高级管理层的能力和支持力度缺乏。可见，高层管理人员的支持是项目取得成功的第一因素。

项目成功不仅是项目经理的责任，更需要称职的高层管理者。如果不扭转这个意识，就别指望他们将项目管理培训看成一种经营活动，也就难以取得成效。

3. 培训的基础目标在于达成共识

项目管理培训的基础目标是在企业内部就项目管理的方式、机制等达成共识，它本身不是为解决某个具体问题而进行的。一个常见的误区是，管理者希望经过培训后企业的问题就解决了。要将其作为一种经营活动对待，就需要培训与实践推进交错进行，以培训促推进，根据推进中出现的问题来制订培训计划。

项目管理培训的计划与实施过程需要像对待其他经营活动一样引起企业高层人员的重视，必须以企业战略为基础进行顶层设计、制订行动计划，在此基础上制定相应的培训目标、受训对象、培训内容、培训方式、培训预算、培训效果评价方式。

很多企业的培训看似也有效果评价，但只是询问受训人员的感受，而没有建立将培训与业绩关联起来的有效评价体系。不建立培训与人员考评、晋升相结合的驱动机制，培训很难取得实效。

4．理论的价值在于少犯错误使成功复现

培训可以让我们学习别人的经历，掌握某种规律，其重要性在于每个个体不必一个个去试验就可以知道结果。每个组织都有自己的特殊性，大家的确应关注自己的特殊性。但普遍性方法和规律的作用是：避开他人已经犯过的错误使成功复现。

5.5.2　更应关注项目管理的技术性

一个人受雇于一个富人，他的任务是在 3 年之内教会富人的狗说人话。在那 3 年中，他每天都在祈祷要么狗死掉要么狗的主人死掉。

项目管理培训要想取得实效必须弄清楚应该培训什么，不应该培训什么。

1．更应强调其技术性

项目管理实际上是一门告诉人们该如何完成一项特定任务的技术，它具有科学性和艺术性的成分。有效的项目管理培训应侧重于项目管理的科学性、技术性（又称可重复性），而不是它的艺术性。

强调管理的艺术性，就会导致依赖"高素质的人"，这自然也不是培训可以做到的。而且会导致人们对项目管理这门科学失去信任，"从理论上如此，但我们有我们的具体情况"就是此问题的真实反映。这样培训的结果是，受训者为那些个性化的管理案例喝彩，对那些管理"牛人"敬佩不已。最终的结果是，当将其应用于自身实践时发现它们是不可复制的。

所谓项目管理的技术性内容，是指在项目管理实践方面的经验、知识和技巧。项目管理技术在本质上是与具体的人结合在一起的，技术水平的高低在于人们将经验、知识发挥出来的技巧的高低，它同时蕴含着科学性和艺术性的结合。

2. 提高项目管理效率的三大培训内容

基于项目管理技术的培训目的主要在于如何提高知识工作者的效率。商业和社会环境的急剧变化，使得如何让组织做到"随需应变、快速响应"再次成为管理的核心。当今世界的最大的管理挑战在于如何提高知识工作者的效率，显然，效率的提高依靠艺术是做不到的。因此，在现实情况下，甚至在相当长的时期内，项目管理的技术性将在提高知识工作者的效率方面起到主导作用。

基于项目管理技术性的培训，虽然得到的成果可能不会是"放之四海而皆准"的普遍真理，也可能不是使人叹为观止的艺术成果。但唯有基于此，才能以工业化方式来使项目管理发挥作用。

基于技术性和可重复性，项目管理培训应主要关注以下 3 个方面。

（1）项目管理构件。包括项目管理的过程、知识域、工具/技术等。

（2）项目组织方式。包括完成项目的角色、责任、角色间的接口、项目团队管理等。

（3）项目管理的架构平台。包括完成项目所需的各管理要素及其关系，如系统的结构、系统元素、元素间的接口和协作关系等。

5.5.3　警惕项目管理培训的误区

1. 试图给项目建立固化流程时常导致"一管就死，一放就乱"

现代项目管理基于管理大师彼得·德鲁克所首提的目标管理，但却不是单纯的目标管理。为避免"事后诸葛亮"，流程管理越来越受到人们的重视，以至于我们经常见到各种各样的流程图，流程管理的程度高低也成了企业管理成熟度水平高低的重要标志。流程是面向确定性工作的，但项目中存在大量的不确定性，导致流程管理在项目管理中遇到了各种各样的困难，有人调侃项目管理流程就是"流于形式的程序"。

对于生产线上的工人，昨天怎么干、今天就怎么干，明天还是怎么干，这些工作本质上是重复的。基于此，完全可以设定其工作步骤，甚至可以严格地规定其抬左手、迈右脚等流程。因此，运营管理可以通过建立各种控制点，按照固定的程序进行[见图 5-3（a）]。

　　每个项目都有其独特性，其创造的产品、服务或成果可能存在不确定性；项目团队所面临的项目任务是新的（甚至是全新的）。要么时间要求很紧急、要么成本控制很苛刻、要么需要质量第一，每个干系人对其有不同期望，而且时常受到事业环境因素的制约。这些不确定性，导致固化的流程很难奏效。

　　　　一个人定的结婚项目的目标是 30 岁结婚，这并非是指 30 岁生日这天结婚。29 岁结婚算成功、28 岁结婚也算成功，甚至 31 岁结婚也不算失败。这里的 30 岁结婚仅是以 30 岁为目标的一个控制范围。

　　　　一个装修项目如果设定预算目标为 40 万元，这不是理想地认为这个装修必须 40 万元不多不少地完成，39 万元完成可以允许，38 万元完成可以允许，甚至 41 万元完工也被接受。

　　这就是针对项目独特性的框架管理[见图 5-3（b）]，实践证明也只有框架管理才是有实效和可行的。

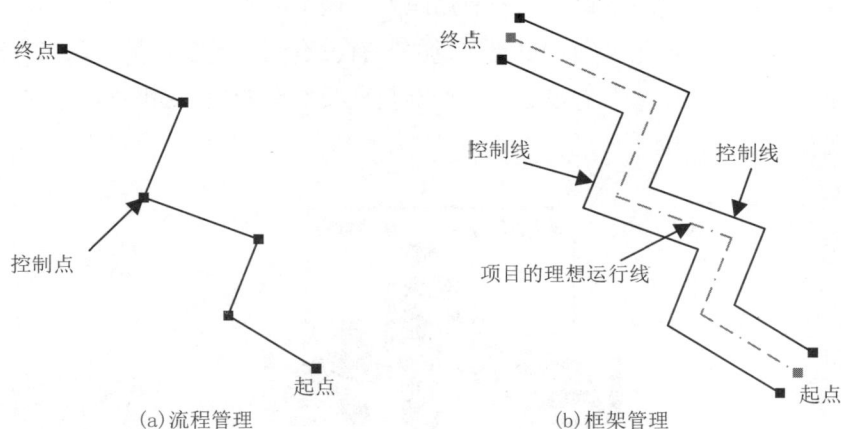

图 5-3　独特性工作与重复性工作的管理方式

　　试图给项目建立所谓的流程是危险的，时常导致"一管就死，一放就乱"的困境。这也是国内普遍存在的问题。理解针对项目独特性而建立的"框架管理"本质，对项目管理的成功具有重要的实践意义。

必须说明的是，"流程"一词似乎已经深入在人们心中，为避免不必要的争论，在项目管理中使用"程序"替代"流程"似乎是一个可行的妥协。

2."有用吗？"——普遍公认的良好做法可以保证少走绝大多数弯路

2014年9月16日下午，92岁高龄的最高科学技术奖得主吴良镛院士一手拄着拐杖，一手在工作人员的搀扶下，一步一步缓缓走上了人民大会堂的报告台。他用35分钟做了以"志存高远，身体力行"为题的报告。遗憾的是，台下睡倒一片的年轻面孔与台上白发苍苍的吴良镛院士形成了强烈的对比。

不少网友抨击这些学生对吴老没有最基本的尊重，也有网友对这些学生表示理解，并反问"虽然他是大师，但是他讲的东西有用吗？""讲的东西过时了，一点也不接地气！""如果他讲的有意思、有激情、风趣幽默，会有人睡着吗？"

我对此不予评价，只想换一个角度思考。

我想问的是，对于"讲的东西有用吗？"这个问题（见图5-4），你有能力回答吗？普通人的答案恐怕仅仅是"过去"有没有用，至多就是"现在"有没有用而已。试问"未来"有没有用、用在何处我们有能力判断吗？果真有，何来"书到用时方恨少"一说！

图5-4 讲的东西有用吗

试问：作为一个普通人与吴老这一层次的大师面对面的机会，一生有几次？

多年后，谁还能记得吴老讲过的每句话！不过，唯一可以记得的是曾经跟吴老有过一次面对面的机会，可是自己却"睡着了!"——是否滑稽？

"有用吗？"与"发现引力波有用吗？"何其相似（第 8.1.5 节）。这种问题的背后，其实质是短视的实用主义和功利主义。

理论联系实际是我们的基本主张，但更应说明的是遵守了普遍公认的良好做法就少走绝大多数弯路。

> 顺便补充一下，要求吴老这样的大师讲课幽默风趣是否正常，着实不敢苟同？如果要幽默、有笑点，我建议你去听郭德纲！

3．慎用"本企业的案例"

企业提供的案例往往仅反映问题的某个方面、某个角度，不够全面。君不见，"屁股决定脑袋"式组织内吵架现象比比皆是：计划部门强调"项目要快"、财务部门主张"必须省钱"、质量部门声称"质量第一"、市场部门高举"客户至上"……各部门都只关注问题的一个方面导致项目被撕裂了！

一个妥协的方式是，可以考虑在企业提供案例的基础上做相应设计和改造。作为专业的项目管理者，必须系统、全面地看待项目。当然，如果坚持使用"本企业的案例"，则务必事先沟通好企业老板们的意图。一旦老师的专业观点和领导意图冲突，往往导致不必要的麻烦。

4．"忙"更多时候是个借口

培训谁是企业的常见困惑，在多年的实践中我发现一个好方法——谁忙培训谁。在企业中，忙的人时常声称自己没有时间参加培训。问题的关键是为何他们这么忙，如图 5-5 所示的现象耐人寻味。

为解决忙人没有时间参加培训的问题，可以采取"少吃多餐"的方式，采取模块化的方式进行。具体步骤是：

（1）将与项目相关的各种角色进行细分。

（2）设定每种角色需要掌握的项目技能。

（3）将这些技能模块化（每个模块的培训时间，一般不要超过 1 天）。

（4）每年针对同一模块进行多次内训并进行多次考核。

（5）考核的结果与角色能力挂钩。

图 5-5　你太忙了以至于没有时间提高

（6）根据角色能力分配项目任务。

这种方式需要有来自企业内部的培训教师，如果组织进行了角色细分，这样的内训人员队伍不难形成。

5.5.4　选择胜任的培训老师

要使项目管理内训取得实效，选择称职的培训老师非常重要[①]。

培训师是一个好的职业，他们有的巧舌如簧，有的看似无所不知，个别老师还玄而又玄……在机场、书店等场合，我们经常可以看到他们充满激情地去告诉听众如何去管理，如何去获得成功。但是，培训师们在得到了自己想要的东西后，接受培训的企业/个人是否也得到其想要的东西似乎并不是他们关心的事。培训老师让你知道了很多成功的诀窍，同时他们又让你的竞争对手也全知道这些，可以"吃了原告吃被告"！而且还不受道德的谴责。培训师们在教给别人取得成功的同时，顺便让自己致富，难怪有越来越多的人正在加入这个队伍中来。

我们需要像选择一名优秀的导游一样选择胜任的内训老师。众所周知，一

---

① 丁荣贵. 项目治理：实现可控的创新[M]. 2 版. 北京：中国电力出版社. 2017.

名优秀的导游至少要具备 3 个方面的条件。

（1）要到过导游的地方、见过要讲解的东西。

（2）要对所导游的地方/事物有较深的研究。

（3）要能够激发游客的兴趣，能够引导游客自己去发现新奇的事情。

同样，一名胜任的项目管理内训老师也需要具备 3 个方面的条件。

（1）所讲解内容有良好的实践。事实上，很多培训企业会宣传其讲师曾经担任过相关项目的项目经理，可是也的确存在个别讲师过度包装让人难辨真假的现象。

另一个不容忽视的问题是，项目一般都不是某个人独立完成的，它需要组织内外很多干系人的共同协作。如果不明白这一点，这样的内训就会陷入项目的具体事务之中，陷入项目相关的专业技术中，而不能从企业的角度、从管理的角度去帮助人们发现问题、寻找答案。

（2）所讲解内容有深入研究。在武侠小说中，常会把绝世武功分为两个部分：招式和心法。招式得其形，而心法传其神。招式繁杂，暂且不提；心法却可以概括。培训者不能拾人牙慧，必须从自己的角度给受众展示一个新的视野，去激发他们跳出窠臼独立思考。

换言之，只要是书上记载着的、纯粹的知识内容就没有必要浪费受众的时间。培训师应该给被培训者提供超越知识以外的"心法"。

（3）会讲。关于本主题，请参见本书第 8.3.2 节，在此不再赘述。

第6章

管理并有效利用冲突

冲突是"一方察觉到另一方，已经或将要阻挠他所关心的事情的过程"。组织建立了精密而复杂的规章制度以解决组织自身以及与其相互作用的个人和小组之间的争议。企业与其供应商、员工和顾客之间签订合同以指导潜在冲突的解决。但不同的干系人并不总是对法律的含义或合同的条款保持一致意见。没有任何协议，不管规定得多么详细，都不能涵盖各种错综复杂的关系中发生的所有情况，即潜在冲突是无穷无尽的。

项目管理是一个平衡各方利益、融合各方观点、实现项目目标的过程。几乎每一个环节和步骤都不轻松，必须做好面对不同意见、不同观点和不同诉求的准备。因此，冲突甚至争吵都不可避免。

6.1 项目环境下的冲突不可避免

"我不可能在没有彻底调查这个缺陷前给你们一个预计的修复时

间!"杰克几乎是在咆哮①。

"如果本周三前没有得到这个修复，我们就不能按时完成所有的测试。"瑞贝卡的声音也开始尖锐了

已经过去一个小时了，面对这样的毫无进展，项目经理戴维实在有些无奈了。抱着最后的一丝希望，戴维又一次转向杰克，尽量以一种平和的语气试探性地问："杰克，你看，我们离发布只有 3 周了。如果我们把这个修复放进 2 个月后的补丁里……"

"不！不行！"杰克的语气依然保持着镇定，但他阴沉的脸表明自己不会做出任何让步，"我已经说过了，这是一个很常见的用户场景。不修复这个缺陷我们部门就不能同意发布。"

会议室陷入了一片寂静。在闷热的空气中，每张面孔都是通红的。大家都低头盯着自己的笔记本屏幕。

戴维也低下了头看着笔记本，满脑子都很混乱，并郁闷地想着："为什么一个项目中会有那么多冲突？！"

几乎没有人喜欢卷入冲突，见此情景，人的第一反应就是想躲避。然而有些人的职责之一就是去解决冲突，于项目而言项目经理便是。

6.1.1　项目环境下的冲突是客观且不可避免的

在项目环境中，冲突不可避免。柯霍弗（Kirchof）和亚当斯断言，"所有的项目环境中都必将存在冲突"②，并解释说：在矩阵管理中，由于项目经理和职能经理之间的工作关系涉及平衡职权、义务和责任，因此会使冲突强化。

如果项目经理无法识别和谨慎管理冲突，项目团队可能会陷入瘫痪状态。不具备管理冲突能力的项目经理必将失败。项目团队冲突是时时处处都存在的，你不妨考虑以下 3 种场景。

① 案例来源：李华领，岳治宇，刘彦芬，等. 项目经理修炼之道[M]. 北京：电子工业出版社，2014. 有改动。

② 金格·莱文. 项目组合、项目集、项目经理人际关系技巧[M]. 周琦，译. 北京：电子工业出版社，2011.

场景 1：你的项目团队的两位成员之间看起来有个性冲突，他俩在制定决策的时候往往会采取完全相反的假设。他俩都来自矩阵组织中的不同部门，冲突难以避免。

场景 2：研发质量控制部门和生产运营质量控制部门就谁应该进行关于研发项目的某项测试进行争论。研发质量控制部门认为这是他们的项目，而生产质量控制部门认为这项测试最终将纳入生产过程，因此他们希望能够尽可能早些参与进来。

场景 3：X 先生是一个项目的项目经理，该项目中有价值 100 万元的部分又转包给了另外一家公司，Y 先生是这家公司的项目经理。X 先生并不把 Y 先生看作是他的对口联络人，而总是与 Y 先生所在公司的工程部主管进行沟通。

6.1.2 冲突与立场和认知有关

20 世纪初，有一支英国的探险队来到马来西亚南部的山区。在那里他们发现一个部落还保持着石器时代的生活方式。通过手势比画，他们发现该部落的首长很有思想，于是就将首长带到了新加坡。一个星期后，他们又将首长带回到了他原来居住的地方，并问他在新加坡一个星期印象最深的是什么。首长的回答让探险队员出乎意料：给他留下最深印象的既不是高楼，也不是轮船，而是"我从来没想到一个人（用独轮车）能运那么多香蕉"。

我们看到的世界并非客观世界本身，它只是客观世界在我们心中的反映。世界本身并没有什么不同，但每个人心中的世界并不一样。这种认知的局限性，必然导致主体间的冲突。

由于受心理、假设、思维方式等因素的限制，人们认识世界是有选择性的，很多冲突是在选择的过程中间产生的。

《"6 瓶啤酒之前"和"6 瓶啤酒之后"》（"Before 6 Beers" & "After 6 Beers"）是一幅有趣的图（见图 6-1）。从视角"6 瓶啤酒之前"（"Before 6 Beers"）你看到的是丑陋的女巫；同一幅图，旋转 180° 的视角"6

瓶啤酒之后"（After 6 Beers）看到的则是美丽的少女。

（a）6 瓶啤酒之前　　　　　　　（b）6 瓶啤酒之后

图 6-1　"6 瓶啤酒之前"和"6 瓶啤酒之后"（"Before 6 Beers" & "After 6 Beers"）

　　面对事物角度和/或位置不同的主体，会有不同的认知和结论，冲突便产生了。

　　面对《黑还是白？》这幅简单的图（见图 6-2）。关注黑色图案的话，看到的是一只酒杯；把黑色作为背景，关注白色图案，看到的则是两个相对而视的人物头像。

图 6-2　黑还是白？

　　同一主体关注点不同时，得到了完全不同的结论。在选择中冲突便产生了。

　　每个项目都必须具有至少一个目标，必须让组织中各个层次的干系人清楚项目的目标。如果这些信息没有被准确地传递，就可能使高层管理人员、项目经理和职能经理对项目的最终目标产生不同的解释，从而导致冲突的产生。

拉普瑞公司获得了一项 185 万元的政府合同，任务是在线检测市政监控系统中的某易耗器件。高级管理层认为，项目的目标是发现易消耗原因并在生产中加以消除，这可能会使拉普瑞公司在竞争中"脱颖而出"。公司总经理把项目目标仅仅看作是一种让员工就业、完成经营指标的方式，而不会有后续的责任。研发部门经理把项目目标定义为确立一项新的检测技术。质量部门经理视项目目标为一项有待完成的工作。

干系人看待项目的目标大相径庭，工作目标不同，工作安排和资源调配也将各异，冲突便产生了。

原则上，项目的目标必须遵循 SMART 法则，但遗憾的是，上述特征并不总是那么明显，尤其是在干系人认为项目对于组织可能过于特殊的时候。如研发项目的目标有时在启动时还是笼统而不是确定的，随着时间的推移，研发项目的目标可能会因为原目标难以达成而重新确定，也必然会在不同干系人之间产生冲突。

6.1.3　冲突可能带来积极的效果

两头驴子（见图 6-3）被一根绳拴住了，它们的两边各有一堆草。因为每头驴子所处的位置不同，它们只看到了自己一侧的草堆，在寻求生存权的过程中，他们都努力想吃到自己一边的草，可是绳子不够长，两头驴都没吃到各自方向的那堆草。

冲突便产生了，它们首先选择了对抗。都试图凭借自己的蛮力战胜对方，吃到自己一边的草。如此反复，能量不断被消耗在无谓的对抗中，彼此最后都精疲力尽，以致最后累得趴在地上起不来。

是自己生存，还是两败俱伤？饥肠辘辘、精疲力竭的两头驴开始了冷静的思考。经过思考，两头驴先后有了感悟，觉得可以找到一种让彼此都能吃到草的办法。于是两头驴子开始组建团队，共同完成目标，先一起解决一边的草，再一起解决另一边的草……

图 6-3　两头驴子的故事

不打不相识，两头聪明的驴子最后不仅解决了冲突，还成了好朋友！

20 世纪 40 年代以来，冲突被普遍认为是有害无益的，强调管理者应尽可能避免和消除冲突。但近些年，这种观念有了很大的改变，人们意识到冲突在组织中存在的必然性和合理性，认为冲突并不一定会导致低效，建设性冲突有利于改变组织反应迟缓、缺乏创新的局面，提高组织效率。因此，有时需要建设性的冲突，管理者也需要在适当的时候激发一定水平的冲突。

通用电气的前 CEO 杰克·韦尔奇就十分重视激发冲突。他认为坦诚、建设性冲突能够让不同观点交锋，碰撞出新的思想火花，有利于管理者顺势推动改革与创新。在通用电气，他经常与成员面对面地沟通、辩论，诱发同成员的冲突，从而不断发现问题，改进企业的管理。

在项目管理过程中，项目经理应该适当地利用建设性的冲突，管理并尽可能避免破坏性的冲突，但这两种冲突通常是共生的，而且时常只有一线之差，项目经理能否应用得好的确是一个挑战。

6.2　项目生命周期中的冲突管理

项目环境下，冲突产生的原因包括：各种复杂因素、为数众多的各类干系人，以及项目本身的进度、成本、质量等特性。同时，这些冲突也随项目的进展而呈现出不同的状态和强度①。

6.2.1　项目的冲突来源

在项目的生命周期过程中，冲突来源于多种原因。根据调查，主要体现在 7 个方面，分别是进度、优先级、资源（人力资源）、技术观点、管理程序、团队成员个性和成本。

1．进度

时间成了各企业争夺最剧烈的资源，项目经理在项目进度方面存在最大的压力，进度是项目其他冲突因素的最终反映。当然，进度是以符合质量要求为基础的。

2．优先级

在资源不足的情况下，组织在多个项目之间对资源分配的优先级导致资源的争夺。国内公司尚普遍缺乏 PMO 设置，没有多项目管理的专门机构致使项目优先级定义缺失（即便设有 PMO 的公司，优先级确定的标准也往往不够明确和公开）。"会哭的孩子有奶吃"现象十分常见，对资源的争夺天天都在发生。

3．资源（人力资源）

在常见的矩阵组织架构下，项目组和职能部门对于人力资源存在竞争。项目需要职能部门提供能干的"贤人"，但职能部门更愿意提供"闲人"（"闲人"为什么不留给自己用或者对部门重要性更大的项目）。

> 关于优先级和资源冲突的更多探讨，请参考本套书的《管法：从硬功夫到软实力》第 4 章。

4．技术观点

项目组成员来自多个专业领域，对实施项目方案需要的技术会有不同的理解。这些不同技术或对技术的不同理解，将导致项目整合的困难。而且，项目

---

① 杰克·R. 梅雷迪思，小塞缪尔·J. 曼特尔. 项目管理：管理新视角[M]. 7 版. 戚安邦，等，译. 北京：中国人民大学出版社，2011.

的独特性致使项目总存在一些独特技术难题。

5．管理程序

每个项目都具有独特性，各项目组采取的管理方式也不尽相同。过松或过紧的管理程序都会导致项目问题的解决难度，"一抓就死、一放就乱"的问题与此有关。我在实践中逐步形成了项目的"框架管理"思想。

6．团队成员个性

人们在个性上的差异会导致处事方式等方面的冲突。虽然个性冲突没有其他的冲突来得激烈，但处理这些冲突却比较困难。麻烦的是个性问题很难与技术问题、沟通问题分开。经常表现出来的是技术观点冲突，其背后实质是成员的个性冲突。此时，仅处理表面现象问题是不能真正解决冲突的。

7．成本

和项目进度冲突一样，项目成本是项目管理中最基本的衡量指标。成本冲突有两种可能性：一种是没有足够、专门的项目费用；另一种是项目费用被挪用而不能及时到位。

6.2.2　项目生命周期中的冲突强度

项目经理必须理解如何跟项目干系人打交道才能卓有成效地开展工作。在冲突可能产生的情况下，项目经理必须表现出一种能够与干系人营造不同工作环境的能力。因为在项目生命周期之中，各种冲突的相对强度是会有变化的。

图 6-4 显示了项目的冲突来源、冲突主体及相应冲突强度的关系。由于与项目经理合作的干系人的类型各异，冲突的类型和强度也会有所不同。无论是冲突源还是冲突主体，均是按其相对的冲突强度来评定的。

1．启动阶段

在启动阶段，优先级是项目的主要冲突。这不难理解，处于高优先级的项目得到的支持多、获取的资源自然就比较优质；反之，处于低优先级的项目得到的支持不够、获取的资源自然就时常不足。因此，在启动阶段，项目经理自然应把影响项目干系人、提升项目优先级作为工作重点。

	冲突常发生在					
		职能经理	职能员工	项目团队成员之间	上级	下级
冲突来源	进度	√	√			
	优先级	√	√	√		
	人力资源	√	√			
	技术观点	√	√	√		
	管理程序	√	√		√	√
	个性	√	√	√	√	√
	成本	√	√		√	
		高 ◄——— 冲突相对强度 ———► 低				

图 6-4　冲突来源、主体及冲突强度间的关系

项目章程（或正式的任务书）是项目经理将公司资源用于项目实施工作的授权文件，也是项目经理与项目发起人之间的保护性契约文件。对于项目经理而言，务必获得正式签署过的项目章程，促使项目名正言顺。

很多项目在启动时，举行由高级别干系人出席的"奠基"仪式，这在客观上起到了提升优先级的作用。

> 关于启动阶段如何应对的详细话题，请参考本套书的《技法：提升绩效与改进过程》第 6 章。

2．计划阶段

项目计划阶段的最主要工作就是制订可实施的项目计划，为项目制定可以执行、监控和收尾的执行标准。很多项目经理忽视制订计划，前期准备不足，后期越来越困难。请记住"慢慢计划，快速行动"是项目管理的重要原则。

优先级仍然是该阶段的主要冲突，项目经理应该把获取优质资源作为自己的工作重点。

计划过程需要选择并确定技术方案，各干系人对此未必能达成共识，技术观点冲突开始逐步显现，并时常导致干系人之间的个性差异冲突。作为项目的

管理者，应密切注意技术观点背后的真实根源。

3．实施与控制阶段

项目的实施与控制阶段，干系人都急于看到项目的成果，导致进度冲突上升到第一位。如果干系人看到结果的时间间隔越长，进度冲突亦越发明显。进度问题成为项目经理和整个项目团队必须关注的最重要问题。

在这一阶段，由于技术方案已经逐步落实、面临实际结果，设计与实施效果之间总会有差距，其正确性、可靠性、效率、完整性、可使用性、可维护性、可测试性、灵活性等问题会集中暴露。因此技术冲突也上升为项目的重要问题。

在项目实施和控制的过程中，赶进度需要投入更多资源，也常常引发项目组与职能部门间的竞争。

4．收尾阶段

项目实施与控制过程积累的进度压力延伸到项目收尾阶段，往往进一步激化。验收节点带来的压力，往往是干系人（尤其是客户和发起人）关注的重要节点，对于项目团队而言属于没回旋空间的硬性节点。

硬性里程碑节点带给项目组成员的压力，使大家的个性冲突进一步上升；另外，项目的结束，给项目组成员的未来带来不确定性，大家更加关注组织对自己的认可度，也使团队成员常表现出紧张和不安。

6.2.3　冲突发展的 5 个阶段

根据管理学家斯蒂芬·P.罗宾斯的五阶段冲突理论，冲突的发展一般要经历 5 个阶段：潜伏阶段、被认识阶段、被感觉阶段、应对阶段和结局阶段。

1．潜伏阶段

潜伏阶段是冲突的萌芽期，这时候冲突还属于次要矛盾，对冲突的存在还没有认知。在这个阶段，冲突产生的温床已经存在，随着环境变化，潜伏的冲突可能会消失，也可能被激化。

2. 被认识阶段

在这个阶段，已经感觉到了冲突的存在，但是这时还没有意识到冲突的重要性，冲突还没有造成实际的危害。如果这时及时采取措施，可以将可能爆发的冲突缓和或者消除。

3. 被感觉阶段

在这个阶段，冲突已经造成了情绪上的影响。可能会对不公待遇感到气愤，也可能对需要进行的选择感到困惑。不同的个人对冲突的感觉是不同的，这与当事人的个性、价值观等因素有关。

4. 应对阶段

需要对冲突做出处理，处理的方式是多种多样的。对于不同的冲突有不同的处理方式，即便是同样的冲突，不同的个人采取的措施也不尽相同。对冲突的处理，集中体现了个人的处事方式和处事能力，也体现了个人的价值体系和对自己的认识。

5. 结局阶段

不同的处理方式会产生不同的结果。结果有可能有利于当事人，也可能不利于当事人。当冲突被彻底解决时，该结果的作用将会持续下去。但在很多情况下，冲突并没有被彻底解决，该结果只是阶段性的结果。有时甚至处理了一个冲突，又会带来其他几个冲突。

6.3 项目的冲突管控

成功的冲突管理可提高生产力，改进工作关系。如果管理得当，意见分歧有利于提高创造力和做出更好的决策。如果意见分歧成为负面因素，首先应该由项目团队成员负责解决。如果冲突升级，项目经理应提供协助，促成满意的解决方案。应该采用直接和合作的方式，尽早并且通常在私下处理冲突。如果破坏性冲突继续存在，则可使用正式程序，包括采取惩戒措施。

影响冲突解决方法的因素主要有以下几个。

（1）冲突的相对重要性与激烈程度。

（2）解决冲突的紧迫性。

（3）冲突各方的立场。

（4）永久或暂时解决冲突的动机。

6.3.1　冲突应对方法

项目经理解决冲突的能力，往往在很大程度上决定着其管理项目团队的成败。不同的项目经理可能有不同的解决冲突的风格。

基于对人际关系和决策结果的考量组合，形成 5 种常见的冲突解决方案（见图 6-5），具体如下。

（1）撤退/回避。从实际或潜在冲突中退出，将问题推迟到准备充分的时候，或者将问题推给其他人员解决。

（2）缓和/包容。强调一致而非差异；为维持和谐与关系而退让一步，考虑其他方的需要。

（3）妥协/调解。为了暂时或部分解决冲突，寻找能让各方都在一定程度上满意的方案，但这种方法有时会导致"双输"局面。

（4）强迫/命令。以牺牲其他方为代价，推行某一方的观点；只提供赢—输方案。通常是利用权力来强行解决紧急问题，这种方法通常会导致"赢输"局面。

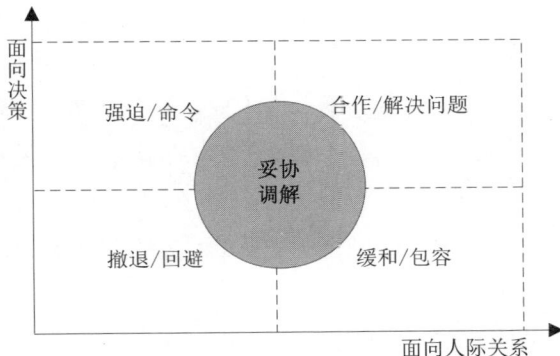

图 6-5　常见的冲突解决方案

（5）合作/解决问题。综合考虑不同的观点和意见，采用合作的态度和开放式对话引导各方达成共识和承诺，这种方法可以带来双赢局面。

一个项目经理所采用的冲突解决方法，很大程度上取决于他必须与之合作的人的类型。

表6-1 对所发现的项目经理有助于减少潜在冲突的不同影响方式进行了对比。处罚、权威、专业技能被当作是与冲突的低发生率强烈负相关。与我们所预计的相同，工作挑战与提拔（如果项目经理有权这么做）与项目经理和他的员工之间冲突的低发生率强烈正相关。

表 6-1　项目经理的影响方式与其所感受冲突强度间的关系

项目经理所感受到的冲突强度	冲突常发生在						
	专业技能	权威	工作挑战	友谊	升值	加薪	处罚
项目经理和他的团队成员之间	负相关	负相关	正相关		正相关		负相关
项目经理和他的上级领导之间			正相关				负相关
项目经理和职能经理之间		负相关					负相关

6.3.2　项目管理者的冲突管理实践

冲突管理使项目经理陷入一种不确定的境地，以至于不得不选取一种解决冲突的方法。在实践中，依据具体情况、冲突的种类及冲突对象，下述这些方法被实践证明是有效的。

1. 合作/解决问题

使用这种方法时，冲突的各方面对面地探讨问题根源，分析问题影响要素并找到解决问题的双赢方案。此方法侧重于解决问题，而不是争斗。这一方法应当用于以下方面。

（1）当你和冲突方至少都能得到所需要的，甚至能得到更多时。

（2）为了降低成本。

（3）为了建立共同的权力基础。

（4）为了攻击共同的敌人。

（5）当技术较为复杂时。

（6）当时间足够时。

（7）冲突各方有相互信任的基础。

（8）当你相信他人的能力时。

（9）最终目标还有待于认识时。

2．缓和/包容

努力排除冲突中的不良情绪，通过强调意见一致的方面，淡化意见不同的方面（"求同存异"）。"我们已经在 5 点意见之中的 3 点都取得了共识，为什么不能在剩下的两点达成一致呢？"缓和并不足以解决冲突，但却能够说服双方可以继续留在谈判桌旁，留下解决问题的可能和机会。在缓和/包容的过程中，一方可能会牺牲自己的利益以满足另一方的需求。缓和/包容的方法应当用于以下方面。

（1）为了达到一个全局目标。

（2）为以后的长期交易先做出让步。

（3）当利害关系不明显的时候。

（4）当责任有限的时候。

（5）为了保持融洽。

（6）当任何方案都不合适的时候。

（7）为了表示友好（显得宽宏大量）。

（8）无论如何你都会失败的时候。

（9）为了赢得时间。

3．强迫/命令

强迫/命令指一方竭力将自己的方案强加于另一方。当一项决议在最低可能的水平上达成时，强制的方法最能奏效。冲突得越厉害，就越容易采取强制的方式，其结果是一种"赢—输"的局面，一方的获胜以另一方的失败为代价。强制的方法应当用于以下方面。

（1）当你是正确的时候。

（2）正处于一种生死存亡的局面。

（3）当利害关系很明显的时候。

（4）当基本原则受到威胁的时候。

（5）当你占上风的时候（绝不要在不能够获胜的情况下挑起争端）。

（6）为了获得某个位置或某项权力。

（7）短期的一次性交易。

（8）当关系并不重要时。

（9）当明白这是在进行比赛的时候。

（10）当需要尽快做出一项决策的时候。

4．妥协

妥协是冲突各方一定程度满足的解决方案，妥协常是一种正视而非逃避问题的反应。有人认为妥协是一种"平等交换"的方式，是"双赢"结果；也有人认为妥协是"双输"的，因为任何一方都没有得到自己希望的全部结果。妥协的方法应当用于以下方面。

（1）当冲突各方都希望成为赢家的时候。

（2）当你无法取胜的时候。

（3）当其他人的力量与你相当的时候。

（4）当你没有时间取胜的时候。

（5）为了保持与竞争对手的联系。

（6）当你对自己是否正确没有把握的时候。

（7）如果你不这么做就什么也得不到的时候。

（8）当利害关系一般的时候。

（9）为了避免给人一种"好斗"的印象。

5．撤退/回避

撤退/回避是从实际或潜在冲突中退出，这是一种临时的方案，其结果是问题及其引发的冲突还会再次发生。有人把撤退/回避视为是面对困境时的怯懦和不得已行为。撤退/回避的方法应当用于以下方面。

（1）当你无法获胜的时候。

（2）当利害关系不明显的时候。

（3）当利害关系很明显，但你尚未做好准备的时候。

（4）为了赢得时间。

（5）为了消磨对手的意志。

（6）为了保持中立或者保持名声。

（7）当你认为问题会自行解决的时候。

（8）当你通过拖延能够获胜的时候。

（9）当冲突各方都希望成为赢家的时候。

不得不说的是，没有哪种冲突解决方案就是最好的，要视环境和条件而定。基于我多年的实践，在国内文化背景下，我建议项目经理可使用以下原则（当然不够全面）。

（1）在解决与职能经理之间的冲突的时候，撤退是行之有效的方法，虽然项目经理通常都最不喜欢。

（2）在与上级打交道的时候，妥协也许可作为首选方案，因为这样很容易产生对上级管理者更为有利的结果，这对维持双方协作关系更有利。

6.4　小心结构属性导致的人际冲突

2008 年我的一位同事通过竞争成了一个部门的部长。在此之前，他跟我们几个私交甚笃的同事称兄道弟。自从走向部长之位后，他成了让所有人都不认识的人，行为严肃且对我们几人更甚。突如其来的变化，令所有人惊愕！

6.4.1　每个人都生活在自己世界中

为了研究人及环境因素对个体的影响程度，心理学家菲利普·津巴多（Philip Zimbardo）于 1972 年设计了一个模拟监狱的实验[1]，实验地点设在斯坦福大学心理系的地下室中，参加者是男性志愿者。他们中的一半随机指派为"看守"，实验者发给他们制服和哨子，并训练

---

① http://baike.baidu.com/view/722384.htm.

他们推行一套"监狱"的规则。剩下的另一半扮演"犯人"，穿上品质低劣的囚衣，并被关到牢房中。所有的参加者包括实验者，仅花了一天的时间就完全进入了角色。看守们开始变得十分粗鲁，充满敌意，他们还想出多种对付犯人的酷刑和体罚方法。犯人们则垮了下来，要么变得无动于衷，要么开始了积极反抗。

用津巴多的话来说，在那里"现实和错觉之间产生了混淆，角色扮演与自我认同也产生了混淆"。尽管实验原先设计要进行两周，但他不得不提前停止。"因为我们所看到的一切令人胆战心惊。大多数人的确变成了'犯人'和'看守'，不再能够清楚地区分角色扮演还是真正的自我。"

狱警实验是心理学史上最著名、最有争议性的实验之一，曾经多次被改编成电影。

狱警实验告诉我们：角色变了，人也跟着改变。

这里说的角色，是指在社会生活中承担的责任和发挥的作用。实际上，这个所谓的"角色"是非常恐怖的。当人置身于某个角色时，本来"应该这样"的事情，却变成了"不这样不行"，给人带来很大的精神压力。为了让别人认可自己所扮演的角色，人有时会超越自己的原则和价值观，甚至变成另外一种人格。可以说，人会积极地采取一些行为使自己更加适合当前的地位或角色。

6.4.2　无关人品，结构使然

我在课堂上多次做过一个相同项目，我将这个项目命名为"谁偷了我们的效率"。这个项目是这样的：每组 6 人，角色 A 和角色 B 为上级主管，C、D、E、F 4 人为团队成员。他们的任务是在 30 分钟内找出 6 个人手中共有的图形和出现次数最少的图形，过程中只能通过邮件进行沟通[邮件格式见图 6-6（a）]，不允许说话，最快的组获胜。但是，各成员只能按照如图 6-6（b）所示的箭头进行交流，不得越级。

这是一种常见的分层级的组织结构。遗憾的是，在所有参与小组中能顺利完成工作的比例不足 20%！

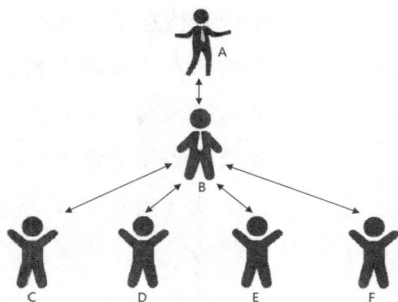

（a）用于团队联系的邮件格式　　　　　（b）《谁偷了我们的效率》的沟通结构

图6-6　谁偷了我们的效率

每次做完这个活动之后，除了总结项目中应该如何进行工作和沟通之外，我常要求学员讨论组员行为还有哪些可以改进。统计多次结果，我惊讶地发现，每个角色都在抱怨，而各角色的抱怨内容几乎每次都一样，尽管课程地点、对象不同。

A角色的人总是抱怨[①]：

（1）为什么这么简单的事情你们用了这么长时间？

（2）能不能提高执行力？

（3）最好充分理解我的指示，不要自以为是？

（4）你们发生了什么我根本不知道，不及时给我汇报，最后到交不了差才给我说！

C、D、E、F角色的人总是抱怨：

（1）到底发生了什么？要干什么？

（2）B自己在干什么自己知道吗？

（3）我的意见从来得不到尊重，最后证明，我的意见是正确的！

（4）在这样的小组真压抑！

（5）能不能把目标搞清楚再干？

（6）就看到B一个人在忙，也不想把任务分解给大家！

B角色的人总是抱怨：

① 高茂源. 项目管理心理学[M]. 北京：机械工业出版社，2014.

（1）A 给的任务很不明确，还在变，又很急，我压力很大！

（2）下面的人总是抱怨我，压力很大！

（3）上面的人总是催我，压力很大！

（4）我很忙，压力很大！

显然，B 就是项目中苦命的项目经理，他很忙、压力大，是上下夹击的"三明治"。

这个项目充分证明了组织结构对项目成员会产生比较一致的影响，这种影响也会让他们倾向于产生相同的状态、相同的冲突。这种状态和冲突的出现纯属组织的结构性矛盾，此所谓"无关人品，结构使然"。

6.4.3　警惕个性冲突背后的结构性矛盾

项目组织有其固有结构和汇报关系（或报告关系），这种结构属性会产生其固有矛盾。当然，不同的组织结构会带来不同的矛盾。用更大的矛盾来解决当前的矛盾的做法，会让我们深受其害。

归因理论属于社会心理学领域的范畴，可以描述为对责任归属的研究。在众多的实验室和现场研究中，研究人员已经证明，有一种现象称为基本归因错误。个体倾向于把成功原因归为自己，把失败原因归于外部环境；旁观者会把成功原因归于外部环境，把失败归因于事件个体。如果不能认识到组织结构属性导致的项目固有矛盾，时常导致基本归因错误，表现出来的现象就是对成员个性的攻击。

在项目冲突的情况下，两个人存在严重分歧时，各方都可能将冲突原因归于持相反观点的人（"他就是一个人品很差的人""他就是一个白痴""他根本不懂""他只知道保护自己的地盘"）。项目经理很可能受这种偏见影响。这不仅会加剧冲突，而且可能会导致项目经理或团队成员选择不恰当的纠偏行动。

要对项目过程中可能发生的矛盾有心理准备，应时刻记住这是一种系统的结构矛盾，没有办法彻底化解。需求提出部门总是倾向于认为该项目技术上很简单，而技术实现部门则倾向于认为需求提出部门总是不能明确自己的需求并在过程中发生变更。

项目经理需要做的是，要理解这种矛盾并且学会利用。对这种矛盾的预见性，可以帮助项目经理在矛盾发生时更加自如地应对。一个重要的问题是，两个部门在项目中的相互依赖性越强，他们在项目中的矛盾越激烈。

对于结构性矛盾导致的冲突，项目经理需要看戏不入戏，尽可能置身事外而不要陷入公司的政治斗争中去。当然，能真正做到这点实属不易，因为我们都是参与者，都是系统中的一个元素。

> 一个常见的实例，当我们生气的时候，我们首先会想到对方有多么令人讨厌，即使那个人没有问题，我也会反感他的，只是会换个讨厌方式而已，而不会直接去想——这是系统的结构性矛盾导致的直接后果。

这就是人性！

把目光从关注人的个性转移到关注矛盾的结构上来，这会让我们在真正遇到问题时更能够保持一份冷静和洞察力。

请务必记住：无关人品，结构使然！

6.5　谈判是项目经理必备的技能

> 当人们想交换意见、改变关系或寻求同意时，人们开始谈判。
>
> ——尼伦伯格

谈判是参与各方出于某种需要，在一定时空条件下，采取协调行为的过程。谈判是项目管理中的一项重要工作，也是一名项目经理不可或缺的技能。

考虑以下场景。

（1）在合同签署之前，对合同的结构、费用、工期、质量及其他条款加以澄清，以取得一致意见。

（2）进行有效谈判，并影响那些能为项目提供所需人力资源的人员，从而获得项目所需的人员，特别是稀缺或特殊人力资源。

（3）项目实施过程中管理变更，就费用、资源、进度、技术进行协商，并在必要时澄清项目的技术、质量和管理要求。

6.5.1　认识谈判

很难用一两句话准确、充分地表达谈判的全部内涵，因为谈判内容十分广泛、形式极其多样。我不想探讨关于谈判的所有知识，这方面的书籍很多。这里，仅就在项目中的实践话题进行讨论。

（1）谈判动机是满足某种利益。当自身无法满足所有需求，而需要他人的合作才能满足时，就要借助谈判来实现；而且，需求越强烈，谈判的要求越迫切。

（2）谈判是两方以上寻求建立或改善相互关系的交际行为。人类的一切活动都基于一定的社会关系，就商品交换活动而言，形式上是买卖双方的商品交换行为，实质上是人与人之间的关系，即是商品所有者和货币持有者之间的关系。谈判动机基于某种利益的满足，这就需要建立新的社会关系或巩固已有的社会关系。当然，并非所有谈判都能产生积极效果，失败的谈判可能会破坏良好的社会关系。

（3）谈判是一种行为协调过程。谈判的产生意味着某种需求需要满足、某个问题需要解决或某种关系出了问题。由于谈判各方的利益、思维、行为方式乃至文化不同，一定存在某种程度的冲突，因而谈判过程是一种行为协调过程。解决问题、协调矛盾，不能一蹴而就，需要一个过程。这个过程往往不是一次，而是随着新问题、新矛盾的出现而不断重复，意味着社会关系需要不断协调。

6.5.2　谈判的准备

预则立，不预则废。一个谈判高手都会花费比谈判本身更多的时间来进行周密而精心的准备。当然，准备到何种程度应依据谈判类型、对象、重要性来决定。

1. 针对不同谈判类型制定不同的谈判思路

不同类型谈判，应采用的策略也不尽相同。

（1）单一型谈判要找准自己的"底线"。单一型谈判的主题只有一个，双方围绕一个能共同调节的"变量值"进行协商。例如，双方只针对价格进行谈判，对价格来说双方均有可调节的变量，否则谈判将难以进行下去。卖方期望越高越好，买方则期望越低越好。这种差异只能通过谈判来调节，以取得双方都能接受的水平。

对于单一型谈判，通常做法是双方都会内定自己所能接受的"临界值"，尽量争取好的结果，如果超过这一"临界值"，谈判将难成功。单一型谈判具有较高的冲突性。

（2）统筹型谈判的关键是要区分好想要的和需要的。统筹型谈判的主题由多个议题构成。

> 甲方要求合同价格不高于30万元，而乙方则坚持不低于35万元；甲方要求6个月完成项目验收，而乙方则只能提供9个月的工期。但就一个指标双方很难达成协议，此时用统筹型谈判就有可能达成。甲方接受33万元的成交价，换取乙方接受7个月的工期——双方彼此妥协。

统筹型谈判的关键是要区分好想要的和需要的，通过牺牲部分想要的来维护好自己需要的，在一个问题上坚持自己的利益而在另一个问题上则接受妥协。项目中，统筹型谈判是项目中最常见的谈判类型。

2. 收集谈判信息，做到知己知彼

谈判前不仅要区分好想要的和需要的，还需要收集相关资料、分析对方处境和策略，准备得越多，胜算可能性就越大。

（1）收集信息。对一个谈判者来说，肯定是信息越多越有利。如果能收集到与某项谈判有关的信息，这就等于在谈判开始之前就比对手领先了一步。

（2）分析对方。收集信息后，还要分析对方处境和策略。将我方策略和对

方策略进行对比匹配，就可以掌握更多的谈判胜机。知己知彼，才能百战不殆。

3．选择合适的谈判时间和地点

谈判时间与地点对谈判的进行和结果都有直接的影响。遗憾的是，很多人没有充分认识到这一点！很多成功的商务谈判、项目谈判、外贸谈判的双方都对时间和地点的选择十分重视。

> 美越战争，双方选择在法国巴黎进行和谈；朝鲜战争，中美双方在朝鲜三八线上的板门店举行谈判，谈判桌的放置，一半在三八线的左侧，一半在三八线的右侧；20 世纪 60 年代的中苏会谈，在各自代表的国家轮流进行；2018 年 6 月 12 日，金正恩和特朗普的会谈，在新加坡举行。

4．思考谈判过程

在谈判开始之前应对谈判过程进行周密的思考，尽可能想象一下谈判的所有场景。分析会有助于/阻碍谈判目标的各种行为。

6.5.3 谈判的过程

1．为谈判制造合适的气氛

谈判气氛可以让谈判者感受到对方谈判者的气质、个性、态度以及谈判方针。谈判气氛是在谈判初始，由双方的相互介绍、寒暄形成的，随着谈判进展而变化，会对谈判全过程乃至结果产生影响。因此，在开局阶段，谈判者的任务之一就是要建立一个合适氛围，为后续谈判打下良好基础。

> 2011 年 6 月，我参与评审某核电站项目的风险评估工作。在这次评审会议上，我认识了 A 公司的工程部总经理李某，鉴于这次会议的正式性，作为专家学者身份的我语言较为正式。晚上聚餐，认识了该公司质量部总经理夏总，席间气氛轻松活跃，大家都较为随意。
>
> 时至今日，与李总的交往方式一直保持着正式、彬彬有礼的风格，而和夏总的交往却始终是轻松随意的。

鉴于此，谈判者不必急着切入正题，应学会"破冰"。不太熟识的人走到一起谈判，极易出现冷场和停顿，如谈判单刀直入正题，很容易增加"冰层"厚度。

一般说来，谈判在进入正题前，双方可以留出一定时间谈些轻松、非业务性的话题，如这段时间内的热点新闻、体育比赛等，这样能缓和气氛、缩短双方的心理距离。需要说明的是，这种闲聊并不是漫无目的瞎侃，中性话题为宜，且要有一定目的性，以引起对方关注。对此，在谈判前收集信息时，可以调查一下对手的性格、爱好等。这样可以激发对方谈话的兴奋点，使对方乐于和我方接触，甚至能使对方感觉双方志趣相投，拥有共同语言，这样有利于创造出一种融洽的气氛。

2．做好开场陈述，阐明己方原则

在营造了必要的氛围后，双方交换谈判意见，谈判正式开始。双方交换意见的好坏，决定着后续谈判能否顺利进行，因此，采取正确的交换意见策略十分必要。

谈判进入正轨后的双方应明确指出各自的需要、目标和原则。切记：这不是对立场而是对问题进行陈述。在阐述目标时不要遮掩隐瞒，更也不要东拉西扯、夸大其词，要实事求是、恰如其分。

开场陈述有两个目的，即陈述各方立场和探测对方意图。

一般来说，开场陈述有以下内容：己方对问题的理解、己方的利益、己方可做出让步的事项、己方的立场以及双方合作可能出现的机会和障碍等。

3．控制谈判节奏，实时调整谈判策略

谈判实质性阶段是双方根据对方的言行不断调整各自策略的过程，这个过程的实质是通过对交易条件的讨价还价，从分歧、对立、差距到协调一致，包括对谈判双方分歧的分析、施压和抵御压力、提出要求与让步、形成僵局和打破僵局等复杂内容，从而决定谈判的速决、拖延或破裂。该阶段把控如何，对能否达到预期目标，取得谈判的成功，起决定性作用。

4．谈判的收场

谈判的结束有两种可能，一种是谈判破裂；另一种是达成协议。

（1）理性应对谈判破裂。当谈判可能破裂时，主谈要充分注意谈判的气氛和可能的转机。当对方主谈宣布其最后立场和观点后，己方主谈人应设身处地为对方分析其立场的利弊。并言辞友好、态度诚恳，使对方感到己方诚意。尽管对方态度坚决，但如果对方十分谨慎的话会进一步考虑的。

一般情况下，应该回避以下语句。

> "行，我们就此结束。"
> "随便你，我们是不会改变立场的。"
> "你不谈，要走，我欢送。"

这类言辞听起来均带有情绪化，让人接受不了，只能加速谈判破裂的进程。相反，应积极分析对方已亮出的观点和立场，以下语句是推崇的。

> "这是我方的看法，贵方可以三思。"
> "如果贵方还有谈的可能，我们将愿意与贵方继续谈下去。"
> "我方的大门总是敞开着的，贵方什么时候有新想法，可以通过某某与我方联系。"
> "贵方目前的态度我方可以理解，也请贵方与领导汇报一下，若有什么新建议，我们将十分乐意听到。"

也可给对方一个释放肝火的机会，或给其一个台阶。实践证明，给对方台阶的做法对于那些以强硬语句相要挟的对手来说，往往可以获得更好的结果。相反，会导致假性破裂变成真性破裂。一旦进入真性破裂，关系就会更加紧张进而影响到未来交往，再想弥补也更加困难。

（2）确认达成协议、有礼有节。当谈判达成协议时，双方应及时握手以结束谈判。但在握手时，主谈人应对所有的达成一致的问题加以清理，以防止遗漏，为最后协议的签署做好准备。这时可以讲：

> "很高兴双方达成协议，使艰苦的洽谈得以结束。让我们双方清理

一下已达成的协议，以便形成文字。若有遗漏允许补充。"

"我们很高兴与贵方达成协议，我们将向上级汇报我们的洽谈结果，若有什么问题再商量，请贵方原谅。"

这样讲既能留有余地，又不失礼节。

最后，应将所有谈判的结果形成文字，可能的形式是合同文本、技术协议、谈判备忘录等，并约定好签约的时间和方式等具体操作性问题。

6.5.4 让谈判过程按预想发生

谈判是个技术活，更包含相当高的艺术成分。

1. 关注利益而非立场

关于本主题，请参见本书第 7.4.4 节，此处不再赘述。

2. 坚持客观标准

援引先例或惯例。谈判当事人越注重先例或惯例的作用，就越能从过去的经验中获得更多的方便和利益。而且，符合先例或惯例的协议，比较不易受到攻击和批评，因为一般来说，长期形成的管理方法有双方都认可的合理性。

利用客观模式。在谈判中，可以借双方都认可的客观模式去预测结果，这样能顺利调和双方分歧。

开发客观标准来解决分歧。在谈判中努力开发满足双方基本利益的客观标准，这样就能将谈判导向成功解决分歧的道路。

对事不对人，应将谈判应尽力集中在需要解决的问题上，把自己视为与其他人共同工作来解决问题，而不是对抗他人。谈判经典语录：对事要硬，对人要软。时刻提醒自己正在与具有自尊和情感的人打交道，关注沟通什么和如何沟通。

3. 仔细倾听

仔细倾听对方说话，尤其是领会隐藏的含义，密切注视对方的手势和姿态。简单记下谈话要点，以帮助日后回忆，把观点写在白纸上可能很有用。

寻找潜在的问题——不明显、未说出口的问题，找到这些问题往往能找到谈判的突破口。

4. 注意提问

提问可以弄清楚对手的观点，直接明了的提问有助于谈判者处理细节问题。如果每个人都能诚实地回答"你想从这次谈判中达到什么目的"这样的问题，不难想象谈判的进展会是怎样。

谈判中，有益的提问是引发信息和促进理解的有效途径。提问不应成为驾驭会谈或诱导某种答案的手段，提问也不应带有敌意。

5. 有助于谈判成功的技巧

当你做出让步时，要表现得好像你在让出某些有价值的东西，而不是简单放弃。一定要让双方都感觉自己赢了，不要让对方在离开时觉得自己被占了便宜。

此外，下列技巧也常被使用：红脸白脸、最后期限、不在现场、拖延、撤退、出人意料、公平合理、既成事实、权力有限等

6.5.5　案例：失败的冲突谈判

安涛（××项目经理）：高经理，你好。朱华熙刚刚路过并告诉我，你让他全职负责 ISO 审计的记录工作。那就意味着他不能为××项目完成制图工作了。

高语（技术协作部经理）：抱歉，安涛，我不能抽调朱华熙到你的项目上了。我需要最好的设计人员为 ISO 手册工作。章苹可以用，但你需要让她跟上你想要的进度。

安涛：章苹？你在开玩笑吧？我需要朱华熙来做这个项目。章苹仅入职两个月，她对××一无所知！我早该料到，你不会遵守你的承诺！你显然不知道这个项目是多么重要！

高语：是吗？我想起来了，章苹也不能用。你必须将××工作外包给一个当地的设计商。你要为此付费，但那是你的问题，不是我的。

安涛与高语之间的交流属于典型的基于立场的谈判，这导致了不明智的协议——如果××对于公司比ISO文档更重要，安排章莘承担这个项目的工作是不明智的，也无效率——显然这不是安涛与高语需要就×××制图工作进行的最后一次交谈。基于立场的谈判也大大伤害了双方的关系，经过这次交流安涛与高语的关系显然变得更糟了。

显然，安涛没有做到对事不对人。他对高语愤怒的话语激化了矛盾并且对推进谈判毫无益处。其实，她的批评实际上对她不利：高语变得更不配合，更不愿意给安涛资源。

安涛的立场是她希望朱华熙为她的项目工作。她的利益是把××项目的制图工作按时保质保量完成。高语的立场是朱华熙必须承担ISO文档工作。她的利益是保证ISO工作按时保质保量完成。关注两人的利益（包括在整个公司成功中共同但无法说清的利益）能够帮助安涛和高语达成共识。

安涛和高语都视野狭隘，没有围绕双方的利益进行讨论，在他们的交流中，可能的解决方案仅限于他们立场内部的资源安排。正如上述情景所描述的，这不会有成效。

如果谈判的一开始，有关各方就对什么会产生公平的解决方案达成共识，谈判就不再是意愿的较量。

安涛和高语也许同意一个公平的解决方案支持公司的战略计划，不损害顾客满意度，并且将满足员工发展和职业生活质量的要求。

第7章

跨文化项目团队的冲突管理

> 文化是在同一个环境中的人民所具有的共同的心理程序。
>
> ——霍夫斯坦德

在"互联网+"、大数据与人工智能的时代,跨组织、跨文化、跨专业的合作项目日益增多,文化冲突也随之而来,这给项目管理带来了新的要求和挑战。

7.1 文化冲突:日渐突出的项目失败因素

文化不是一种个体特征,而是具有相同社会经验、受过相同教育的许多人所共有的心理程序。不同的群体,不同的国家或地区的人们,这种共有的心理程序之所以会有差异,是因为他们向来受着不同的教育、有着不同的社会环境,从而也就有了不同的思维方式。

文化差异是指由于文化背景不同导致特定人群之间的价值评判标准和行为准则的不同,从而使他们对于特定事物具有不同的态度和行为。文化冲突是指不同形态的文化或者文化因素之间相互对立的过程。文化冲突是当文化差异未受到合理控制或管理时,所引起的以剧烈对抗形式表现出的文化摩擦。

跨组织、跨文化、跨专业的项目干系人,文化差异不可避免。虽然文化差异本身并不一定是负面的,但这种差异管理不善导致冲突则会对项目产生破坏性。

7.1.1 从霸道到普拉多

2003 年 12 月，一汽丰田销售公司在《汽车之友》做了一则广告（见图 7-1），一辆霸道汽车停在两只石狮子之前，一只石狮子抬起右爪做敬礼状，另一只石狮子向下俯首，背景为高楼大厦，配图广告语为"霸道，你不得不尊敬"。

图 7-1　霸道，你不得不尊敬

这个广告引起了极大质疑和愤怒。石狮在我国有着极其重要的象征意义，代表权力和尊严，丰田广告用石狮向霸道车敬礼、作揖，极不严肃。更有人将石狮联想到卢沟桥的狮子，并认为"霸道，你不得不尊敬"的广告语太过霸气、侮辱中国人感情，有商业征服之嫌，这则广告激起了中国人民的强烈反感，纷纷抵制丰田产品。很快，这则广告被另一张名为"霸道，不得不拿下"的图片（见图 7-2）淹没了①。

图 7-2　霸道，不得不拿下

---

① http://news.sina.com.cn/c/2003-12-03/11471246538s.shtml.

　　文化冲突导致了这一广告项目的失败，丰田最终不得不把这款车的中文名字改为普拉多。

7.1.2　明基与西门子的闪婚闪离

　　2005 年 6 月 8 日，明基宣布并购西门子手机业务。其中，西门子以倒贴的形式自掏腰包填补 5 亿欧元债务，并向明基提供 2.5 亿欧元的现金与服务，同时以 5 000 万欧元购入明基股份。

　　明基和西门子，两个品牌散发着截然不同的气质。这种不同特质，也许不是"姻缘"所需的充分理由。但是，不经意间，明基"享受快乐科技"的感性时尚与西门子理性严谨的本位思想擦出了"爱情火花"。

　　2007 年 3 月 21 日，明基宣布收购西门子手机失败，此项收购累计亏损 8 亿欧元。

　　西门子与明基之间的差异，在并购刚刚宣布时被称为"优势互补"，为何中西合璧最终以"闪离"宣告结束？

　　收购前准备不充分是一方面，但文化因素更为关键。中国文化属于感性的东方文化，德国文化属于理性的西方文化。理性的德国文化，反映在西门子的企业文化中就是其独特的管理制度、经营制度及强势的工会制度。德国人强调依法治理，注重制度规范，经营理念上注重质量，认为质量是成功的核心。文化整合是跨国并购完成后的首要任务，忽视文化认同的过失并购错过了最佳的文化整合期。

　　谈及失败原因，明基董事长施振荣的总结是"首先是没有考虑到跨国文化的冲击"。

　　在中国企业走出去的过程中，分析文化差异，提高管理者的跨文化意识和能力，通过有效沟通消除文化障碍，实现文化整合已成为当务之急。

　　随着世界经济一体化的推进，越来越多的企业在全球范围内利用资源、从事跨国的项目业务。跨国公司母国与东道国之间存在着文化差异，会使不同文化背景的管理者在各方面产生冲突，给不同文化背景的员工制造不可避免的麻烦。

如何实现不同文化的相互融合，实现不同文化背景的管理者与员工之间的高效沟通和有效合作，是跨国项目亟待解决的重要问题。

7.2　中西方文化的逻辑基础差异

中国人在漫长的历史长河中积累了独特的文化和处事逻辑，这就是基于具体情境利益权衡的辩证逻辑，这是中国人处事的智慧和文化之源①。

7.2.1　中国迫切需要被世界和中国人自己理解

已成为世界第二大经济体的中国迫切需要树立在世界上的大国形象，迫切需要使自己心目中的形象能够得到世界的认可。

随着中国经济的发展，中国海外投资额、产品进出口额、海外旅游人数等都在大幅上涨。不夸张地说，世界各国、各地都可能随时碰到中国人，会说中国话的越来越多，世界各大媒体上刊载的中国消息越来越多。

中国越来越广泛地接触、服务世界，世界却依然不理解中国。有一种说法："中国越推动，外界的反弹就越大；中国的投入越大，外界的阻力就越大；中国的努力越大，国家形象就越差。"对此，我不完全认同。但是，也不可否认，中国人在世界上的形象与自己的期望值仍有很大差距。更有甚者，中国人中也有相当多人并不理解中国人。在社会上一方面按照中国式方式行事，另一方面又在批评、嘲讽自己的中国人并不鲜见。这种不被别人理解甚至不被自己人理解的问题已成为中国发展和稳定的障碍。

中国企业走了出去，中外合作的项目已经极为常见和普遍，游离于中西方管理文化之间的项目管理者深刻体会到了文化差异造成的困惑和痛苦。

中国每年有数万人去欧美学习，在中国的高级酒店里大多会有 HBO、NHK、BBC 等电视频道。很多外国朋友也常在家里挂上中国画，学习太极拳，还时不时引用孔子和老子等先贤们的教诲。但是，这些文化交流大多是在社会层面上

---

① 丁荣贵. 项目治理：实现可控的创新[M]. 2 版.北京：中国电力出版社，2017.

的，而不是面向商务和管理需要的。中国高校的 MBA、EMBA 课程是基于西方管理思想和方法的，这有利于我们了解西方的管理风格。但是，了解中国商业和管理文化的西方管理人员却为数不多。那些刊发在媒体和学术期刊上的关于中国的文章时常将读者引入误区。这种中西方商业和管理文化理解上的失衡不利于彼此在商业和管理上的合作或竞争。

文化的差异是客观的，文化的好坏却是主观的。就像美食的评价标准离不开厨师和食客的文化背景一样，管理也与管理者和被管理者的文化背景密切相关。

> 中国美食的代表是饺子，西方快餐的典型是比萨，这两者的差异在某种程度上可以代表中西方文化的不同。比萨将所有的美味放在外边，绚丽的色彩、诱人的香味等热切地、赤裸裸地向食客展示自己的魅力。饺子则将所有的美味隐藏在色彩单调、淡而无味的面皮之内，你不咬破它不仅不能尝到它的味道，甚至根本看不出它的内容，"露馅"在中国文化中向来是失败的前兆。

> 有的人喜欢吃饺子，有的人喜欢吃比萨，本来可以相安无事，但现在社会的发展经常需要包饺子的人和烤比萨的人一起创造一些新的美食。

很多西方人将孔子和老子思想当作中国文化的典型。然而，孔子和老子是轻视商业和竞争的，这些思想对于商业管理过于间接，用这些思想解决商业管理问题就像用大炮打蚊子。孔子讲述仁爱、老子讲究"不争"；但《孙子兵法》的开篇就点明"兵者，诡道也"，通篇讲述如何竞争。以孔子和老子的思想来用兵不合适，以孙子的思想来治学和修身养性也不合适。孔子学院可以传递中国的儒家文化，但还没有解释清楚中国人的管理和商业智慧。

发展中的中国需要了解世界，世界的发展也需要了解中国，中国需要被世界了解。作为拥有世界最多人口的第二大经济体，中国为世界提供了诱人的市场和发展机会，多数国家和企业的战略发展希望将中国包括在内。"丝绸之路经济带"和"海上丝绸之路"的发展路径越发明晰，中国在世界舞台上扮演的角色亦越来越重要和丰富。

中国和世界需要彼此了解，才能合作共赢。即使是竞争，也需要知己知彼，才能百战不殆。要理解中国人，需要从理解中国的文化和思维逻辑开始，只有这样，才能了解中国人的行事方式，也才能避免这些理解建立在对零散项目的体验上。

7.2.2 基于情势与利益判断的中国式辩证逻辑

西方逻辑的基础是形式逻辑，亚里士多德的工具论是形式逻辑发展的基础。形式逻辑的核心是三大定律：同一律、矛盾律和排中律，三大定律使数学成为精确的"神的教诲"，而精确的数学则是现代科技的基础。

形式逻辑的基础在于三大定律。

（1）同一律，即 A 就是 A，A 不是 B。

（2）矛盾律，即"A 是 B"与"A 不是 B"不能同时成立。

（3）排中律，即"A 是 B"这个陈述要么是对，要么是错，不会有第三种可能，对错不能同时存在，对错以外的第三种可能性也不存在。

形式逻辑是自然科学的基础，换句话说，一个陈述的对错与人的主观情感没有关系。

> 日本人小室直树撰写的《给讨厌数学的人》一书代表了很多西方人对中国式逻辑的认识。小室认为，中国人之所以在科学技术领域存在不足，其主要原因是中国缺乏科技的基础逻辑——形式逻辑。他认为，中国的逻辑是基于揣摩、臆测而巩固情谊的逻辑，其目的在于让别人接受自己的观点，而"绝对不是用逻辑把对方逼得走投无路"。

必须承认，小室的说法有一定道理，但他并没有说清中国式逻辑的根本特征。

中国是一个充满人情的社会，人们判断对错并非完全依赖于客观事实，而是根据情、理、法三者结合的独特思维，也就是基于对情势和利益综合权衡的判断性思维，这就是中国式逻辑。这种思维很多是考虑了人性，也许更接近于辩证思维。

辩证思维也有 3 种基本规律。

（1）对立统一规律，即任何事物都有对立的两个矛盾，这两种矛盾相互依存又相互斗争，它们共同促进事物的发展。

（2）量变质变规律，即量变发展到一定程度时，事物内部的主要矛盾运动形式发生了改变，进而会引发质变。

（3）否定之否定规律，即事物会在不断否定自己中成长。

如果说形式逻辑是基于自然界客观规律的，是科学技术的基础，那么辩证逻辑则是基于社会发展规律的，是社会管理发展的基础。

辩证思维并不是中国独有的，辩证法的三大规律就是黑格尔在《逻辑学》中首先阐述出来的，恩格斯则将它从《逻辑学》中总结和提炼出来。

但是，中国式思维与一般的辩证思维又不尽相同。为了解释社会现象，必然需要考虑人的因素。西方的辩证思维是将人作为一个整体看待的，他们的社会治理体现了整体的规则和公平，而不太考虑个体的特殊性；而中国式辩证思维是将人作为整体和个体来动态平衡对待的。因此，尽管西方人和中国人都提倡法律面前人人平等，但中国更强调人情，强调个人的特殊性，强调具体问题具体分析，强调公平性的主观感知而不是客观评价。中国式的辩证思维是根据情势而定的逻辑思维，是一种根据特定情境和态势下对 A、B 两种对立矛盾立场之间的利益权衡而做出取舍判断的逻辑。中国式辩证逻辑充满弹性，体现在充满了变化；因而从表面上看，中国人缺乏逻辑或者逻辑混乱。

正因为在辩证思维中加入了人的判断这一变量，使中国式辩证思维变得丰富多彩，也更加扑朔迷离。更麻烦的是，这种基于情势的个性化判断会因判定者的心境而异。这些变数造成的逻辑过程不但外国人难以理解，中国人自己也容易出现逻辑和行为准则混乱，给人造成"言行不一""口是心非""阳奉阴违""上有政策下有对策""马列主义都是针对别人的"等印象！

《论语》是中国人最推崇的经典，书中记载了孔子在特定场合和语境下与其弟子的问答。但后人却不顾当时的语境，盲目将孔子的这些判断作为永恒的人生指南，常常会出现用孔子的一种观点来攻击孔子的另一种观点的情况。

中国人既相信"凡事预则立，不预则废"，又相信"车到山前必有路，船到桥头自然直"；既认为"好马不吃回头草"，又认为"浪子回头金不换"；既提倡"疑人不用，用人不疑"，又提倡"害人之心不可有，防人之心不可无"。

这些原因都在于中国式辩证逻辑并非基于事物发展的根本规律，而更多的是基于对具体情势和利益的个性化判断。

7.3 文化差异面面观

逻辑基础的差异，也形成了不同的国家或地区的不同文化，不同的文化特征决定了员工不同的思维方式和行为模式。在中外国际项目团队中，文化差异的存在，导致中外双方在管理问题上存在许多误解和冲突[①]。

文化差异使得国际项目和跨国企业的管理变得更为复杂，同时也使决策制定、决策实施和统一行动变得更加困难。

7.3.1 管理与决策

我国属于强调集体主义的国家，在决策问题上，我国的管理者倾向于集体决策且看重决策的一致性，这样可以避免由于错误的决策而承担责任，其结果是决策时间较长，经常要经过多次会议/讨论才能确定方案。西方文化崇尚个人主义，管理决策主体倾向于人尽其责、在权力范围内独立自主地做出决策，他们敢于承担责任，决策迅速。

在权力距离方面，中国属于高权力距离国家，员工通常不愿卷入同事间的激烈竞争，更不会直接对上级提出反对意见，一般是绝对服从上级。西方人的权力距离较低，经理希望员工能参与到组织决策中去，注重清晰的文化传统和直言不讳的表达方式。

克劳恩特公司是一家中荷合资的高科技光通信设备供应商。2007年，公司总部来的荷兰人布拉姆（Bram）任总经理，两名副总经理是中国人。布拉姆先生年近花甲，但身心爽健，充满自信。有28年管理光通信设备公司的管理经验，对克劳恩特公司的成功胸有成竹。

布拉姆先生试图建立一套分层管理制度：总经理只管两个副总经

---

① 孙涛，高航，丁荣贵，等. 网络时代的项目治理[M]. 北京：机械工业出版社，2015.

理，下面再一层管一层。但他不知道，在中国这套制度的执行需要上下级间的心灵沟通与相互间的了解和信任。对于中国市场，特别是中国特色的市场营销方式，布拉姆先生不屑一顾。他将有关市场业务事宜都授权给一位中方副总经理，但他和那位副总经理的关系并没有"铁"到副总经理为他玩命干的程度。

由于缺乏对中国文化足够的理解，布拉姆先生未能及时地进行文化方面的调整，仍然采用他在荷兰所使用的领导方法，最终导致了许多问题。

权力距离是用来表示人们对组织中权力分配不平等情况的接受程度，权力距离有大小之分，表 7-1 给出了权力距离大小及其文化特征。

表 7-1　权力距离大小及其文化特征

	权力距离"大"的文化特征	权力距离"小"的文化特征
对权力的认识	权力是超越善恶的基本事实，与合法性无关	运用权力是合法的，并受到善意判断的制约
对等级制度的态度	等级是实际的不平等；掌权者享有特权；权力所有者和不占有权力的人之间存在潜在的冲突	每个人应有同等的权力；等级是为了便利而建立的不同角色；有权与无权之间存在着潜在的和谐
对等级顺序的态度	等级顺序严格，权力所有者应该最大程度地表现权力	等级差别应该减少到最低程度；有权力地位的人应该尽量造成这样的权力印象，即比他们实际上所拥有的权力要小
对他人的信任度	他人是对权力的潜在威胁，几乎不能信任	处于不同权力地位的人相互信任，很少感到威胁
对非权力合作的态度	基于对他人的不信任，认为非权力合作难以达到	以团结为基本
改变社会制度的方法	推翻掌权者	重新分配权力

在"权力距离较大"的中国，人们交流常常伴随着说"是"，这使得布拉姆产生了巨大的误解，认为中国员工缺少主见，而中国员工则认为直来直去的交流方式缺少礼貌。西方式的交流并不利于中国式人际关系的建立。

在人际关系方面，中国员工倾向于一种长期的、互惠式的人际关系，因为这种人际关系能够使群体内部成员和谐共处。中国企业中管理者与员工的关系常以两种方式存在，即上下级关系和朋友关系。上下级的关系使得下级必须去执行上级吩咐，朋友式关系使得下属不好意思不去完成工作。这与西方文化注重短期效果与契约式关系的方式大为不同，这种差异导致了布拉姆先生的巨大困惑。

中国员工在进行群体决策时，一般很少发言，因为人们有意回避此后可能出现的相关责任甚至秋后算账。西方文化决定了他们在决策过程中积极参与并马上执行。这使得布拉姆大为恼火并深为不解。

由于交流、激励、决策与群体意识之间的关系非常密切，这些相互联系的不同方面造成了布拉姆和中国团队的冲突不断。14个月后，布拉姆先生被集团董事会正式辞退，失望地结束了自己在中国的职业生涯。

7.3.2　激励机制

最优的战略、最优的组织设计都不能保证国际项目在激烈的竞争中成功。跨国、跨文化项目团队的管理者还必须懂得怎样激励来自不同文化背景且对工作怀有不同期望的各国员工，因为一个行之有效的激励机制会为项目和企业的成功奠定坚实的基础。

激励机制的建立和实施与人们的文化背景是密不可分的。在跨国、跨文化项目团队中，文化对激励机制的建立和实施有很大的影响，同样的激励机制对中国员工和来自西方的员工产生的效果极为不同。

中国员工赞成将收入分享的观点，中国的管理者希望在公司内部协调，维持公司员工间的平衡；而西方管理者强调个人的行为，认为表现好的员工应有较高的报酬，这是被美国员工所广为接受的。

IBM 日本总部曾发生过一个著名的"东京事件"，起因是 IBM 东京公司高层决定秘密重奖几位工作出色的业务骨干。这件事本来是机密，在美国 IBM 本部也是一种例行的激励手段，但让管理层意想不到的是，领奖的几个人刚走不久，一些没有得到奖励的人就跑来要求辞职。他们这么做倒不是闹情绪，原因很简单——别人被重奖而自己没有得到奖励，这证明自己工作成绩不突出，得不到领导认可，继续"混"下去没劲，还不如自己知趣点，主动申请走人，免得日后被老板裁掉，那将多尴尬。

令管理层更想不到的是，等这些人刚走，那些受到奖励的人也跑来要求辞职！原因更简单——由于自己被老板重奖，这害得同事们丢了饭碗，而同事因此辞职又害得公司工作陷入了被动。所以，自己既对不起同事也对不起公司，只好引咎辞职，以谢同事和公司。

"IBM 东京事件"让我们至少感受到了两个层面的认同状态。

一是员工之间彼此负责、休戚与共，体现出了一种高度的认同感，并且这些员工处处善意、主动理解组织，因为给组织添了一点儿麻烦而深感自责，以致引咎辞职。对于任何一个组织来说，这样高度认同、高度自觉、高度负责的员工求之不得。我们相信 IBM 东京公司管理层做出重奖少数"功臣"的决定时，肯定没有想到会挤走这些多数的"群众"。

二是组织与员工之间存在着很大的认知问题，IBM"下嫁"东京时根本就没有完成文化上的嫁接，管理层没有真正深入员工内心，更没有理解日本企业员工相互认同的程度，结果生搬硬套在美国例行的激励机制，使一件好事变成了坏事，因不知缘而丧失已有的缘分。

> 在决定认可与奖励时，应考虑文化差异。
> ——《PMBOK®指南》(第 6 版)

西方人往往重视成就感和自我价值的实现，而在中国，成就感对大多数人来说并不是主导需求。我们的激励机制以稳定为基础，甚至有时精神鼓励比物质刺激更能激发员工的创造力和对组织的忠诚，这对西方人来说是难以理解的。

因此，让中西方员工同时接受同一种激励方式并非易事。

　　30 多年前，京瓷的一家美国工厂聘用了一位美国人当社长，起初两年企业亏损，第三年转为盈利。领导准备像日本企业一样，发一个月的奖金，因为美国企业没有这种习惯，于是同这位社长商量。这位社长听完领导说的话，非常惊奇："这怎么行！一个月的奖金？没有一个员工有这种期待。"但下面的话就让领导更吃惊了："三年来之所以扭亏为盈，是社长我努力的结果，这是我的功劳。你既然愿意给所有的员工发一个月的奖金，其中一大半应该给我，我有这个权利。"

　　对这位社长，领导没有答应他的要求，而是反驳说："美国或许是这样，但我却不这样想。对你的要求我不打算满足，我认为领导人为了团体的利益应该不惜自我牺牲。牺牲团队的利益来满足个人的利益，这样的领导人与我要求的理想的领导人正好相反。"这位社长不能理解京瓷的哲学，最终还是辞职了。

　　美国社长完全按照美国企业的奖励制度和习惯来思考问题，强调个人利益的满足和实现，而京瓷这家工厂的领导也致力于推行自己的文化，强调团体利益的实现。

文化是一群人的习惯。到别的国家首先要"入邦问法"，一个企业到别的国家首先要了解这个国家的文化。IBM 是没有"入邦问法"，而京瓷是"明知邦有法"也要推行自己的文化。

在跨国项目团队中，尤其是文化差异较大的团队中，激励多元文化的员工是件非常棘手的事情。

7.3.3　人际关系

中国的传统文化特别强调人际关系的和谐，认为一种长期的人际关系可以使内部成员之间更加和谐地相处。因此，管理者与雇员之间的关系常常是两种方式并存，即工作中的上下级关系和生活中的朋友关系。这些关系是在长期交往中相互信任的基础上建立起来的。西方文化大多注重短期效果和契约关系，虽然上司与下属之间较容易沟通，但除了工作关系以外，他们之间很少有其他的关系在里面。

中国的人际关系常常令西方人困惑，他们认为中国社会像一张无边无际的网，每个人好像生活在错综复杂的关系中，要构筑这样一张网对西方人而言简直不可想象。

国人长期受中国传统文化的影响，处事都要求"给面子"，通过面子可以维持和谐与平衡；西方人完全不理解什么叫"面子"！西方管理者在中国若对此不屑的话，会在不经意间引发冲突。

电影《手机》里有这样一组镜头，严守一在河南老家的砖头哥宴请费墨教授和沈雪，砖头哥劝酒费墨教授，这番对话如下：

砖头哥："来这儿俺是守一他哥，在北京你是他哥。"

费墨："对，对……心意我领了，从来不喝，咱们以茶代酒！"

砖头哥："你要是不喝，俺这个脸算是掉地下了！"

严守一："哥，俺替他喝。"

砖头哥："去！你算个啥？"

沈雪："哥，费老真的不会喝酒。俺替他喝，中不？"

砖头哥："吆～～妹子这一喝，俺这个脸算是拾起来了。"

沈雪连喝三杯，喝不下去还要坚持……

费墨："不能喝就不要逞强嘛！"

沈雪："这酒我得喝，喝下去了咱北京人的脸不就捡起来了吗？"

在中国文化和社会关系中，常用"脸"或"面子"来解释和调解社会行为。不管一个人是富有还是贫穷，是"上等人"还是"下等人"，"面子"总归是要有的。"面子"在中国人心目中，往往代表一种声望、地位，是通过成功和炫耀而获得的。中国人在社会交往中往往讲究"赏脸"，尽量避免"丢脸"，要"给面子"和"顾全面子"。

> 中国人的脸，不但可以洗，可以刮，并且可以丢，可以赏，可以留。
>
> ——林语堂（《脸与法治》）

在西方文化中，礼貌是和面子联系在一起的，分为消极面子和积极面子。消极面子是指不希望别人强加于自己，自己的行为不受别人的干涉、阻碍；积极面子是指希望得到别人的赞同、喜爱。西方国家的"面子"概念，是个人行动的自由和个人愿望的满足，代表的是以个人为中心的社会价值。

中国人的面子，强调人们依赖社会对其社会地位和声誉的认同和社会对其需求的认可，相对而言，中国人的面子并不包含"消极面子"的元素。例如，中国人待人热情所表现出的关心、体贴和好客，如宴请中的劝吃，实有勉强对方、妨碍对方个人自由之嫌，根据西方文化中的"面子观"，这实际上是威胁了对方的消极面子。西方文化中更重视"隐私"，"privacy"一词就是用来描述这种典型社会需求的。

7.3.4　沟通

随着跨国、跨文化项目的日益增多，文化沟通已成为必须要做的事，很显然，此类项目的高效管理离不开有效的文化沟通。对于跨国、跨文化项目团队而言，管理者和员工面对的是具有不同文化背景、语言、价值观、心态和行为的合作者，管理是在不同文化之间的沟通和交流的基础上进行的。与一般意义上的沟通相比，文化沟通难度更大，技巧性更强，沟通不当轻则造成沟通无效、闹笑话，重则造成误解或关系恶化。表 7-2 对中美文化在沟通上的差异进行了对比。

表 7-2　中美文化在沟通上的差异[①]

序　号	美　国	中　国
1	注重事	注重人
2	注重合作	注重等级
3	行事主动	行事被动
4	交流直接公开	交流间接委婉

---

① 林新奇. 国际人力资源管理[M]. 上海：复旦大学出版社，2004.

续表

序　号	美　国	中　国
5	教导式	学习式（请教式）
6	注重结果	注重过程
7	注重具体事项的一致	注重和谐的气氛
8	注重收益	注重给予与获得的平衡

无论是项目管理者还是项目团队成员，都必须了解跨国、跨文化项目团队中文化的多样性和冲突产生的背景，加强自身学习，掌握文化沟通技巧，有效处理由文化差异所导致的冲突，以实现文化沟通的有效性。

与跨文化项目团队的中方人员打交道时常会存在"语言障碍"。这些人员一般使用 3 种语言。第一种是汉语，第二种是汉语当中夹杂英语，这两种语言基本上还可以让其他人员明白。第三种是汉语夹杂英语和设备型号等专业外语。上述 3 种语言共存，没有专业背景、甚至英语水平不高的人，是很难和他们进行沟通的。

汉语语义本身较为复杂，使用不当极易产生沟通障碍。这是上下级的一番对话。

> 领导：你这是什么意思？
>
> 小明：没什么意思，意思意思。
>
> 领导：你这就不够意思了。
>
> 小明：小意思，小意思。
>
> 领导：你这人真有意思。
>
> 小明：其实也没有别的意思。
>
> 领导：没别的意思是啥意思？
>
> 小明：我的意思——你懂我的意思的！
>
> 领导：那我就不好意思了。
>
> 小明：是我不好意思。

面对这番对话，没有中国文化背景的普通美国人将彻底晕倒。如果改用下面的表述也许就会好些。

领导：你送这个礼物是干什么？

小明：送给你没什么意图，就是表达一下对你的感谢。

领导：你这就太客气了。

小明：小礼物，不成敬意。

领导：你这人真不错。

小明：其实也没有别的要求。

领导：那我就不客气了。

小明：我觉得礼物轻了。

7.4　管理并化解文化冲突

文化冲突在跨国、跨文化项目团队的各个层面都有可能发生，引起冲突的原因也是多方面的，必须管理并有效化解文化冲突。

7.4.1　规避显性的文化冲突

跨国、跨文化项目组织中最常见和最公开化的文化冲突就是显性文化冲突，即来自行为双方的象征符号系统之间的差异，也就是我们通常所说的由表达方式所含的意义不同而引起的冲突。这些表达方式通常是通过语言、神态、手势、表情和举止等表现出来的，对来自不同文化背景的人而言，相同的文化符号所象征的意义很有可能完全不同。中西方员工受风俗习惯、教育程度的影响，在不同的文化背景下，相同的表达方式常常代表不同的含义，沟通的双方容易因误解而产生冲突①。

西方人的沟通习惯是"结论先行"，也就是先说结果再说原因，中国人的习惯刚好相反。

一个美国人给中国人写信，中国人一开始看信就感到心中不悦，

① 牛利芳. 国际项目团队中的文化冲突管理研究[D] .成都：西华大学，2008.

因为美国人在信的开头，将自己的要求放在最前面，开门见山，后面才讲些客套话。而美国人看中国人的信，常越看越糊涂，不知道对方要说什么问题，因为中国人直到信的末尾才用几句话说明自己的问题，前面说的都是客套话。

一位在中国多年的美国朋友，给大家介绍中美文化差异时讲了一个故事一直让我记忆犹新：有一位小朋友在上学的路上救了一位落水的同学，到学校后不但被学校表扬，而且被评为见义勇为小英雄。接下来的故事就发生在中国老师和美国老师给家长打电话的差别上。中国老师会这样打电话。

中国老师：喂？您好，请问是小明的家长吗？

孩子家长：是啊。

中国老师：我是他的老师，今天早上你家孩子在上学的路上，路过了一条河……

孩子家长：然后呢？

中国老师：河水非常湍急，这个时候他的一个小伙伴一不小心就掉到河里去了……

孩子家长：然后我家孩子怎么样？

中国老师：他非常勇敢。跳到河里去救他的小伙伴……

孩子家长：然后呢？

中国老师：然后他顺利地把小伙伴救了上来，学校评他为见义勇为小英雄，所以今天打电话是想恭喜您一下。

相信这个接电话的家长已经被吓得完全疯掉了。那美国老师会怎样打电话呢？

美国老师：喂？您好，请问是小明的家长吗？

孩子家长：是啊。

美国老师：我是他的老师，今天打电话是想恭喜您，小明在学校里被评为见义勇为小英雄……

显性文化冲突一般可以通过培训和跨文化交流进行消除。双方互相了解对方的文化背景、语言、生活习惯后，差异和冲突比较容易得到融合和消除。

　　一次在孟买的培训课堂上，坐在最前排的一个印度员工在上课时一直很有节奏地摇着脑袋，开始讲师以为他不同意他的观点，可他发言时表达的想法和讲师的完全一致，然后继续有节奏地摇头。原来在印度，如果是有节奏地、缓慢地向两边摆动脑袋是表示同意你的观点，如果不同意，他们会较急促、用力地摇头，动作是不一样的。

7.4.2　认可隐性的制度文化冲突

跨国、跨文化项目团队中的成员有可能来自世界任何一个国家，每个国家的法律环境和社会环境往往存在很大差异。国际惯例虽然可以起到一定的调和作用，但是对于任何一个跨国、跨文化项目团队来说，确定一套让所有成员满意的管理制度并非易事。

一般来说，来自西方发达国家的人员，他们习惯于在法律比较完善的环境中开展经营和管理活动，他们会用法律条文作为自己日常行为的准则，并以此决定哪些行为可为、哪些行为不可为，他们的管理理念倾向于"硬性"管理，强调"事重于人"，依靠严密的组织结构和严格的规章制度对员工工作行为进行强制性规范和约束，无论是谁，无论何种原因，违反了企业的规章制度都将受到惩罚。

中国人习惯于按上级行政管理机构的指令、条文和文件办事，这些指令、条文和文件随着发布系统的主管人员对形势判断而改变，他们的管理理念倾向于"弹性"管理，强调"人重于事"。虽然企业也制定有很多的规章制度，但在具体执行的过程中往往会根据实际情况做出灵活处理。

由于中西方文化的差异，各方行为的标准和依据不同，冲突在所难免。这些冲突看似是由制度决定的，事实上它是与更深层次的文化冲突相关的，要解决这些制度上的文化冲突，最好的办法就是从更深的层次着手，例如从变革管理理念和管理哲学开始。

7.4.3　尊重对方不同价值观

不同文化背景决定了管理者在价值观方面的差异，价值观决定了态度，而态度会直接影响行为。在不同的价值观支配下，跨文化沟通的双方往往会对同一问题做出不同的判断，从而产生冲突。在跨国、跨文化项目团队中，文化冲突最集中地反映在个人价值观上。价值观的差异主要体现在宗教信仰、风俗习惯、时间观念、自我观念和成就观念等几个方面。

宗教和信仰凝聚着一个民族的历史和文化，不同的宗教有不同的倾向和禁忌，影响着人们认识事物的方式、行为准则和价值观念。对于国际项目团队成员而言，只有很好地理解和面对文化差异才能成功地跨越文化界限[①]。

> 天津某鞋厂生产的布鞋在欧洲、非洲等海外市场受到欢迎，正当鞋厂打算继续扩大在中东地区的国际市场时却遭到了意外的挫折，一向与中国政府友好的埃及突然宣布没收该厂生产的女式布鞋。原因是鞋底防滑纹很像阿拉伯文中的"真主"字样，这严重地冒犯了穆斯林的忌讳。宗教的力量和信徒的抗议使该厂在中东市场举步维艰。

不同的国家、地区或民族由于受传统文化的影响，形成了各自独特的风俗习惯，如各国在对人的称呼方面存在着很大的习俗差异。

> 美国人不重视"地位"，尤其是社会地位，大多数美国人都不愿意自己因年龄或社会地位的关系而特别受人尊敬，这样会令他们觉得不自在，许多美国人甚至觉得"先生""太太""小姐"的称呼太客套了。而在德国、日本、中国等大多数国家，人们很少直呼其名，有的地方喜欢用尊敬的头衔称呼对方，比如日本就喜欢用接尾语作为一种礼貌的方式。

对于时间观念，东西方文化也存在很大差异。欧美人具有很强的时间观念，非常重视和计较人们对待时间的态度，美国就首先提出了"时间就是金钱"的思想。而在一些经济相对落后的国家，往往不把时间看得很重，对于不守时最

---

① 李凯. 项目管理中跨文化沟通管理研究[J]. 企业导报，2011（16）.

多认为是不太礼貌的行为。

西方文化的成就观重视创新、注重务实、看重效率，是一种创业型的观念，他们注重个人的自我表现和个人目标与价值的自我实现；而中国文化中的成就观侧重于人情和义气，是一种守业型的观念，他们注重的是集体主义精神。

在自我观念方面，在中国、日本、韩国等亚洲国家，集体主义倾向比较明显，工作时首先考虑的是大集体；而美国等西方国家的人有强烈的个人主义倾向，与他们谈集体主义只会让他们感到困惑。

在所有的文化差异和文化冲突中，价值观上的差异和冲突对于企业或项目的影响很难直观地表现出来，但它所造成的后果却往往非常严重且难以消除。因此，跨国、跨文化项目团队中的管理者绝不能视自己的文化价值体系为最优越的，不能坚持用以自我为中心的管理观对待与自己不同文化价值体系的团队成员，否则会导致项目管理的失败。

7.4.4　关注利益而非立场

备受关注的国美之争，最后以黄光裕和陈晓相互达成谅解，邹晓春和黄燕虹进入国美董事会为结果落幕。关于此次达成的谅解备忘录，黄光裕方面表示：这将有利于公司治理结构的完善，有利于国美电器长期稳定健康发展，这是一个良好的开端。

显然，这对国美绝对是一个利好的消息！究竟是谁化解了这场冲突，为什么经过几轮"拉锯战"双方最终走向握手言和呢？

开战之初，双方都言辞激烈，表示要"置对方于死地""不是你死就是我亡"。这是典型的就立场进行谈判。黄的立场：老板哪能接受你职业经理人的威胁与挑衅，我要拥有绝对控制权！陈的立场：你不仁我不义，国美也是我们的！

必须说明的是，冲突发生时就立场进行谈判是冲突管理大忌，这将导致输赢局面（零和游戏），最终看谁有更多权力与资源。拆分国美或者陈晓团队立刻下台，对国美肯定不是好的选择。个中利弊双方都明白，关键是没有放弃各自立场。

利益是一个人真正在乎的东西，立场是一个人对特定问题的看法。有效地解决冲突，必须关注利益而非立场。基于立场是评判对与错，基于利益是考虑得与失。

对与错对于事情本身和双方而言并没有实际意义，正如黑格尔所说：存在即合理。基于利益是考虑得与失，即零和竞赛还是共赢的问题。如果要零和将导致冲突升级，你死我活、斗争到底。关注利益会促使人们提出双赢策略，即我需要的是什么、你需要的是什么，如何实现某种程度上的共赢。这就需要拿出诚意，并妥善处理自己的负面情绪，冷静公正、不偏不倚，交换双方的立场，创造轻松的气氛，给双方有台阶可下。

最终，利益还是最重要的。经过几个轮回较量与冷静思考，黄光裕和陈晓双方终于回到了正确的路上。

7.5 案例：中铁建沙特麦加轻轨项目的警示[①]

2009 年 2 月，中国铁建正式获得沙特麦加轻轨项目，合同约定轻轨于次年 11 月开通运营。这是沙特国内 50 年来第一个轻轨项目，线路起点为麦加禁寺，途经米纳、穆茨达里，终点为阿拉法特山，建成后麦加至麦地那两座圣城间的路程用时缩短为半小时。麦加至麦地那的路是全世界穆斯林朝觐之路，中国铁建对此十分重视。

2010 年 9 月 23 日，麦加轻轨铁路全线铺通。一个月后，中国铁建发布消息称由于各种原因沙特麦加轻轨项目实际亏损 41.53 亿元[②]。

造成中铁建沙特麦加轻轨项目出现问题的原因是多方面的，主要原因如下。

（1）把一个商业项目当成了政治任务。

（2）对 EPC（Engineering Procurement Construction）+O&M（Operation &

---

① 孙涛，高航，丁荣贵. 网络时代的项目治理[M]. 北京：机械工业出版社，2015.

② http://finance.qq.com/a/20110629/000323.htm.

Maintenance）项目的理解和掌控能力欠缺。

（3）对项目的变更和风险没有认真评估，在合同或 FIDIC 条款规定的期限内索赔失效。

（4）对中东地区的文化了解不够，低估了文化冲突给项目实施带来的难度。

这里，仅就文化冲突对该项目的影响进行探讨。

7.5.1　语言沟通障碍

了解一个国家文化的第一步是掌握该国的语言，语言上的沟通障碍表现得更鲜明、更直接，而非语言沟通障碍表现得更委婉，更复杂，覆盖面更广。

麦加的母语为阿拉伯语，80%的商务人士可以熟练用英语交流，但大多数人只会讲阿拉伯语。而中铁建派过去的项目组成员除少数可以用英语进行交流，大多数仅会讲汉语。虽经过短暂的培训，但效果不佳。中铁建在国内紧急招募的阿拉伯语翻译，也只能在语言符号上对应，一方面他们的项目知识本身不足，更重要的方面是对当地风俗习惯的了解不够，这恰恰是文化冲突的导火线。

麦加当地人常说"IBM"，这是阿拉伯语 3 个词语的缩写：I 的意思是"神的意志"，B 的意思是"明天再说"，M 意思是"没关系，别介意"。还有一个当地人的习惯用词语——"但愿吧"。

这种词汇直译过来毫无意义，中国人所认同的"明天再说"是指今天事情谈到某种程度了明天接着谈，甚至于谈到某种结果为止。"今天"与"明天"有时间和事件上的连续性。但阿拉伯人所指的"明天再说"并不具备这种连续性，明天是否会面、是否继续讨论，都未可知。换句话讲，他们的"明天再说"只是一句口头语，并不代表任何实质的含义，更不是允诺。

"但愿吧"亦如此。如果阿拉伯人不想给予正面的回复，就会说"但愿吧"。对于已经谈好的事情，他们如果改变主意就推说是"神的意志"。

这些都是他们独特的文化，但这些都给双方造成了严重的文化冲突。中方外派员工对当地人这种做法完全不能理解，认为他们习惯于推脱责任，工作消极。

7.5.2　非语言沟通障碍

> 在大多数情况下，同样的词或同样的概念，当处境不同的
> 人使用它时，就指很不相同的东西。
>
> ——卡尔·曼海姆

不同文化背景的人，对同一种事物、同一个事件，看法各不相同，这时常导致共同工作时的冲突。

中国人在与人交际时注重谦虚，受到赞扬后往往会自谦以示谦虚有礼，这是具有中国文化特色的礼貌现象。而麦加人在受到表扬时往往会欣然接受。面对同样的赞扬，麦加人会认为中国人的回应不诚实，中国人则常觉得麦加人过于自信张扬，不够谦虚。

一位中方员工本着友善的态度，礼貌性地问起对方家庭状况，并问及对方的家属及子女。这种对中国人而言纯属寒暄的正常社交，却引起了对方的误会与反感。

在沙特阿拉伯，女性社会地位比较低。询问别人太太的近况和嗜好等，是不允许的。沙特阿拉伯女性出门须戴面纱，不能给妇女拍照。在别人家做客，不能单独给女主人送礼，也忌送妇女图片及妇女形象的雕塑品。女性们很少在公共场所露面，也不工作，日常的活动就是到清真寺去做礼拜，即使是外国女性到沙特阿拉伯也必须穿长袍戴面纱。

文化和风俗习惯上的隔膜在中方员工与麦加员工之间产生了很多误解，造成工作氛围紧张，影响了工程的顺利进行。

7.5.3　价值观是一堵墙

价值观是人们关于是非对错的基本评价体系，也是文化的深层体现。每个人都有自己独特的价值观。价值观决定了人们的行为准则，相同的价值观是企

业文化的核心。不同文化背景下的员工自然会具有不同的价值观。

　　按照合同规定，从合同签署到正式运营，工期应为 22 个月。但是考虑到麦加当地的实际因素，扣除斋月、朝觐等宗教习俗和作息习惯以及高温的影响，实际工期仅为 16 个月。麦加轻轨项目的时间紧、任务重，面对这种情况，麦加当地员工与中方员工的表现迥然不同。

　　当地工人表达不同意见比较直接，不太顾及对方的心理感受，更为注重工作本身。他们很少愿意加班，对工作条件的要求严格，主张个人独立，人情关系冷漠。而中方员工则比较委婉，不直接说出不同意见或者当面指出错误。实际工作中，在领导指示和规章制度之间往往会选择依从上级指示。中方员工注重集体利益和全局思想，追求和谐。

　　中方员工对高强度加班也有一定的抵触情绪，但是他们往往不会当面拒绝，而是选择私下与领导协商，并且在商讨过程中，能够考虑到公司的整体利益。

　　而麦加当地员工的拒绝态度比较直接。他们引用宗教和法律的规定，坚持每天工作时间不超过 8 小时，即便加班，每周总工作时间也不能超过 48 小时。加班工资为日常工资的 150%，并且斋月期间每天工作不超过 6 小时，不接受加班安排。按照伊斯兰公历，麦加的周末休息时间为周四和周五，穆斯林教徒要在周五的"主麻日"里聚集在清真寺里，这一天是无论如何也不能上班的。在麦加人看来，宗教信仰与个人利益的重要性要远远大于项目团队的集体利益。

　　由于当地法律十分注重保护员工权益，中国铁建的管理人员并不愿意对麦加员工做出过多的要求。在这样的情况下，加班任务大部分都落在中方员工的身上。面对项目工期的严峻压力，中方许多主要管理人员长期（甚至带病）坚持工作，没有丝毫抱怨。运架队队长张贵林是一名由铁道兵转业的老党员，他从 2009 年 4 月来到麦加工地后就一直坚守岗位、勤奋工作。2010 年 1 月，张贵林的父亲病逝，他强忍悲痛仍然坚持在运架施工的第一线。

麦加天气炎热，户外温度有时可达五六十摄氏度，夏季地表最高气温可达 70℃。除了政府特批允许的石油行业工人能在中午 12 点到下午 2 点之间外出露天工作，其他行业禁止雇主要求工人正午外出工作。在项目实施期间，中国铁建的员工每天坚持在五六十摄氏度的高温下工作，先后有 800 多人次中暑，3 000 多人次患病，但是他们依旧咬牙坚持，毫不退缩。在集体利益和个人利益面前，中国员工选择了追求集体利益的最大化。

7.5.4　宗教信仰是真正持久的基质

宗教和信仰凝聚着一个民族的历史和文化，不同宗教有不同的价值倾向和禁忌，影响人们认识事物的方式、行为准则、价值观念。因此，来自不同国家和不同文化背景的人，势必有着不同的宗教信仰与风俗习惯。

中国铁建的项目组来到麦加后，受到穆斯林宗教信仰的极大影响。

穆斯林教徒一天中要祷告 5 次。祷告时间一到，所有的商店均停止营业，工人们也要放下手中的工作，专心祷告，《古兰经》和《圣训》是国家执法的依据。伊斯兰教的先知穆罕默德出生在麦加，因此麦加被尊为伊斯兰教第一圣城。每个穆斯林教徒一生的目标就是到麦加朝觐。

麦加城中的禁寺是伊斯兰教第一大圣寺。全世界的穆斯林教徒每天朝拜的方向就是这座庄严肃穆的寺庙。禁寺周围是麦加的禁地，明令禁止非穆斯林教徒入内。如果想要在这些地方施工，不仅要经过层层手续和关卡，还要严格遵守伊斯兰教的相关具体规定。

麦加当地的铁路发展历史较短，缺乏专业的穆斯林工程师，国内派驻的工程师在管理穆斯林工人时问题多多。而且，麦加当地法律非常注重保护职工权益，聘用当地工人是件十分棘手的事，稍有不慎便会陷入法律纠纷之中。另外，麦加官员办事效率较低，特别是在涉及项目手续审批时表现得尤为突出。

在中国铁建承建的麦加轻轨项目中，跨文化冲突不是项目亏损的唯一原因，但却是重要因素。面对这些典型的跨文化冲突，中国铁建的处理方式值得我们思索。这不单是一家国有企业在涉外经营中遇到的问题，中铁建麦加轻轨项目的经验与教训为中国企业走向海外提供了重要的参考。

方法论背后应该是一部血泪史——其中不少弥足珍贵的经验或原则是人们在诸多项目失败的痛苦中总结出来的。有人说，方法论来自失败和恐惧，是诸多项目实施的先驱们痛定思痛的结果，是实施专家们经过理论研究并在总结了无数案例经验教训的基础上提炼而成的。

后人只有汲取先烈的经验教训，才能降低失败的风险，提高实施的成功率，有机会成为先进。到今天实施项目还蛮干的人，不仅对自己不负责任，而且着实对不起以前的先驱们！

第 8 章

让理论接地，做知行合一的项目管理者

越来越多的国人开始对项目管理产生兴趣，很多组织正在投入时间和资源对项目管理人员进行培训。遗憾的是，培训的"三动"现象令人尴尬——"课上很激动，课后很冲动，回去一动不动"。

太多的管理人员并没有学好项目管理，更没有能够运用好项目管理，项目管理只是他们似曾相识的一个名词而已。普天之下，说理的人多，悟理的人少；知道的人多，行道的人少。

8.1 不重视理论就很难快速提升能力

实践证明，快速提升能力必定经过如图 8-1 所示的步骤。

第一阶段：知道

知道是对知识最基础的了解，比如我知道 WBS、PDCA 循环和 SWOT 分析等，但是，对其具体内容是什么以及怎么做、怎么用却不知道。这是对知识最肤浅的理解，也就是常说的：一说就懂，一做就错。

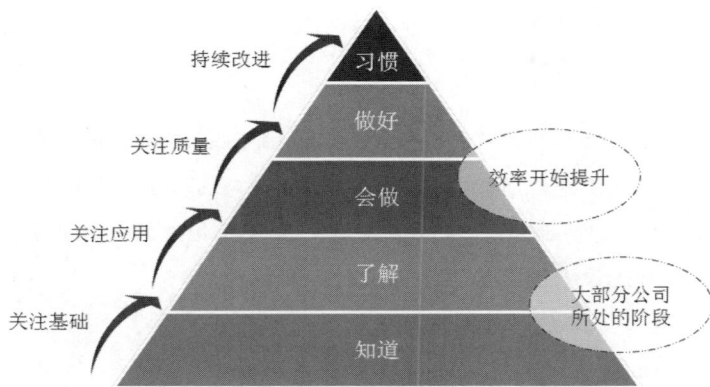

图 8-1　快速听能力的 5 个过程

第二阶段：了解

了解是在知道基础上的一个更高的认识层级。我不仅仅知道有 WBS、PDCA、SWOT，我还了解其中的道理和它们具体、详细的内涵，比如 WBS 一般分为哪几个层级，WBS 有几种方法，WBS 是怎么分析的。

第三阶段：会做

我不仅仅了解 WBS、PDCA、SWOT 的具体内容和内涵，还会做，能够按照相关要求把理论知识应用到实际工作中去，这个阶段已经到应用层面。只有真正达到应用层面，才会对组织产生效益。

第四阶段：做好

对很多知识我们都会做、能应用，但是要真正做好并不容易，需要对知识的精髓进行深刻的把握，不仅要做对，还要做好，要进行优化，还需要根据企业的实际情况进行调整，能够真正符合企业的实际工作需求，而不是照本宣科地把理论知识生搬硬套地使用。比如甘特图，会做甘特图的人很多，但是真正把甘特图做好、做对并应用到实际工作中解决实际问题的人却很少。

第五阶段：习惯

习惯是学习的终极目标。偶尔一两次做好不是目标，真正的目标是把知识长期、持续地应用于工作中以改进绩效、提升效率。

8.1.1　理论上讲都是对的，实际上这样行不通

与老总们谈起管理理论时，他们常挂在口头上的一句话是："理论上讲都是对的，实际上这样行不通。"

我在清华给总裁班（Executive Development Programs，EDP）上课，也常在条件允许时到其他老师的课堂上蹭课。2015 年 10 月的一个周末，我在清华蹭课，课间休息时一位跟我相熟的、江苏某企业的老总（之前他曾上过我的课）与我的一番对话如下：

"郭老师，你感觉今天这位老师的课上得怎样？"

"蛮好的，我学到了一个新理论、新方法。"

"如果用这种方法管理我们的企业，是不是能赚到更多钱？"

"应该是。这些理论、方法至少可以让我们少犯错误、少走弯路……"

"我有一个疑问——如果有这么好的方法能赚到更多的钱，他为什么不自己做、教给我干什么呢？"

……

老总们常常不信任管理理论、排斥管理理论，甚至嘲笑管理理论。娃哈哈集团董事长宗庆后就公开宣称他"不信西方的管理理论，不信咨询公司，也不信调研报告"。

不相信理论（见图 8-2）的结果是他们会做错很多事情而不自知。要是他们能够关注管理现象背后存在的理论，他们就会避免犯很多可笑的错误。

图 8-2　有用，教给我干吗呢？

8.1.2 理论的价值在于少犯错误使成功复现

国内经验主义盛行，然而在项目这个行当中如果过度相信经验，事实证明效果并不好。还有一个不容忽视又自相矛盾的问题是，我们"做的多而总结的少"。相关数据积累得不多，缺乏分析与总结以至于同一个错误反复发生。一方面强调经验之法力，另一方面又不做总结与提炼。这绝对有些滑稽！

请不要过分迷信自己的一点点经验，经过科学总结得出的知识不同于朴素的个人经验，无论个人经验怎么成功，都无法代替被众人验证过的知识。只有将经验进行分享、总结形成体系才是有意义的。在传播项目管理思想的路上，我越发感觉到分享知识和经验教训是在复杂的商业组织中取得成功的关键之一。每个项目管理者都需要分享经验和教训，总结、验证使之成为扎根于国人文化背景的理论，这才是正路。

我国的一些企业尽管还没有达到国际一流企业的水准，企业发展中也存在各种各样的隐患，但是，老总们已经被神化了，他们的"个人魅力"而不是企业理论成了企业最大的财富，这种现象不能不让人担忧。

理论说明了某种规律，它的重要性在于每个个体不必一个个去试验就可以知道结果。

常有人说："这些理论都对，但我们有我们的特殊情况！"每个组织都有自己的特殊性，大家的确应关注自己的特殊性。但普遍性规律的作用是：避开他人已经犯过的错误使成功复现。

8.1.3 国人亟待重视理论

有人在一个广场上掉了一根缝衣针，该怎么找到这根针呢？

中国老总的做法是首先找一个老总认为能够找到针的人，然后借助于一块磁铁在广场上反复寻找。德国老总的做法是首先将广场划分成很多小格子，然后将这些格子编上号，接着让员工们每个人负责一个格子寻找，还制定了寻找的标准。同时，因为担心人不能安全按照标准落实工作，又制定了寻找工作的检查标准。安排质量控制人员进行检查。最后，为协调寻找和检查的工作，专门安排一个员工对整个工作团队进行管理。

按照中国老总的做法，这根针或许很快会找到，或许永远找不到。很难在任务开始前就估计出找到针的时间，也很难定义清楚谁能够找到这根针。按照德国老总的做法很容易对找到针的时间做出判断，也很容易确定能够找到针的人。而且德国老总的方法，可以确保找到。更重要的是，前者对针开展工作，后者对方法开展工作；前者解决一个问题，后者解决一类问题。

前者则没有理论，后者有理论；前者属于解决问题的反映层，后者属于解决问题的系统结构层；前者需要"素质很高"的人，后者对人的要求不高；前者不能重复，后者可以重复做。

国内的企业管理者亟待重视理论，亟待掌握提炼理论的方法，亟待提升系统解决问题的层次。

成功的企业老总们不缺乏头脑、胆识和洞察力，但是，如何将这些个人特质延续下去、推广开来，就需要理论了。如果老总们自己没有时间也没有能力去提炼自己的理论，就需要获得管理理论研究人员的帮助，需要邀请他们与自己一起提炼属于自己企业的理论，但不要将这个过程外包给理论研究人员，否则他们一定会将其上升为普遍的理论而最终不会被老总们采纳。

8.1.4 从经验到理论：理论的诞生

从经验到理论的过程，可以用图 8-3 来说明①。

8.1.5 请不要用短视的实用主义评价科学突破

2016 年 2 月 12 日是中国传统迎财神的日子。但 2016 年的这一天，不仅中国，全世界的物理学界都沸腾了，仿佛迎来了它们的"财神"——被预言已经百年的引力波，终于被探测到了。很多人知道我是学物理学的，后续的几天不断有人问我找到引力波有什么用？我不想直接回答这个问题，还是讲几个科学发展史上的事吧。

---

①来源：http://blog.sina.com.cn/s/blog_5b2b70620101bhw5.html. 有改动。

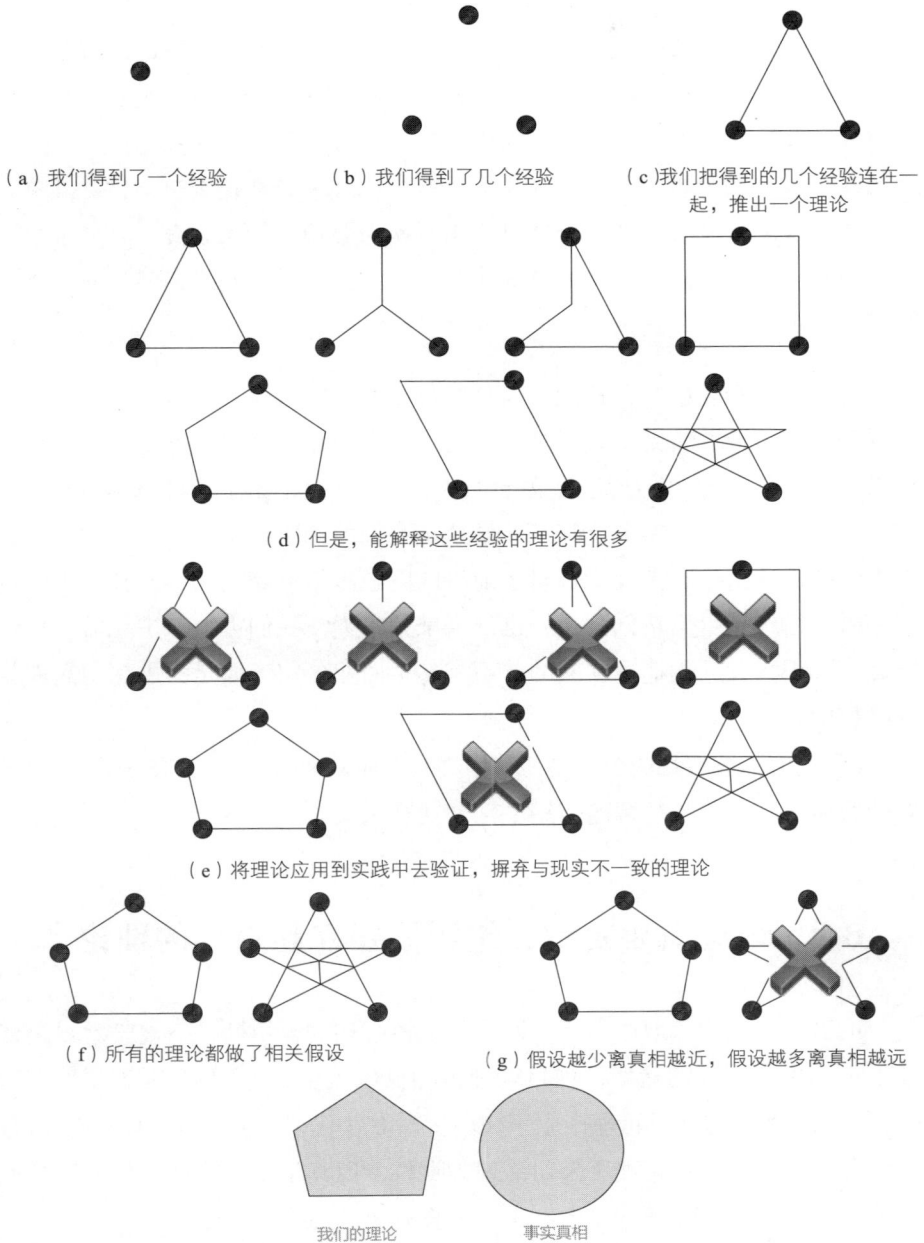

（a）我们得到了一个经验　　　（b）我们得到了几个经验　　　（c）我们把得到的几个经验连在一起，推出一个理论

（d）但是，能解释这些经验的理论有很多

（e）将理论应用到实践中去验证，摒弃与现实不一致的理论

（f）所有的理论都做了相关假设　　　（g）假设越少离真相越近，假设越多离真相越远

我们的理论　　　　　事实真相

（h）理论可能不完全正确，但它离真相很近，理论可以解决绝大多数问题，个别问题应该做适当修正

图 8-3　从经验到理论：理论的诞生

　　一位收税官在观看了法拉第的电动机工作表演后，很轻蔑地问道："这样的东西会有什么用呢？"法拉第告诉那位收税官："先生，我想在将来的某一天，您一定会向它收税的。"

　　爱因斯坦当年无法解释广义相对论能给人带来什么用处，更没有办法准确地预言广义相对论对应用科学的帮助。时至今日，可以准确地说，我们手机里使用的卫星导航，如果缺了广义相对论的修正，根本就无法正常使用。

　　在面对科学突破时，特别是这种基础领域的突破时，我们不应该以现实应用评价它的价值，否则就是短视的实用主义。当然，这也并不是说，纳税人的钱扔给激光干涉引力波天文台（Laser Interferometer Gravitational-Wave Observatory，LIGO）只是为了听个响声（我们的确听到了这一声黑洞的并合）。在 LIGO 的建造中，涉及无数科研前沿的问题等待突破，而这些技术上的创新与突破，纷纷衍生出草创公司，也许未来某一天，我们也将从中受益。再给大家做个知识普及，创造互联网的并不是某个商业公司，而是为了探索高能物理的欧核中心。

　　"发现引力波有用吗？"与"有用吗？"何其相似（见第 5.5.3 节）。这种问题的背后，其实质是短视的实用主义和功利主义。

8.2　理论需要定制，组织要建立起自己的理论

　　项目管理的学术地位不高，调查一下核心期刊，统计一下被学术界公认为高水平刊物中刊登的文章，项目管理占的比例很少[1]。这并非因为项目管理是个新学科。规范的项目管理产生于 20 世纪 40 年代，早于知识管理、流程再造、人力资源管理、信息管理、公司治理等学科，但其学术影响却不如上述学科。遗憾的是，项目管理领域几十年来几乎没有突破性成果。

---

① 丁荣贵. 项目治理：实现可控的创新[M]. 2 版. 北京：中国电力出版社，2017.

8.2.1　理论需要结合实际进行修正以解决实际问题

远古时期，人们根据日出日落来计算时间，但这种方法误差很大。后来，人们发明了沙漏、钟表，直至现在的原子钟。精确计时是现代文明的基石。

但是，地球的自转时间并非每天都一样。当不精确的地球自转时间与精确的计时方式碰到一起时，冲突产生了！我们是否认地球自转时间存在偏差的实际情况，还是否认精确的计时方式？

人们还是找到了最终的解决方案：每隔一段时间就设置一个闰秒来调节日期的计算——这既避免了在某一天计时工具显示的时间为白天而地球却处于深夜的矛盾，又可以让我们继续享受精确计时带来的好处。这就是处理理论和实践之间冲突的方式，既务实又充满智慧。

我们不能死守理论、墨守理论，更不能怀疑和否定理论。老总们可以不相信由管理研究人员提出的管理理论，但是，他们必须花气力去建立自己的管理理论，他们需要管理理论研究人员的帮助。同样，管理理论研究人员需要关注这些属于某个具体企业的理论，需要主动去接触企业老总，为他们进行"理论定制"。只有这样，管理理论与现实的差异才会得以解决。

8.2.2　"灵活运用"于管理而言也许是个陷阱

战国时，鲁国有一项政策，即如果鲁国人在其他国家发现本国人被当作奴隶使用，可以将其赎回，回国后可以向政府报销费用。因此，很多在国外沦为奴隶的人被赎回了。

一次，孔子的弟子子贡在国外赎回了一个奴隶，但他并没有找政府报销费用。子贡得到了很多人赞赏。可是，孔子知道后却对其进行了批评。孔子的理由是：我们不报销费用得到赞誉，这样别人就不好意思找政府报销，长此以往就没有人愿意去掏钱赎回奴隶了。

一般而言，经理们可以训练出来，但企业家却很难训练出来；从某种程度上说，企业家是天生的。老总们经常生活在组织制度之外，在某些方面他们的确与常人不同。正是这个原因，老总们虽然口头上强调制度、强调管理，但潜意识中仍然欣赏那些与众不同的人。

圣人就是圣人，他看到了表扬个别违反规则的人将会导致整个规则的毁坏。反思老总们的言行，是否存在一方面强调规章制度，另一方面又会表扬那些取得了良好结果但破坏了规章制度的人呢？

一家中外合资企业从 2003 年起都有一次员工技术比武，具体考核参加比赛的工人在规定的 8 小时内生产合格零件的数量，参加比赛的工人既有中国籍也有外籍。生产零件的过程为 A—B—C—D 4 个顺序实施的步骤。

3 次比赛下来的结果让参加比赛的外籍工人十分难过：除了一次一名外籍工人获得第 4 名外，每次进入前 5 名的人都是中国籍工人。外籍工人私下向中国籍工人请教，得到的答案让他们吃惊：中国工人并没有完全按照 A—B—C—D 4 个步骤生产，省掉了 C 和 D 步骤，把工作变成了 A—D（见图 8-4）。工作程序的简化，使得时间大为节省。只是生产出来的零件的光洁度稍差，但仍处于公差边界内。

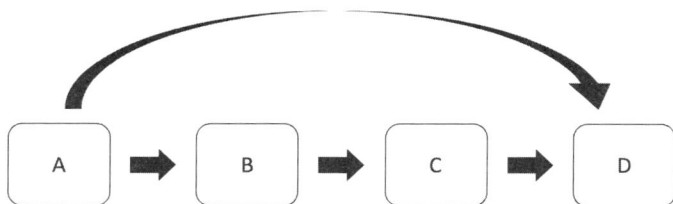

图 8-4　"灵活运用"于管理而言也许是个陷阱

2006 年，公司组织第 4 次比赛，总经理（外籍）现场观摩比赛。老总发现参加比赛的外籍工人把工作步骤变成了 A—D，就上前质问为何省略步骤。他们回答说中国工人对工作进行了优化改进，刚学来的。可是，总经理却明明看到中国籍工人的工作步骤是 A—B—C—D。

这些参加比赛的外籍工人挨了批评，还被扣发了奖金，很是郁闷！他们又去询问中国籍工人"你们怎么又回到 A—B—C—D 了？"，中国籍工人用教训的口吻："领导们不在可以 A—D，领导们来了要回到 A—B—C—D！你要灵活运用啊！"

8.3　理论应该简单，实践、研究之外更需要传播

2015 年是国内经济学研究者很郁闷的一年，有些声名赫赫的经济学工作者受到了前所未有的挑战和质疑。上半年 A 股涨到 5 000 点、股市一片火热时，有人鼓吹只是走到了"半山腰"甚至"刚起步"；后来股市大跌，有经济专家先后喊出"黄金底、钻石底、婴儿底"，最后只能"不言底"……

经济学工作者们的遭遇值得管理研究者们借鉴！

人们惧怕简单，因为简单常常被认为是平凡、平庸甚至是弱智。

> 过去 40 年里最堕落的倾向之一是认为：如果被人们读懂了，你就是粗俗不堪的。
>
> ——彼得·德鲁克

世界并没有我们想象的那么复杂。亨利·福特在福特公司对 7 872 项不同工作的调查结果发现，胜任这些工作需要的培训时间如图 8-5 所示。

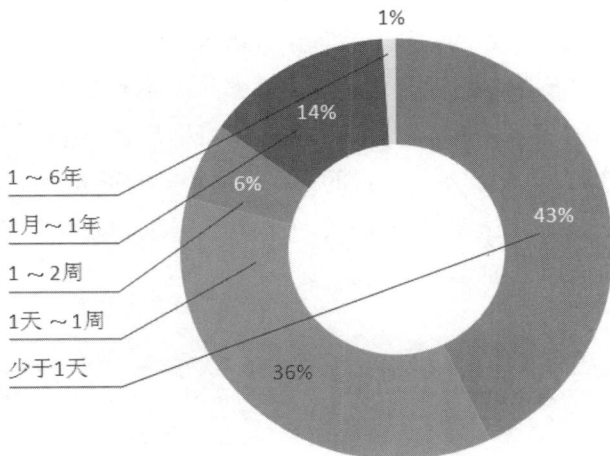

图 8-5　福特公司胜任工作需要的培训时间

（1）需要少于 1 天培训的工作占 43%；

（2）需要 1 天~1 周培训的工作占 36%；

（3）需要 1~2 周培训的工作占 6%；

（4）需要 1 月~1 年培训的工作占 14%；

（5）需要 1~6 年培训的工作只占 1%。

同样，项目管理也往往不是复杂的，绝大部分都是普通人能够胜任的。因此，我们需要采取普通人都能理解、都能接受、都愿意接受的方式来传播项目管理理论和方法。大多数有价值的管理新见解、新方法也不需要只有高智商的人才能得出。管理者们已听过太多的培训，拿过足够的学位，只凭唬人说教或故弄玄虚的花样已不能"忽悠"下去。

> 只有不安定、神经紧张的经理人制造复杂，他们担心自己简单了，会被别人认为他们是头脑简单。
>
> ——杰克·韦尔奇

8.3.1　做知行合一的项目管理者

1. 对所管理的项目有良好的实践

管理是一门关于实践的学科，其理论来源于实践，其价值是指导实践。管理工作者要建立"实验室意识"，花时间到一线去。唯有此，才能发现真正有价值的、值得研究和解决的问题。报告、报表，特别是办公室内创造出来的"文件"，往往不能反映真相。不得不说的是，在这个"连爸爸都怀疑是不是真的"的社会现状下，各方都试图保护自己，人们常觉得说真话会伤害自己。要知道真相，就请到现场去、到实践中去。

> 你要知道梨子的滋味，你就变革梨子，亲口吃一吃。
>
> ——毛泽东

以前企业会邀请管理研究者将企业当作实验室，与企业一起成长；在快速变化的商业环境下，企业更需要有经验的、能够直接指导企业的人员。因此，管理研究者应该放下本来不该有的架子，以学生的身份接触现场，而不能以专家身份自居。

管理工作者不能只做工作人员的管理者、旁观者、评论家，避免"站着说话不腰疼"。

> 要做人民的先生，先做人民的学生。
>
> ——毛泽东（湖南第一师范的题词）

2. 对所讲解内容有深入研究

仅靠走马观花，即使我们到过一万个企业，也不能说明我们已经是合格的研究者。实践是为思考做准备的，要进行有效的思考，我们必须先选择一个角色，一个我们为之服务的角色。我们需要理解这个角色关心的问题，替他们收集信息、提炼理论、提供方法。

只有明确的角色定位，才能判断管理研究的成果是否有价值，这样才不至于拾人牙慧。

国内的大学教授们经常用眼花缭乱的推导、复杂的数学函数和大量的参考文献来进行"研究"，还经常要"精确到小数点后面 5 位"！其实质是用"学术"做挡箭牌来粉饰苍白的思想！

在一次学术交流中，我参加过科隆大学的项目研究工作，发现中德双方工作人员的研究内容和方法迥然不同。国内的管理研究者常在两个极端：要么很宏观，站在国家、民族角度谈企业管理；要么很"学术"，让人看不懂如何将其得出的精确数据或结论落地于企业实践。

德国学者的研究大多很小，甚至看起来很笨，特别是都要求有实验、实践支撑。

3. 不用于实践，PMP®就是花架子

现在很多"好"的项目经理都是在项目一线摸爬滚打出来的实战派，靠自

己在实战中摸索出的"套路"完成自己熟悉的项目。系统化的理论知识的缺乏，使得其讲不出太多道理，但他们实战能力强，经验告诉他们什么事该做、什么事不该做。遗憾的是，这些人的经验难以传承，总是"可意会不可言传"！①

20世纪90年代，PMI的PMP®认证被引进国内之后，普遍依靠个人经验教训管理项目的局面改变了，也产生了另外两种完全不同的项目经理。

获得PMP®认证需要审查被认证者的资质，特别是对被认证者的项目管理经验有较为严格要求。遗憾的是，国内的很多培训机构出于很多方面的利益考量，对很多项目管理经验不足的人实施了培训和认证。其结果是，这类项目经理者们虽然通过考试获得了PMP®证书，但因为实战经验不足，导致其理论与实践的脱节。如果所在组织不具备成熟的组织级项目管理环境，也没有理论与实践兼备的"过来人"带着实践的话，这类项目经理是很难独自把书本上学来的项目管理知识落地的。

我常听到的两种声音：一是抱怨理论纸上谈兵、不接地气；二是抱怨公司管理不正规，项目管理比较业余。这种抱怨会让项目管理者有一种无力感，客观上限制了找到可行方案的可能。这类项目管理者的问题，恰恰是我们这些处在一线的实践者最迫切需要解决的问题。请一定要记住，学习系统化项目管理知识的目的绝不仅是开阔视野、丰富知识，更重要的是将其用于实践以解决实际问题。

另一类项目经理的特点就是知行合一，他们正是企业急需的。通过学习别人提炼的知识来改进自己的工作方式并见到收益是一个很艰难的过程，甚至还需要一定的悟性，但这是每个人提升能力的唯一途径。

8.3.2　要传播研究出的成果

管理研究不是为了自娱自乐，而是要将研究成果传授给特定对象。任何科学技术要对实践产生广泛影响，都离不开管理的支持，这反过来也使得管理本身的独立性很弱，它是一种寄生学科。

"知识就是力量"已成了人们耳熟能详的词语。但是，知识成为力量的前提

① 肖杨. 晋升：从项目经理到年薪百万的职场精英[M]. 北京：机械工业出版社，2018.

在于知识得到传播和接受，只有这样，知识才能创造生产力。我们或许是有很多管理知识的，如果不能将这些知识传播给现实的管理者，就等于没有知识，甚至于比没有知识更糟。我们需要实践，需要研究，更需要传播。

（1）把一个专业知识讲得让人听不明白，很容易。

（2）把一个专业知识讲得让所有人都明白，不容易。

要善于用通俗的语言和表达方式传递（实际上是推销）自己的思想。项目管理的从业者都是成年人，要激发他们的参与才能取得良好的效果。特别是要警惕那些满口术语的人，他们一般都是故弄玄虚的庸医。

每一个知行合一的项目管理者都应学习和锻炼自己"教导他人"的能力，成为项目管理培训老师和教练。我的项目管理实践的体会是：记得住、听得懂、做得到、讲得白、用得灵活简单，这些是学以致用的几个不同境界。

仅学习项目管理知识和方法是不够的，只有通过不断地实践，以知行合一为目标，才有机会真正掌握这门技能的精髓，直至成为自己的本能。只有将项目管理的思维方式变成自己的一种本能，才能发挥其最大的效力。让项目管理价值最大化的终极境界是"将其忘记之后也可以发挥得出来"。

在我刚刚成为项目管理老师的那段日子里，在努力试图给学员们讲明白项目管理的过程中，收益最大的反而是自己，越是努力给别人讲明白，自己就弄得越明白。此所谓"教学相长"。我坚信，不断地培训、辅导和影响他人在项目管理领域中的能力，也是每一个知行合一的项目管理者成长的必要手段。

8.4　罗马不是一夜建成的

很多项目经理、项目管理办公室负责人甚至企业一把手，希望一口气把一整套先进的、系统化的、完美无缺的项目管理体系植入自己的企业环境中，这是一种不切实际甚至很危险的想法。[1]

---

[1] 丁荣贵. 项目管理：项目思维与管理关键[M]. 2 版. 北京：中国电力出版社，2013.

8.4.1　身体力行，管理要走在问题的前面

1. 管理者要身体力行

两军作战，败方问胜方："我方力量强过你方，你方获胜的原因何在？"胜方答："在冲锋时，你方指挥官说的是'弟兄们，给我冲！'而我方指挥官则说'弟兄们，跟我冲！'"

胜败仅一字之差，"站着说话不腰疼"令人生厌。

项目管理落地是一项艰苦的工作。高级管理层应该是管理变革项目最有力的支持者和参与者，高层人员对项目的支持态度是引人注目的。

假设下属不如自己是管理中的最大错误，高层人员自己不先改变，或只想在变革中维护自身利益，员工也一定"上有政策下有对策"，他们比你更懂得如何利用你不了解的细节找借口。

2. 管理要走在问题的前面

以旁观者角度观察"掼蛋"①游戏，我发现了一种很有意思的现象：这种 4 人游戏，2 人一组、相对而坐，胜者一组得意扬扬，败者一组彼此埋怨，而埋怨后还必须继续打下去，乐此不疲。

我在想，这幸亏是一个简单的娱乐。倘是赌博，将很难分组进行，真要分组将会闹得彼此很不愉快。打麻将则不然，每个人都对自己的行为负责，即使输了也怨不得别人。

对于项目来说，项目各干系人之间存在明显的利益冲突（甚至对立）关系，但他们又必须密切协作，这就需要我们尽量避免"事后诸葛亮"的发生，不能在出了问题后再去找原因、抓凶手。

项目管理必须走在问题的前面。

---

① 流行于我国江淮地区的一种扑克游戏。

8.4.2　用正确的方式引入项目管理

1．警惕"一切皆项目"的鼓噪

"一切皆项目"是一句让人热血澎湃的话，但我很担心国人将"项目管理"这个专业"玩死"。

个别企业、个别人一夜暴富的反面影响出现了，在当今中国谁还安心做实业、做产品、做技术？弄个平台、讲个故事、玩个概念……上市吧，上了以后几百万、几千万、几个亿就来了……这种心态把整个实业者的心给残害了！我们不缺钱，缺的是一颗安静的心！

对创新的过度崇拜、对成功的盲目追求，很容易使人们产生浮躁的情绪，人人不甘于平庸，造就了很多标新立异的平庸"创新成果"。

在"项目化"和"一切皆项目"的幌子下，每个人都想方设法发起一些项目，企业的目标反而会被忽视。我们需要项目管理，但只有跨专业、跨部门，具备独特性、临时性特点的工作采用项目形式才是有益的。

2．越是系统化的方法越难以落地

现有的项目管理体系和方法基本上来自于欧美，其应用环境与国内企业当前现状的差距还是很大的，这种情况下照搬这些体系和方法基本不可能。而且，这些方法越是完美和系统化，在国内企业落地就越困难[1]。

如果我们从西方成熟度方法或机制中挑出来一个很小的点，或者把一套系统化的方法剪裁一下，反而会比较容易在自己的企业落地。我的经验是，学习项目管理方法和应用项目管理方法的思路刚好相反。学习时，首先要系统化并在脑海中建立整体框架，然后再弄懂一个个关键点，最好能做到各个知识点之间的融会贯通。应用时，在构思完整体框架和分步实施路径后，首先要挑选最容易落地的点、在一件小事上尝试落地，在此基础上再从点到面展开。

请一定要记住，让一个完美、系统化的体系或方法在管理成熟度不是很高的企业里落地是需要很长的时间的，期望在短时间内落地时常会付出巨大的代价。事实证明，导入的外来方法越是系统化，与现在的工作方式差距越大，员

---

[1] 肖杨. 晋升：从项目经理到年薪百万的职场精英[M]. 北京：机械工业出版社，2018.

工就越抵制。

《PMBOK®指南》是一套完整知识体系，尚未听说哪一家企业完整实施了这套体系的全部要求！事实上，如果不经过大幅度的剪裁和调整，无论是在哪里，都很难找出一家企业能完整落地。

3．剪裁而不是根植

根据自己项目的特点调整标准化的方法论或最佳实践，以适合实施的需要，这种方式称为剪裁。整个企业或组织引入某个方法论或最佳实践，并根据这个方法论或最佳实践的要求调整自己组织的相关制度和流程，并固化下来，这种方式称为根植。

根植方法论涉及原有制度、流程的大幅度调整，更需要取得大量的关键干系人的认同，难度远大于剪裁，成功的概率极低。

4．使用团队熟悉的语言

在引入项目管理体系过程中，尽量使用团队熟悉的语言替换大家尚未理解的专业词汇，这是获取成功非常重要的一个实践。一个新方法的引入，用到的生词越多，就越不容易被大家理解和接受。

从推行新方法本身而言，如果推行者自己也没有办法把团队中的语言与新方法论中的语言一一对应的话，说明其本人也没有把新、老体系理解透。所有人都怕照本宣科、纸上谈兵地照搬外来方法。在引入新方法或最佳实践时，需要做的第一件事就是"匹配"，把新方法或最佳实践中的内容与企业的实际开展方式做最大限度的对比和匹配；想做到这一点，就必须解决两种不同语言相互转换的问题。

5．用正确的方式争取领导的支持

如果想改变组织中原有的一些做法，哪怕仅仅是在自己所管辖的项目中实施也非常不容易，这就需要获得领导以及各个干系人的支持。要获得领导支持，必须换位思考和向上管理。为此，你必须充分地了解领导，揣摩领导在想什么，领导最关心什么，尝试转变视角、站在领导角度思考企业中的各种问题。切记，我们提倡的是"站在领导的角度思考我们自己关心的问题"，而不是"站在自己的角度思考本该领导关心的问题"。

这里，必须对"转变视角、站在领导角度"进行澄清！

作为一个项目经理，站在领导角度思考问题的含义并不是说应该站在项目经理的视角评论或质疑企业高层管理者的所作所为，而是应该尝试换位思考，站在高层管理者的角度思考他会如何看待项目经理的这点事儿，尝试站在高层管理者的整体角度思考他处理问题的种种方式背后的合理性。

> 一个新入职的大学生，就华为公司的经营战略问题，写了一封"万言书"给创始人任正非，任正非批复："此人如果有精神病，建议送医院治疗，如果没病，建议辞退。"

我不完全赞同任总措辞严厉的批复，任严重理解高级管理层做法，这名大学生的做法很可笑。这种做法实质是典型地站在一个基层员工的角度，在不了解公司整体战略的情况下，没有看到公司内种种貌似不合理现象背后的合理性，却从局部角度出发，断章取义、以偏概全地评价。这绝不是我们提倡的行为。

我们希望看到的是，大家都可以像高层管理者一样，站在公司全局角度思考问题，考虑公司内各种错综复杂的关系、资源限制，再思考自己的那点儿小事，正确理解管理层对自己项目工作安排的合理性。

8.4.3　项目管理是需要代价的，我们需要多少项目管理

很明显，项目问题司空见惯，每个项目都需要项目经理，但组织究竟需要多大程度的项目管理？组织又能养活多少项目管理人员呢？因此，正如项目成本需要审视和控制一样，评估实施项目管理工作的花费和相应收益是非常必要的。

1. 多少项目管理成本是合适的

一个重要问题便是：实施项目管理活动的花费应该占一个项目总花费的多少是合适的？

对此问题，我没有找到统一答案！

我要说的是，对于正常组织而言，项目管理成本多少合适取决于作为高层

和客户想获得项目信息的多少，因为收集和报告大型项目的信息是非常昂贵的。

一个合格的高层应该要求项目经理只向其报告那些超出常规或要出现问题的事情，这就是管理学中"例外管理原则"。问题是这个原则对于"多疑"的领导们而言通常难以接受，他们通常"不了解细节就不踏实"！领导们往往喜欢看那些精心制作好的、显示项目正在按照计划和预算进行的曲线图和饼状图。

严峻的现实是，这些报告通常要花费成本来制作——看得见的人工、看不见的资源消耗。

对于有效的项目管理来说，哪些功能是关键的，哪些功能是可有可无的，并不总是那么明显。

丹尼斯·洛克的研究结果是常规情况下项目管理成本占项目总成本的1%~2%是合适的[①]。

2. 哪些是项目管理的关键功能

项目管理的每一项功能都有其自身价值，但必须承认这些功能是有优先级的。部分关键功能甚至不可缺少，部分功能就组织的某个阶段而言也的确属于可有可无。

一个项目就是一条生命，就像所有生命一样，它需要父母和其他人去管它，去照顾它，从出生一直到成熟，所以我们必须要有项目经理。但是，没有必要每个项目都要有一名专职的项目经理。在某些情况下，一名项目经理同时监管多个项目；只要一名工作人员兼任项目经理工作。从工作效率和价值角度，我们有必要质疑每一项资源（不仅仅是金钱）消耗的正当性。

要让项目处于控制之中，就必须制订详细的项目计划，这些计划工作需要相关人员落实，一名多技能的项目经理可以应付小项目的这些工作，而对大型项目就必须至少有一位专职规划师。

除非项目相对简单，或者使用的技术于公司而言高度成熟，否则还必须有人识别项目风险，必要情况下还要编制应急计划。

---

① 丹尼斯. 洛克. 项目管理[M]. 10 版. 杨爱华，毕婧圆，周雯，译. 北京：中国电力出版社，
2015.

另一个可以肯定的是，各种变更和变化将会陆续发生。每一个变更，尽管很可能是件麻烦事，但管理得好都可能带来有价值的额外收入。事实上，一些公司宣称他们用非常低的报价来投标，后来通过对客户要求所谓的"不可避免"的变更来绑架客户，以此来赚取利润（这就是著名的"钓鱼工程"）。

日常的合同管理是需要的，而且可以成为 PMO 角色的一部分。一般而言，合同管理是简单的、廉价的，也往往不需要全职岗位来完成。如果涉及的外包/采购工作相对困难、昂贵且工作量大，专职的采购/合同管理人员也是必需的。

3. 哪些是项目管理不太关键的功能

出于法定会计、审计的目的，记录劳务和采购的成本是必要的。但成本报告与成本控制不是一回事，不要为了报告而工作。

从项目管理的角度看，项目的直接成本主要取决于以下因素。

（1）在项目开始时就选定了一个好的项目方案。

（2）项目过程中有效的变更控制。

（3）良好的采购和材料管理（某些项目中采购工作达到了总成本的 80%）。

（4）严谨有序的质量管控（工作返工的成本不可忽视）。

（5）卓有成效的进度管理（工作延误将会导致预算超标）。

对于常规项目来说，挣值管理难以落实且费时费力。当然，某些情况下挣值管理可能是必需的，比如在按进度付款的合同框架下（甲方根据对乙方工作进展的评估来支付项目款项）。但必须认识到挣值管理是一项间接成本，不会给项目增加任何直接价值。

如果客户想要定期的成本进度报告，项目经理必须提供。但作为一位公司高层管理者，每一次要求项目经理提供报告，都需要项目团队成员做大量准备工作，这些成本（不管是看得见的还是隐形的）都需要公司来承担。我的建议是，尽可能减少不必要的报告。

8.4.4　小心目标侵蚀

步入中年的张翔费感觉身体每况愈下，他为自己立下了"每天运动一小时"的目标。

第一周，排除万难挤出时间每天运动。

第二周，因为工作忙碌，有两三天没能运动，于是开始怀疑是不是目标定得太苛刻了。自己工作繁忙，怎么可能天天锻炼呢？因此，将目标调整为每周 4 天运动。

第三周，因为工作上有突发状况，连续几天加班，整周都没有运动。

第四周，虽然工作量回复到正常水平，但是不运动已经被坦然接受了。

为了改变现状，人们通常会设立目标、制订计划，并采取措施去实现目标，这是主动求变的真正解决方案。但是，人都有短视且懒惰的本性，制订的计划往往不能很好地落实，当然设立的目标也并不容易达成。

人性行为的基本规律是"逃避压力"，当目标与现状存在差距时，人们会产生压力——这恰恰是人们不愿意接受的。此时，人们会想办法来纾解压力，现实的办法有两种：一是改变现状，逐渐趋向目标；二是降低目标。

很明显，改变现状、趋向目标是真正的解决之道。然而，人性行为的另外一条基本规律是"遵循阻力最小之路"；人都有短视且懒惰的本性，落实真正的解决之道显然存在不小的阻力和难度（实施真正的解决方案来改变现状、缩小差距，存在一定的时间延迟，短期效果往往并不那么明显，这大大增加了实施的难度）。其结果是，放松要求，降低长期的、根本性目标。正应了俗话所说，"有志者立长志，无志者常立志"。设定目标固然可以激发人的斗志，但往往只能是 "三分钟热度"。必须说的是，降低目标固然可以减轻罪恶感和良心上的自责，但对解决问题而言仅仅是缓解当下症状的应急方案。

人们在应对问题时逐渐降低目标的做法，在系统性思维中被称为目标侵蚀，其主要表现是目标作为一个关键指标，随着时间的推移而逐渐降低，最终会趋向于现状。

显然，张翔费有健身的需求，为此，他制定了健身时长的目标。要想实现这个目标，对他来说是有一定压力的。缓解这种压力的策略有两种。

　　第一种策略是努力挤出时间去锻炼，增加健身时间（这是真正的解决之道）。当然，实现这种策略并不容易，这需要张翔费提高工作效率或减少工作或其他时间。

　　第二种策略是调低目标——目标越低，差距就越少（这是缓解当下症状的应急方案）。实施这一策略，可以缓解因预期与实际之间的差距而产生的压力感，除了要忍受良心上的自责之外，其他难度并不大，也可以快速见效。为此，张翔费就采取了这一措施。

　　当然，缓解差距的应急方案并不能满足其健身的需求，反而降低了挤出时间去健身的意志，不得不更多地依赖应急措施。这就是一个恶性循环！

放松要求、降低目标可能是一个瞬间而轻松的过程，也可能是一个长期而缓慢的渐进过程，无论何种原因，只要存在目标被降低或标准被放松的状况，就要小心并反思是否陷入目标侵蚀。

目标侵蚀在人们的生活、工作与组织管理中不胜枚举。如果没有达成目标，人们都会找出各种各样的借口来为自己开脱——长此以往，各种绩效指标（例如质量、交货期、客户满意度等）就无法达到既定或应有的高标准。

　　在公司中，执行制度时常常会遇到制度与实际情况有出入的时候，如"鉴于某种特殊情况""综合考量各种因素"等，管理者可能会不按制度办而做特殊处理；但事情过后往往没注意及时完善修改制度，使得下次遇到类似问题，仍按特批处理，时间一久，原本制度严密、执行到位的目标被侵蚀了。

　　对于某一个项目，在开始订立实施目标和计划的时候，大家热情高涨、目标远大；可是，在中途遇到挫折后，原本订立的目标就会慢慢"打折扣"，实施了一定阶段之后，回头再看才发现，现状与原本订立的目标相比，已相去甚远。

与此类似的其他案例包括下列情况。

　　虽然产品很棒，而且不断有改进，高科技制造商却在丧失市场份额。但这家注重自己的产品设计"天才"的公司，从未能有效控制生产进度。外来的调查人员发现，其客户对公司交货逾期越来越不满，并正在转向其竞争对手。公司却坚持自己的立场，满足于自己的业绩："我们在答应客户的交货时间内，一直保持了 90% 的成功交货纪录。"于是公司反而去寻找业绩不佳的其他原因。但实际情况是，每次公司交货开始出现延迟的情况，都会把承诺的交货时间加长一些。结果是，客户得到的承诺交货时间一步步变得越来越长……

公司为了降低成本，隐秘地降低质量标准，而不是投入开发新的可以提高质量（而且可能也降低成本）的工作方法，但仍然一路宣称自己不断保持注重质量的传统。

随着人们年龄的增大，很多人开始变得越来越务实，缺乏了冲劲儿。

要想有效避免目标侵蚀和短期有效的陷阱，对策主要包括 3 个方面。

（1）要深入剖析所采取对策的各种副作用，尽量不要落入只解除症状的陷阱。

（2）要关注根本解，不管绩效如何都要保持一个绝对的标准，坚持自己预期的目标或愿景决不放松；同时，要不断地将目标与过去的最佳标准相对照，而不是和现实的或最差的表现相比较。

（3）如果问题紧迫，由于根本解可能有延迟，可暂时使用症状解，以赢得使用根本解的时间，但千万要保持清醒，不要因问题症状暂时得到了缓解而放松警惕。

第9章

项目经理仅靠管理是不行的

> 最危险的常用语就是"我们一直是这样做的"。
>
> ——葛丽丝·霍普

在所有的管理科学当中，目前我认为项目管理是一种整合性最强的管理方法。我们把工商管理看成是一个横向的管理过程，它让你看到一片树林但难以在工作和生活中面对结果。项目管理跟工商管理不同的地方在于，项目管理是一个纵向的管理过程，教人如何以结果为导向来做事情。

作为横向体系的工商管理往往不需要面对结果，因此也难以直接检验；而作为纵向体系的项目管理就必须直接面对结果，所以就相对容易验证。项目管理作为纵向管理过程教我们在可控的风险范围内如何把一件事情从头到尾办得既有效率又有章法。

项目的结果是直接和明显的，项目管理水平高低，看结果便知。项目管理来不得半点忽悠，这不像战略管理。做项目的人，不能说"一般情况下怎样"，只能说"对这个项目而言怎样"。在项目面前，于每次我们都是在拿自己信誉和名誉对赌。

项目管理者必须"眼高手低"，既要有着眼于整体、系统思考的能力，又必须善于从具体工作做起、懂得落地。这种思想和行动的落差给项目管理者带来了巨大矛盾和痛苦。

9.1 项目管理既是一门科学又是一门艺术

项目管理有很大的发展潜力。项目管理做得好，无论对个人还是对公司，都会带来积极的变化。项目管理也常常是个人职位升迁的铺路石。和运营性工作好像永远看不到结束相比，项目管理更容易带给我们成就感和更多的变化。比起其他工作，项目管理也给我们带来更多尝试新事物、新任务的自由以及测试、扩展技能的机会。

严峻的是，项目的失败率居高不下，Standish Group 的权威调查报告是众人皆知的。为什么会存在这种局面？

残酷的现实对项目经理提出了近乎神一般的要求。要求项目经理们懂得项目的启动、规划、执行、监控、收尾过程；具备财务、质量、生产、市场、营销、信息技术知识；熟悉项目管理、运营管理、战略管理；需要有行业背景，了解市场信息、专业技术；更要理解项目环境、懂得适应事业环境因素，还必须有想象力、决策能力和好的性格、态度和习惯等，这是对人的要求吗？

在我看来，这是对项目管理不满的调侃！

9.1.1 项目管理过程的科学性和艺术性

项目管理既是一门科学，也是一门艺术。

科学的一面是指：项目管理者需要深入挖掘、理解并实现真实需求，懂得定义、协调和记录项目工作，具备预算、计划、决策、冲突等知识，更需要掌握网络图、甘特图、挣值分析、质量控制、风险分析的工具和技术。

艺术的一面是指：项目管理者需要提升判断力和学习如何领导他人。研究发现：人际关系和人们行为的问题，往往是项目失败的根本原因。项目管理的艺术性在于如何通过管理自己、影响他人，有效地完成项目任务。

项目管理者需要学习关注细节而又不会被细节绑住。项目管理者需要在信息不足、又相互矛盾的情况下做各种决策。项目管理者需要让自己学会做最可行的方案而非完美的方案。大部分项目经理工作在复杂的组织中，需要和来自不同部门的项目成员一起工作。这给项目运行带来独特的管理难度，也更加挑战项目管理者的管理能力：如何和不同部门（有时可能还有外部）的众多项目成员建立融洽的工作关系？

项目管理的艺术性也表现在如何在"管理每件事"和"诸事不管"之间平衡、在"自己做所有的事情"和"让大家做每件事"之间平衡。

9.1.2　项目经理的管理角色和领导角色

项目经理是做什么的？有的奔走于技术、设计之间，推进进度；有的则是无时无刻不在与文档打着交道。实际上，这便是真实的项目经理的工作环境。有时候怪不得他们，因为这常常是组织架构缺陷导致的问题，属于事业环境因素。因而这也是讨论的时候总难以达成一致的原因。

言归正传，项目经理常扮演的角色是模糊的，这是因为组织的职位架构不一定如理想般齐备，很多时候项目经理不但需要懂技术、懂管理，还要懂组织政治、懂客户体验，因为他要与所有干系人交流，以正确传达项目概念和项目应该实现的业务目标。

事实上，项目经理既是一个业务实现的管理者，更是一个临时团队的领导者。

1. 项目经理的管理角色

项目经理必须具备良好的管理技能，包括以下几方面。

（1）财务管理和会计。

（2）购买和采购。

（3）合同法和商业法律。

（4）制造和分销。

（5）物流和项目管理。

（6）战略计划、战术计划和运营计划。

（7）组织结构、组织行为、人事管理。

（8）信息技术。

此外，项目经理必须有一些技术能力，做到以下几点。

（1）管理技术，即便不熟练。

（2）与技术人员沟通。

（3）有全局观。

（4）促成权衡取舍。

（5）整合技术、业务和人员的目标。

（6）了解工程的工具和支持方法。

（7）执行适当的预算和评估技术。

（8）规划和组织跨职能团队。

（9）理解职能政策和运营程序。

除此之外，项目经理作为管理者的角色还应该满足下列要求。

（1）脸皮必须厚。

（2）技术多面手（而不是专家）。

（3）能够生存在没有结构和规则的状况下。

（4）同时也要能够生存在结构和规则中。

（5）能够面对难伺候的团队成员。

（6）记住这只是一份工作，不要忘记工作/生活平衡。

2．项目经理的领导角色

项目经理的职位并不适合所有人。管理和领导有明显差异，两者都是必要的，但在项目管理角色中，领导的精髓是更为重要的。

大多数项目经理在成长过程中可能没有告诉他们的父母，他们想成为一名项目经理。我们以各种不同的方式得到这个角色。项目经理们可能曾被问是否想要一个"工作丰富化的机会"。当然很多人说"Yes"，但事实上很多项目管理者对管理项目一无所知。

多数人被选为项目经理，是因为有过硬的技术能力。然而，当项目经理专注于专业技术领域，有时可能成为项目的障碍：很难摘下技术帽子和成为通才而不是专家；需要极大地信任某人能一样做好技术工作。

避免掉入这样的陷阱，以为因为自己负责一个项目，自己的地位就高于他人，友谊就不重要了……切记，项目过程中人际和行为等方面对项目成功至关重要。

是否准备好担任项目团队的领导角色？你可以使用本书附录 A 的表格测测自己的领导力水平。

关于项目经理的角色的详细话题，请参考本书第 1 章。

9.1.3　瞬间成为项目管理高手

> 如果你给孩子一把锤子，那么整个世界在他的眼睛里都是钉子。
>
> ——管理学谚语

很多时候，我们看的"事实"并不是"事实"，而是经过我们认知加工过的想象中的"事实"。[1]

做六西格玛管理的人，往往会误认为现在管理中各种问题的关键点都是没有很好地利用六西格玛理论进行过程控制。从事企业流程再造（Business Process Reengineering，BPR）工作的人时常认为 BPR 是解决企业创新、效率的一剂良药。人总爱把成功归功于自己的努力，而将失败归因于外部因素，这就是认知失调。认知失调的存在，导致很多经历过的实际经验反而会对自己产生负面的影响。

我害怕自己也陷入这种认知失调中，所以经常提醒自己要时刻审视项目管理方法论对哪些项目问题是无能为力的。尽管我也希望让项目管理方法论成为包治项目中各种疑难杂症的良药！

项目管理由于难以建模，而且每个项目都是独特的，导致没有大家普遍接受的"公理"！在关于项目管理问题的争议中，由于没有所谓的"公理"作为尺子，争论到最后，大家就会得出一个结论：不一定！

（1）项目风险管理重不重要？不一定。

---

[1] 高茂源. 项目管理心理学[M]. 北京：机械工业出版社，2014.

（2）重量级方法好还是敏捷方法好？不一定。

（3）是不是所有项目管理问题的答案都是不一定？这个啊，也不一定！

由于不能很好地建模，不能重复实证，因此心理学中的认知失调原理就会产生很大的作用。这种模糊性、不确定性本身就是项目管理的最大特点。因此，项目管理者在很多时候需要坚定地去做自己的安排，不要过多解释。这种坚定本身就是别人服从安排的最大理由。这在应对需求变更以及促使项目干系人达成一致的时候十分重要。

回到本节标题，如何让你瞬间变成令人敬佩的项目管理高手？强调一下，是看上去像一个项目管理高手。

答案很简单，你需要这样做：当别人说项目管理方面的任何观点和意见时，你不要去争论，要双臂环抱在胸前，一只手托着下巴，双眉做思索状，等他/她说完后，你很有把握地说："这个问题啊，不一定……"

如果别人问你：为什么不一定呢？

你真的不要解释，只需要像爱因斯坦那样笑笑。

瞬间，一个项目管理高手产生了（见图9-1）！

图9-1　一个项目管理高手的诞生

9.2　项目管理者的本质是管理自己、影响他人

一个项目经理死后，和上帝喝茶，上帝认为他太能说了，会打扰天堂的幽静，于是就把他打入了地狱。

刚过了一个星期，阎王就满头大汗找上门来说："上帝呀，赶紧把他弄走吧"。

上帝问："怎么回事？"

阎王说："地狱的小鬼们都被他激活了，天天开站会，翻看板，谈WBS，编进度计划，搞挣值分析，做团队建设，搞干系人满意度。我说话都没人听，他还要我改组织架构，做变更流程，目标设定，地下工作者也要加强沟通，识别风险，让所有人满意。"

上帝大怒："让他上天堂，看我怎么收拾他"。

一个月后，阎王遇见上帝，问："上帝，那个搞项目管理的人被您收拾得怎么样了？"

上帝停住脚步，回答说："你犯了 3 个错误，第一，你应该先说这个月的交付成果！第二，这个世界根本就没有上帝，只有客户才是上帝！第三，我没有时间和你闲谈，我要去更新项目计划。"

领导力（Leadership）就如同一个国家的软实力，国家的经济发展、GDP，甚至综合国力都是硬实力的体现，软实力就如文化、历史、品牌、民族内涵等因素。对人亦如此，硬实力意味着学历学位、技术、能力、知识、方法论的掌握。领导力则是软实力，如个性、品质、决策力、人际关系、沟通、修养，思想境界等。

> 　领导力是指有能力让一个群体为一个共同的目标而努力，并像一个团队那样去工作。
>
> 　　　　　　　　　　　——《PMBOK®指南》（第 6 版）

领导力是一种"厚积薄发"的力量，犹如杜甫的诗句："读书破万卷，下笔如有神"。用另一句话说就是"家有积粮，心里不慌"。

当个人的经历、体验、知识及心理达到一定临界时，自然面对人与事都会做到心有定力、处乱不惊。因此，虽然有着各种不同的领导力，比如技术方面的领导力、人际关系方面的领导力、业务方面的领导力、管理方面的领导力等，但领导力作为一个人所具有的综合素质的体现，是一个个体在阅历、经验充分积累之后的发自内心的判断力、决策力，以及对人与事的管理所表现出来的信心。

9.2.1　项目管理者最需要的是领导力

成为项目经理并不只是一次职位上的升迁，更是对你能力的检验——你是否具备领导跨部门、复杂工作的能力。你也已成为项目经理，但你不一定能管好项目。

常有人说，项目经理与其他管理者不同的地方就是"权利与责任的不匹配"。这的确是事实！大部分项目经理都生存在职能组织或矩阵组织下，极少数的组织属于项目型的组织。

实践中，项目经理们既不给团队成员发钱、也决定不了团队成员升迁（常见情况），还安排团队成员干活，自然是不被员工待见的。另外，项目经理们时不时跟职能部门争资源、给职能部门添麻烦，这些部门经理们自然也是烦项目经理的。显然，在这种组织架构下的项目经理，位置是尴尬的。尤其在中国的人文环境下，"官本位"和"层级权力"根植在骨子里，真正的职能经理才是长期的"官"，而项目经理充其量只是个临时的"官"而已[1]。这就只能靠项目经理个人的影响力更好地发挥和利用外部权力，实现对项目的有效管理。

"管理"基于一定的制度、流程和标准，是建立在合法的、有报酬的和强制性的权力基础上的，但是项目管理者更多的是建立在个人影响权和专家权以及模范作用的基础上。说白了，项目管理者最需要的是"说不清道不明"的领导力。

首先，领导者必然会有部下或追随者；

其次，领导者拥有影响追随者的能力；

最后，领导的目的是通过影响团队成员来达到项目的目标。

因此，一个人可能既是项目经理也是领导者。但并不是所有的项目经理都能领导。合格的项目经理运用的是领导的方式，不合格的项目经理则是运用管

---

[1] 我将其称为"铁打的组织流水的项目！"

理的方式。项目经理有能力管理的没有任何人，只有自己。项目经理握有较虚的职权，只能通过自己的专家权力和影响力去影响别人。只有做到管理自己、影响别人，这才是合格的项目领导者。

可见，项目经理应该具备一些基本的能力或者准则，这个基本准则的核心就是：只有被领导者（项目团队成员）成功，领导者才能成功。

走上管理岗位通常有两条通道，一是有特殊的专业技术能力同时被委以管理的责任，二是在管理方面展现出了能力和魅力。在我国，好像前者更多，此所谓"技而优则仕"。当然，也有二者兼备的人才，但微乎其微。

9.2.2 项目经理最重要的技能是人际关系

项目经理是否需要具备所有的能力和技能呢？答案很明显，不需要。有些方面的领导力需要借助项目组内部其他人员的力量，比如技术领导力，随着项目的多样性和技术的快速发展，项目经理不可能成为各种技术上专家，这就需要项目经理既要在组建团队时考虑人员的互补性，又要发现团队中具有技术领导力的成员，请技术专家们协助自己领导团队。

关于项目经理的人际关系话题，请参考本书第 1.1.4 节。

现实中，矩阵型最为常见，项目从业者几乎把矩阵型组织当作项目组织的同义词，尽管现实中并非如此。在矩阵组织中，员工需要向不止一位上司报告。这就导致在"谁是我的老板"方面出现一些混乱。重要的是，两位主管必须达成良好的一致，并明确责任和任务。作为项目经理，你必须要（或者说不得不）和部门经理有良好的沟通，除非你可以实质性地掌握资源。当然，即便是有很好的资源，也应该保持良好的人际关系。

胡宇是某研究所电子战电磁环境干扰系统的项目经理，他在制订完研制计划后意识到，再过 2 个月总装三厂的发射天线总装模具将会成为系统研制的瓶颈，因为发射天线总装模具的搭建需要占用该厂发射装配车间的 1/3 场地，这不仅会与其他项目产生冲突，而且会阻碍设备和车辆进出。

于是他上门与总装三厂厂长进行了一次面对面的沟通，并与相关人员做了一次团队建设。然后，他交给发射分系统的项目主管一项额外任务：每周请发射装配车间的人活动一次。

2个月后，发射装配车间将电子战电磁环境干扰系统置于最优先完成的任务，甚至在安排其他项目工作之前都会先询问胡宇的意见。项目顺利实施中……

组织的流程与制度是框架，人际关系是润滑剂，完全依靠程序未必行得通，毕竟中华文化里人情味还是比较浓的。

9.3 提升能力，让自己真正在"领导"

成功的项目需要强有力的领导技能，领导力在项目生命周期中的所有阶段都很重要。一个优秀的项目经理提升领导力，应遵从以下准则。

1. 提升你的团队

一个人一旦走上管理岗位，特别是项目经理岗位，其成功之举就不再是发展自己，而是发展别人。也就是说，项目经理行使领导职权的过程，在很大程度上是不断地发现别人、发展别人的过程。这个过程，就是项目团队提升的过程。

很多人尽管已经在管理岗位上多年了，但对于什么是管理者并没有一个准确的认识。事实上，真正的项目管理者的要素包含两个方面。

（1）要善于用别人去取得成果。

（2）要帮助他们取得成功。

用韦尔奇的话："在你成为领导以前，成功只同自己的成长有关。当你成为领导以后，成功都同别人的成长有关。"拥有最好球员的球队并不总是赢得最终的胜利，但同等条件下，获胜的概率要高。作为项目经理，你应该去创造这个或者优于这个条件或者环境。这也就是说，作为一个项目经理，你的关注点不是让自己变得如何强，而是让你的团队成员变得更强，变得更会协同。

2. 正直，赢取他人的信任

作为项目经理，首先你要正直，以坦诚精神、透明度和声望来建立别人对自己的信赖感。对某些人来说，成为项目经理意味着开始了自己的项目之旅。

当项目领导们表现出真诚、坦率，言出必行的时候，信任就出现了，事情就是这样简单。你的团队成员始终应当知道，自己的业绩表现如何，项目的业务将会进展怎样。作为项目领导者，你必须战胜自己的本能，不要试图掩盖或者粉饰那些糟糕的信息，否则，你可能损失自己团队的信任和能量。

3. 懂得工作的乐趣

快乐的员工会提供相对高质量的服务。让你的项目团队成员体会到工作的乐趣，不要施加工作之外的压力，否则会让员工疲于应对不相干的事情。

4. 让团队成员拥有梦想

项目团队成员往往会有个人的愿景，有时它会跟项目愿景相冲突。否定或者排斥它们是大错特错的，应该去引导，帮助团队成员制订发展计划，尽量将两个愿景合二为一，引导到项目的发展轨道，即使做不到，你也为公司或个人建立了一项资源，因为不管是现在还是未来，在职的还是离职的员工和我们的客户一样，都是我们的资源。至少应是你个人的资源，尽管这有些功利。

5. 学会分享工作的成绩

当你成为一名领导以后，有时不免会有这样的冲动，你想说："请看看我做出的成绩。"当你的团队表现出色时，你希望把功劳都归到自己头上。担任项目领导并不意味着给你授予了王冠，而是给你制定了一项目标——使其他人身上最好的潜质发挥出来。为了实现这个目标，就必须让团队成员信赖你。共同分享工作的成绩。独乐乐，与人乐乐，孰乐？

> 有效的项目团队是一条漂亮的珍珠项链，团队成员是一颗颗珍珠，项目经理是串起珍珠的线。于项链而言，线在内、珍珠在外，看得到珍珠、看不见线。珍珠再好，没有串起珍珠的线，也只是"散珠一盘"。

项目经理的作用就是整合一颗颗珍珠，从而形成美丽的项链——高绩效团队。

　　项目经理应该做一根牢固串起"珍珠"的"金线"，而不要做一拉就断的"丝线"；成为智慧的整合者而非愚庸的管理者。为此，项目经理应该多让团队成员去呈现光鲜的一面，不要总在团队成员的前面炫耀自己；当项目团队创造了优秀业绩时，项目经理应该先让团队成员享受劳动成果，不要有好处就自己冲在最前面。

要想获得团队成员的信赖，项目经理应以身作则。绝不能霸占团队成员的成绩，把别人的好主意窃为己有。应该有足够的自信和理智，不需要媚上欺下，团队的成功就是对自己的认可，或早或迟而已。

6. 善于倾听并敢于承认错误

作为项目经理，你需要维护自己的权威，但你更需要倾听团队成员的声音，汇集多家之言。俗话说"三个臭皮匠，顶个诸葛亮"。人无完人，项目经理不是圣人，犯错误也不足为奇，千万不要因为维护最不重要的面子而去掩盖错误。

7. 正视相左的意见和建议

发现问题是解决问题的一半。我们每个人都喜欢正面的意见，对待负面的意见往往会有敌对的心理。但作为项目经理，应该善于倾听并正视这个问题，有些需要给予澄清和解释，有些就会成为正面的意见和建议。

再重申一次，项目经理应该管理自己、影响他人。

9.3.1　领导力来自于信任

> 诚实的经理将比不诚实的经理更有成就。
>
> ——里茨

在整个项目团队和其他关键干系人之间建立信任的能力，是高效团队领导力的关键组成部分。信任关系到合作、信息共享以及问题的有效解决。

1.　建立信任是获取领导力的第一步

领导力之于项目经理的重要性已经很清楚了，那如何建立自己的领导力呢？我没有找到唯一的答案，但多年的实践告诉我"建立信任是获取领导力的第一步"。

信任是一切合作的基础，没有信任，就很难在参与项目的各干系人之间建立必要的良好关系。信任一旦被破坏，关系就会恶化、人员就会松散、合作就变得更加困难，甚至根本不可能。如果你不相信一个人，你就很难与其长期共事。如果你不相信一个销售人员，他就很难说服你去购买其产品。如果你不相信一个目标能够获得成功，你就很难为了这个目标倾尽全力。如果客户对一个交付的团队充满猜忌和怀疑，这个团队就难以说服客户认可他们提交的项目计划和技术方案。

作为项目经理，无论面对客户、发起人、项目团队，还是其他关键干系人，取得他们的信任至关重要，也是建立领导力的第一步。

2.　开放和诚实是建立信任的关键

我职业初期的上司是个心态非常开放的领导，在工作中或者吃饭时，都非常愿意分享，其中有好的、成功的或者是闪亮的经验，也有痛苦的、深刻的、负面的教训。这种无话不说的分享营造了大家贡献自己见解、所知所学的氛围。这对干系人之间的沟通和相互信任有着极大的促进作用。

请注意，开放和真诚要发自内心而非故意做作。要确定能真正敞开自己的心扉，不要计较个人得失。

> 我给一个企业员工做培训，有同学在课间问我问题并向我大倒苦水：自己非常开放地对待每个人，但团队成员们则不够开放。他列举了一些事实，诸如他给大家发了很多资料、经常分享文件。但团队成员并不买账，问我他该怎么办。我没有立刻回答，反问："你觉得问题在哪里？"他满脸疑惑。

> 与其一起上课的同事们摇摇头！刚好休息时间到，继续上课，没有继续讨论这个问题。

相信大家都明白，心灵不通则信任不畅。心有隔阂，绝非你喜欢、愿意或者故意分享资料就可以获得别人的信任。如果沟通和对人的开放只停留在语言和行动上，就很容易忽略存在心里的隔阂。

"先去私心，而后可以治公事，先平己见，而后可以听人言。"

我相信没有人对"诚实"这两个字的分量有丝毫的怀疑，古今中外都倡导诚实并将其定义为做人的基本品德。但是随着经历和外界的影响，诚实变得近乎奢望、遥不可及。自以为聪明的现代人为"诚实"添加了种种条件和定语，实在是亵渎了这两个字的尊严。"要不要诚实要分不同的人""善意的谎言""对待客户还是要有所保留，不能太诚实"就是明证。

3. 实施有效的自我表露

> 关于本主题，请参考本套书的《管法：从硬功夫到软实力》第12.3.1 节。

9.3.2 避免成为团伙，建设真正团队

团队是一群人为了长久的共同目标和理想而工作。至少他们之间的价值观不是相悖的，在共同的目标面前个体利益后退。团伙也有着共同的目标，但是在个人目标和集体目标冲突时，集体目标是后退的。团伙时有时并无集体目标和理想，即使存在共同目标也是临时性的。以下是团队和团伙的主要区别。

（1）团队为价值目标而战，团伙为利益目标而战。

（2）团队为一个信仰共存，团伙在己得失中较劲。

（3）团队在困难中找机会，团伙在机会中找困难。

（4）只要远期价值在团队人散心不散，只要短期利益亡团伙人在心已散。

1. 帮助大家找准自己的角色

团队刚刚组建时，人们更愿意从个人的角度出发来考虑问题，如"这样做，对我有什么好处？""项目对我的期望值是什么？"随着时间的推移，他们慢慢开始从项目成员的角度考虑："我们怎么把工作完成？"

　　帮助大家完成从个人到团队成员角色的转换,是项目经理的主要工作之一。项目管理者不能忽略任何一个成员,帮助大家了解个人期望,可以减少焦虑,并帮助大家慢慢向团队成员转化打开大门。即使大家已经开始慢慢这么做了,项目经理也要让大家愿意贡献他们的意见和想法。

　　在好的团队中,团队成员承诺愿意奉献他们的才干和技能来支持团队工作。建立团队与个体的平衡不是一件轻松的事情。团队中不允许大家按个人意志自由行事,否则团队工作将无法开展。当然,也不能让大家停止思考、机械前进。好的项目经理应该发挥一个领导者和引导者的作用,帮助团队形成凝聚力。

　　避免把时间浪费在和工作不相关、无谓的团队活动上,而应该通过早期的团队会议产生有价值的东西,如通过头脑风暴了解客户和他们的需求,或进行观察练习等。

　　提供从个体向团队成员过渡的机会,建立和加强大家联系的纽带。

　　(1)在团队会议中提出角色问题:在团队早期会议中,回顾项目目标,解释结果对公司、客户和参与者的工作领域的收益,澄清团队成员的角色。

　　(2)和团队中每个成员交流:向每个人解释为什么选择他/她加入项目团队,期望他/她在项目中的贡献,并就他们遇到的问题和困难进行讨论。

　　(3)保证每个人发表不同意见:期望一个团队运行良好,并不意味着意见不能相左。恰恰相反,我们要确保每个人愿意表达他们的观点,而不是感觉他们仅仅是项目成员。

2．警惕同我效应

　　越来越多的管理者意识到多样化会给团队带来竞争优势。多样化不仅包括教育背景和技能,也包括性别、年龄、性格上的搭配。在面临同一个问题时,不同类型的成员视角不同,对问题的理解也不同。团队成员会因此受到锻炼,慢慢接受不同的观点,这有助于形成一个更具创造力的决策。在项目中,团队成员的多样化有助于团队对需求支持的多样化。一个典型的例子是,如果一个团队中有女性成员,女性客户的需求就更有可能被理解和支持。

　　人们往往对与自己相像的人产生好感,所以很多管理者倾向于选择和自己"志趣相投"的人加入团队。这就是"同我效应"——这是指对与自己相似的人产生的印象要比对与自己不同的人产生的印象更积极、更深刻。此所谓"物以类聚、人以群分"。比如说，性格外向的管理者更喜欢善于表达的人；年轻的管理者比较难和老成持重的成员建立顺畅的交流，等等。

因为同我效应，一些团队在招募人员时喜欢团队成员的推荐，最后招进来的成员大都是来自于同一个学校的校友或者一个圈子内的人员。这在客观上导致团队成员背景类似，多样化不够，对项目的成功不利。

3. 一个人可管理团队的成员人数上限是9个人

一个重要的问题是，一个人最多可以管理9个人的团队。项目经理应该对此保持警惕。如果项目团队成员多于9人，可以根据项目的可交付成果进行分组，项目经理需要一些技术带头人或是其他项目经理协助。现实中，多于6人的团队也的确总是会自动拆成几个小组。

考科伯恩[1]表示，一旦到达9人以上的规模，团队氛围就会发生变化。大规模团队成员之间的关系也常不紧密，即使他们的可交付成果之间是相互关联、相互依赖的。更严峻的现实是，当项目团队成员位于不同地点的团队时（虚拟团队），项目经理要花费更多精力来让团队觉得自己是一个整体，而不是一个"团伙"。虚拟团队的缺点是明显的，可能产生误解、有孤立感，而且团队成员之间难以分享知识和经验。即便在通信技术（QQ、微信等）高度发达的今天，虚拟团队的问题仍没有得到很好的解决。事实上，在虚拟团队的环境中，沟通管理变得尤为重要；需要花更多的时间，来设定明确的期望，促进沟通，制定冲突解决方法，召集人员参与决策，理解文化差异，以及共享成功喜悦。

如果项目团队人数的确多于9人，他们可能已经创建了事实上的子团队。项目经理要给每个子小组指定一个负责人，这样才有可能管理规模过大的团队。

---

[1] Alistair Cockburn. Agile SoftwareDevelopmenl. Addison Wesley Longman,Reading，MA，2001.

9.3.3　补短板 VS 扬长处

　　一家公司召开年度企业规划会议，与会人员都是公司中层以上核心骨干。上年度的业绩尚可，但也遇到了麻烦。一个上亿元的项目遇到了极大的技术和实施挑战。总经理问大家今年应该怎么做，并用 PPT 展示了一个有短板的木桶。参会人员的第一反应是找出当前的"短板"，然后想办法改进。

　　一番讨论后，短板找到了，但如何补"短板"则成了更大的困难。众人聚焦在组织的交付能力上——项目管理、研发管理、技术团队、研发投入等。上市公司有股票价格和中短期利益的压力。提高研发能力、交付能力不仅意味着投资，更需要能力的长期积累。

　　老板对这个问题似乎有所准备，发现大家纠结在死结上出不来，话锋一转："我们能不能有其他解决方案？大家看，木桶之所以要补'短板'，是因为大家都在想木桶是用来装水的，如果这个木桶不是用来装水的，而是用来装书、装衣服的，装东西的多少是否还取决于这个'短板'呢？"

　　老板就是老板，确实有过人之处，一句话让大家茅塞顿开①。

在木桶理论的短板和长板之间，每个人都有选择的机会和权利，是去补自己的短板还是更好地发挥自己的长处。

　　关于补短板还是扬长处的问题，我没有找到统一答案。事实上，补短板和扬长处的问题更多的是一个伪问题。有时候要努力补自己的短板，更多时候需要尽量发挥自己的长处。补短板需要时间和阅历，逐步完善自己是一个长期的过程。发挥长处却是可以立刻做到的。

9.3.4　平衡"事必躬亲"与"发挥团队"

　　面对完成任务的压力，项目管理者们经常倾向于亲力亲为，尤其当项目成

---

① 案例来源：李华领，岳治宇，刘彦芳，等. 项目经理修炼之道：从硬功夫到软实力[M]. 北京：电子工业出版社，2014.

员还不清楚状况、做事笨拙时。这是必须避免的倾向。

首先，你不可能懂得一切。之所以建立团队，就是因为只有通过招募不同背景的人员，才可以达成某个特定目标或解决一个问题。

其次，大家参与一个团队是期望自己的知识、经验、技能能够帮助团队成功。如果不给大家贡献的机会，每个人都会感觉被忽视，失去成就感。

1．技术专家型项目经理未必有更多优势

关于本主题，请参考本书第 2.4.1 节。

2．平衡"事必躬亲"与"发挥团队"

平衡"事必躬亲"和"发挥团队"之间的关系是项目经理必须做的、最难的事情之一。在项目之初就培养大家的主人翁意识十分重要。让团队成员参与确定项目范围和定义（当然也包括与客户和发起人的谈判）。

随着项目进展，要尽可能和大家分享决策。让团队决策开会的时间，制定轮流担任会议主持人的时间表、参加会议的纪律、分配项目任务等。让团队决定决策方法——什么时候需要大家的一致同意、什么时候依赖专家的知识等。

请务必记住，项目经理是组织专家做事而不是自己亲自做事的人，项目管理者的角色是确保工作没有遗漏、确保每个工作都有人负责（而不是自己负责），必要时提供协助和指导。

因此，项目管理者需要注意以下方面。

（1）重视成员的贡献：向团队成员解释他们的职责及如何为团队成功做贡献。认可平时通常会被忽视的贡献。

（2）在团队中传递信心，避免管得过细。给大家时间摸索和实践，获得自信。设定挑战目标，尽可能把决策向一线靠近。

（3）认可好的绩效，高标准设定绩效目标。在团队会议和任何团队文件（纪要、公告栏等）的显著位置宣传做出贡献的成员，并向发起人/职能经理和其他关键干系人介绍其工作表现。

9.3.5　在跨地域项目团队中培养信任

虚拟团队的缺点是明显的，可能产生误解、有孤立感，而且团队成员之间难以分享知识和经验。跨地域项目团队最重要的管理工作，就是要帮助团队学会彼此信任。

如果多个团队拥有同样的承诺目标，同时他们的可交付成果相互依存，那么随着他们完成自己的可交付成果，同时朝着共同的目标努力，这些团队会学着互相信任。项目经理的工作是要帮助每个团队制定承诺目标，定义可交付成果，确保每个地点都有完整的项目可交付成果，确保团队可以彼此互相合作。

1. 确保每个地点都有完整的项目可交付成果

项目经理在组织实施时，要假定每个地点都会完成一些相对完整的功能集合。可交付成果是互相依存的，它们都会融入最终系统中，但是每个团队都有责任交付一部分完整的功能。如果研发团队与测试团队不在同一个地方，那就极可能出问题。因此导致的沟通成本极高，甚至根本无法推进。

尽量避免"零散"团队——同一工作人员（研发人员、测试人员、技术文案等）分散在不同地区。如果一个团队有 3 个研发人员，一人在上海、两人在纽约，这个团队就是"零散"的。如果人们散落在各个地点，他们将很难协作。当事情进展不顺利时，人们会本能地互相指责。如果同一个团队的研发人员、测试人员、实施人员、文档人员分别在不同地点，会更糟糕。

如果无法在一个地点召集完整的团队，那就得想办法保证每个人跟团队其他人能够紧密接触。

2. 互相依存的团队之间不能存在竞争关系

总部在法兰克福的某 500 强跨国公司为降低项目研发成本，组建了横跨欧亚大陆的 4 个研发团队，张琼是上海团队的项目经理。法兰克福团队的经理阿尔伯特·凯（Albert Guy）被告知：如果他们不能及时交付，那么所有的工作就要被移交到亚洲去。

阿尔伯特·凯的团队在选择功能时精挑细选，确保自己团队能在短期内完成这些功能。在与法兰克福团队第二次会面以切分功能开发任务后，张琼意识到这一点；张琼努力为上海团队争取到了一些不那么难以完成的任务。看起来最麻烦的工作交给了地点在班加罗尔、里普苏丹（Ripusudan）为经理的团队。

项目的进展如同龟行，缓慢的进度让总部 PMO 总经理简·弗兰克斯（Jean Francois）如坐针毡，不得不将各地团队的经理召集在一起开会⋯⋯

张琼："如果你们坚持把我的团队成员置于失业的危险境地，我就不会帮助班加罗尔团队。我会确保完成必要的工作，但仅此而已。"。

阿尔伯特·凯："想降低开发成本，那就别让我们敌对起来。"

当局者迷、旁观者清，根本原因在于大家已经完全没有信任感了。让团队互相竞争，这等于置他们的工作于必败的情形。信任被摧毁了，人们也不得不先考虑自己（而且仅仅考虑自己），项目的产出也因此而减少。有些时候，产出多少还有点；而有些时候，人们会破坏已经完成的功能，因为他们正在"修复"某些东西。

要确保多地点的团队有同样的目标——以项目为重，绝不要让他们彼此竞争。

3．让人们建立个人接触

倘若经济上允许，让全体团队成员集中办公是一个好主意——说实话，这过于理想！当然，组织一些社交活动（比如一起进餐）也是不错的，这可以让大家互相之间增进了解。

实在无法让团队聚到一起，那就让项目经理和主管们见见吧。即使每个地点只能来几个人，大家互相认识、彼此了解，经过几天的工作后，大家也会增加信任。除此之外，组织各个地点之间定期的互访，对维持彼此之间的良好关系也甚为有用。

人们需要面对面接触，这个过程中彼此建立起来的情感，有助于提高大家和用即时通信工具或沟通的效率。

在电子邮件中看到这样的问题："你这周有任何进展吗？"不同状

态、不同环境下，在不同人之间可以得到不同的信息。

（1）强调"任何"，感受到的是挖苦或无可奈何。

（2）强调"进展"，感受到的是无可奈何或焦虑。

（3）强调"你"，感受到的是来自个人、团队的问候。

人们离得越远，就越有可能对你产生误解。他们可不知道你的话是在什么情形下问的。只要各地团队开始建立信任感，多站点项目的成功概率就大大增加。否则，文化和地域冲突将让项目举步维艰。

9.4　项目管理者的压力与情绪管控

2006 年 7 月 10 日，法国和意大利在德国世界杯决赛中相遇，这是法国队队长、民族英雄、国宝齐达内为法国效力的最后一场比赛，意大利队球员马特拉齐对他进行了一系列的口头侮辱，结果齐达内用头撞击对方而被罚下场。最后，意大利队在点球大战中 5∶3 获胜。来自世界各地的球迷都很诧异为何像齐达内这样经验丰富的球员也能做出如此不当的举动。

这是齐达内职业生涯最重要比赛的加时赛，法国迎来了卫冕世界杯冠军的机会，这可以让他们成为足球史上成功卫冕的伟大球队。获胜的压力无疑是巨大的，甚至老练的球员也会觉得很难表现出最佳状态。

人们经常讲"压力产生动力"，事实上当人们陷入极大压力时，大脑深处的一个小器官——丘脑背内侧核会触发应对反应，这会导致不同的症状：心跳加速、呼吸加快、应激激素释放，甚至是临时性的呆滞。此时，人们合理处理信息的能力在一段时间内变得十分有限。这个非理性的时期可能仅持续几秒钟、几分钟甚至更长时间，这取决于不同的人和不同的环境。此时，人们就会更多地基于情绪而非理性分析实施行为。

9.4.1 认识压力

管理压力的第一步就是要了解压力响应的本质和人体对压力的反应，这样才能识别个人是何时和怎样被压力影响的。

压力是指当人们去适应由周围环境引起的刺激时，人们的身体或精神上的非特异性反应。通俗地讲，压力是对环境中的压迫、责任和真实的或想象的威胁的自然反应。压力是一种反应，而不是引起它的因素。产生压力的因素称为刺激因子。

压力可能对人们的心理和生理健康状况产生积极或消极的影响。压力如果没有及时宣泄就会积累起来，并导致许多内部无序。加拿大生理心理学家汉斯·塞利被称为压力理论之父。汉斯·塞利研究发现，当人体遭遇到一个刺激因子时，会经历 3 个阶段：警觉阶段、抵抗阶段和衰竭阶段。

（1）在警觉阶段，人们体会到一种"战斗或逃避"的感觉。人体会发生生物化学变化，从内分泌腺中释放出荷尔蒙来抗击压力。这些荷尔蒙会尝试着让人体回到受刺激之前的稳定状态，或者鼓舞人体细胞与刺激因子进行抵抗。在警觉阶段，人体的心跳加速、血流加快、耗氧量和血糖上升，肌肉开始变得紧张、瞳孔放大、消化能力也下降。

（2）在抵抗阶段，人体适应了刺激因子并尝试着抵抗它。如果人体能够战胜刺激因子，就可以修复在警觉阶段受到的伤害。压力导致的身体上的表象逐渐消失，人体也更能抵抗刺激因子。虽然此时人体更能抵抗刺激因子，但是人体抵抗病毒侵略的能力也下降了。

（3）当人体不再适应这种压力，就进入了衰竭阶段。人体维持抵抗阶段到进入衰竭阶段的时间长短是高度可变的，并受到多种因素的影响，包括个体不同和压力的程度不同。在衰竭阶段，警觉阶段的信号再次出现，但此时人体已经没有力量来做出任何响应了。因此，人体就开始受压力的支配并产生了头痛、溃疡、高血压和心脏病等生理疾病。

在这个过程中，人体调动自身资源并做出自我保护性的调节，如果调节生效，就会恢复到正常状态，不会进入下一个阶段。塞利说"压力是人生的调味品"。适度的压力能够激发个人潜在的能量，提高工作效率，从而推动人们成功。

只有管理不善的压力才会产生消极影响。

没有压力的项目是不存在的。项目的压力无时不在、无处不在，交付压力、进度压力、风险造成的压力等。对团队中的个人而言，解决问题的压力、汇报工作的压力、绩效考评的压力、职业发展的压力等也相随相伴。项目压力的来源多种多样，比如不断变化的项目需求，不顺畅的流程，过高的期望或者职责模糊等，这些都会给项目成员带来困扰。

研究发现，引起压力的事件中只有 8% 是合理的，其他的或者永远不会发生，或者是由过去所做决定导致的结果因而无法改变，或者只是出于个人的心理因素。我们大可不必在众多的压力面前担心顾虑太多而过度反应，失去自信。

图 9-2 是彼得·尼克松（Peter Nixon）博士给出的压力—绩效曲线。这个曲线能够帮助我们理解压力对日常工作效率的影响。

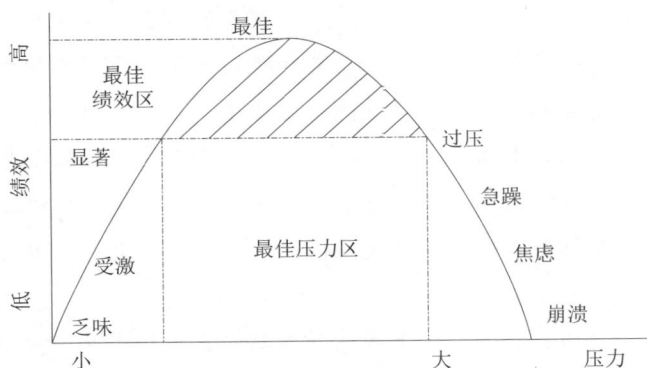

图 9-2　压力—绩效曲线

从压力—绩效曲线来看，压力和工作效率呈现倒"U"形关系。在没有压力时，效率很低。随着压力的提升，人的士气被激发，工作效率也随之提高。但当压力超过一定阈值时，人们会"崩溃"。现实中，每个个体的压力阈值不同，而且压力阈值会随着个体的认知和承受能力而变化。

面临同样的压力，有的人能尽快调整转而迎接挑战，而有的人却容易产生挫折感，焦虑、烦躁，而且长时间不能自拔。其关键原因就是不同人面对压力的态度及抗压能力不同。抗压能力越强，越能承担更多的压力。个体差异会导致相同的压力作用于不同的个体，对这些不同个体产生不同的心理、生理反应。

卡拉塞克（Karasek）的工作要求—控制模型理论认为，工作压力来源于工作要求和工作控制的共同影响。工作要求是指对员工所从事的工作任务的数量和困难程度的要求，即压力源（如工作负荷、角色冲突及问题解决要求等）；而工作控制或者工作决策幅度则反映了员工能够对工作施加影响的程度。

根据工作要求—控制模型：高工作要求、低工作控制导致高工作压力；当工作要求和工作控制均处于高水平时，工作动机增强，有利于提高员工的工作绩效和工作满意度。在这种情况下，高工作要求非但不是压力源，反而是对员工的激励因素，产生所谓"有益的压力"。也就是说，当员工面对高工作要求时，高工作控制能够帮助员工避免过大的工作压力的伤害。

9.4.2 提升自己的压力阀门

一个加拿大的高科技公司设计了一种可嵌入在健身房健身器材上的电视机。每个电视机都有一个屏幕和键盘用于切换频道和音量。最初，所有的键盘都设计为键盘外的气泡按钮。

一天，公司的首席执行官（CEO）向一个在健身行业很有影响力的人演示该科技。这个人之前看过一个实验，认为气泡按钮没有扁平按钮耐用。实际上，他所按的气泡按钮已经被按了 100 万多次，所以坏了。

当天，CEO 回到办公室并要求重新将键盘设计成扁平按钮。遗憾的是，CEO 和工程师在内的所有人都不知道这个实验。不过这是 CEO 的命令，工程师们只能开始新的开发。键盘的重新设计导致整个项目进度延期、成本超支，CEO 很诧异，他质问项目团队为什么不告诉他变更设计的成本和耐久性。事实上，那天他受到公司董事会的考核压力很情绪化，以至于无法听进去项目团队给出的任何建议。

当你发现身边有人做着愚蠢、不合理或者适得其反的决定时，那么可能是由于他们的情绪而导致的。此时，生他们的气不仅起不到任何作用，甚至还会使得事件恶化。我的建议是，给予充足的时间，当压力消失后，他们的情绪就会恢复，到那时他会回想起自己鲁莽的行为并更正自己的决策。

项目经理要对一个项目的成败负责，这无疑比其他人员面临着更多更大的压力。项目中频繁变更的需求、紧张的进度安排、突如其来的变化等都会使项目经理陷入焦虑。当项目面临困难时，首先承担责任的往往是管理人员。如果不能很好地管理疏解压力，项目管理者很容易像陷入个人健康危机中。显然，管理个人压力，保持工作、生活的平衡，也是项目管理者的一项关键领导技能。

最常见的压力来源可以分为两类：角色冲突和角色超载。角色冲突是指当管理者扮演的多个角色被期望做出的行为不同时，就会出现冲突。例如，项目经理作为团队的一员想要融入集体的需求，与其作为团队的管理者需要做出奖惩的冲突；或者，作为职业经理人和作为家庭成员的责任冲突等。当有太多的责任和太多的事物要处理时，就会出现角色负载。可以想象，由于项目经理直接对项目成败负责，这两种情况在项目经理这个群体发生的概率很高。

项目经理的压力可能有很多来源，下面是一些常见的压力源。

（1）对工作的描述不清楚，工作角色模糊，责任不清楚。

（2）承担了太多的职责和责任。

（3）没有足够的决策权来完成工作和影响他人。

（4）被强加了不切实际的要求或者不可能完成的任务。

（5）复杂的需求和频繁变更的需求。

（6）个人与上司对工作优先级的判断不一致。

（7）在同一时间尝试着做太多事情。

提升自身压力阈值的关键是以积极态度面对压力。压力从本质上讲是人在遇到自己没有足够能力处理问题时的反应。一旦认识到压力只是一种自然反应、过度恐慌不会有助于问题的解决时就会专注于解决问题本身或者消除自己的负面情绪。下面列出一些常见的个人应对压力的方法。

1. 改变不切实际的目标和期望

有很多压力来源于不切实际的目标或者不现实的期望，尤其在这个成功学盛行的年代。改变自己的期望值，压力就会随之消失。

有人说很多城市家庭由"一个焦虑的妈妈+一个缺失的爸爸+一个出了问题的孩子"组成，我不完全认同。我承认妈妈们很焦虑、爸爸们也时常是缺失的（不然，《爸爸去哪儿》怎么这么火？），但孩子是否出问题却未必！这些家长们基本犯了同一个错误，就是对孩子寄予了不切实际的期望，过高的目标恰是其焦虑的压力源。事实上，这些人觉得自己的人生不成功，却总是希望孩子成功。

2. 视压力为机会，勇于接受挑战

压力面前，积极的心态很重要。我们可以变换角度看待压力，给我们带来压力的问题，往往是我们提高自己能力、锻炼自己的机会。

3. 加强时间管理，了解轻重缓急

好的时间管理方法会帮助管理者更高效地利用时间，并且集中注意力在那些真正重要的事情上。

4. 锻炼好身体，平衡饮食，保持规律的作息

好的身体能帮助管理者提高抗压能力。许多管理者会通过慢跑、瑜伽等方式锻炼身体，同时调节自己的情绪。

5. 放松与冥想

暂时抛开烦心的事情到另一个环境中去放松心情，或者通过冥想得到放松和休息。

有了个人较强的承担压力的能力，项目经理才能遇事不慌、临危不乱，积极识别压力，分析压力背后的刺激因子，依靠团队的力量化解危机，或者找到其中蕴藏的有利机会，善加运用，从而推进项目的成功。

9.4.3　积极面对反馈，做好自我管理

做项目，无论是项目经理，还是团队成员，抑或其他干系人，都会面临着很大的压力，但真正能解决我们工作和生活压力的办法，不在于别人，而在于我们自己。

电视剧《猎场》里，当郑秋冬被曲闽京拒绝并被质疑动机后，内心已经接近崩溃，但没有放弃。最后在成功完成任务后，坦然道："如

果此时我们选择了放弃，就成了平庸的大多数，不可以。既然运气已经差到家了，那我们就试试勇气。"拒绝是另外一种工作方式的开始。谁都有委屈，但不能因小失大。曲闽京赞赏道："疾风知劲草，智者必怀仁。"

项目中有很多事情要做，项目管理者很容易仅仅关注管理他人——确保项目成员清楚他们的职责，并有相应的资源完成相关工作等。但是，真正高效的项目经理，一定会学习并提高管理自我、影响他人的技能。

1. 积极面对反馈，做好自我管理

成为项目经理后，你很快就会发现为什么你不能简单地等待结果到你这里——团队成员很少开诚布公地自愿批评或评论项目经理。如果他们不喜欢你的做法，他们可能会背后议论你，这只能削弱你有效领导团队的努力。

有些项目经理错误地认为，因为自己周围一直被他人包围，就意味着自己获得真实反馈，这种理解是错误的。

　　客户只关注项目工作的结果而非过程，他们并不关心项目经理如何把工作做好。

　　项目经理的直接领导没有直接参与项目团队的日常运作。尽管他们可能比客户观察的细节多一些，偶尔也会提供一些小技巧，但他们也绝不是典型的反馈源。

项目管理者要善于回顾，项目团队会议后、与团队成员一对一面谈后，项目经理需要经常检查以下问题：目标达成了吗？沟通有效吗？团队成员感到积极、受鼓励还是相反？哪些方面做得更好，是否可以更好地处理当时的情形？是否因为个人偏见影响了自己的行为？

　　刘荣硕是诺维尔系统公司的项目经理，负责某央企工业自动控系统的实施。周二下午，运行中系统出现了问题，没有及时给客户汇报，下班前被客户骂了一个狗血淋头。刘荣硕一句话都不敢讲，心里想："完蛋了，我们把事情做砸了，确实是我们工作不到位造成的。"

　　刘荣硕和他的团队连夜加班把所有问题梳理出来，针对每个问题给出了解决方案和时间节点，绘制出进度网络图，并给出了后续工作的思路和方法。

　　第二天，刘荣硕拿着做好的文件给客户，心平气和地说道："您可以继续骂我，但是错误已经发生，现在能做的最有价值的事情就是去解决并防止类似问题再次出现，感谢您让我意识到了自己的不足，这是我做的进度网络图和后续工作安排，请您审阅！"

　　客户审核之后，赞赏了他们的方案和态度，此后的每一天，刘荣硕不再隐瞒项目中出现的任何问题，而是积极去面对解决。项目结束时，客户给了他们很高的评价，并成了很好的朋友。

用积极的心态面对反馈，认真倾听并去处理。如果自己从不想得到他人真诚的反馈，好的做法是忽略他人意见或者当他人试图告诉你他们的看法时昏昏欲睡。要营造一个好的氛围，必须开诚布公地发表负面反馈，学习倾听并采取相应行动。

　　人生不缺少老师，缺少的是导师。每个人都拥有成为一流人才的潜质，同时更需要有人指点和指引。这个导师可以是你的师傅、你的领导，你的朋友，也可以是你的客户，甚至也可以是你的对手。如果你足够幸运，恰好有一位可以为你指点方向的人生导师，你一定要珍视他的意见，前提是他有时间观察你在工作中的表现，并提供相应的帮助。如果没有找到自己的人生导师，我建议你多读书，从书中学会为自己当导师。显然，这需要开放的学习心态。

2. 做一个充满正能量的好人

　　乾隆年间有次闹了大饥荒。和珅去赈灾，看到施粥的锅，和珅往锅撒了一把沙子。周围的官员不理解，向和珅询问。和珅一语道破：真正的灾民是不会在意这些沙子的！

　　如果赈灾粮干干净净，和普通粮食没什么两样，一定会出现层层截流的情况。难以到达灾民手中。掺了沙子，原本想截流的那些人，考虑到赈灾粮的口感和挑沙子的难度也就放弃了。如此，粮食也才能够最终进入真正的灾民嘴里，虽然有沙子但总比饿死要强百倍。

人性有黑暗与光明的两面，而且也很难判断绝对的好与坏，正确利用就可以取得好的效果。

人类社会这个系统进化或者演化的历史让那些符合这个系统存在，对系统更有利的人获益最大，而这类人就是我们常说的好人！达尔文认为顺应系统进化的物种最终生存下来，此为物竞天择。系统让其他个体都有一种本能，那就是愿意接近这些好人，同时也会赋予好人更加健康快乐的心情。

一个自身具有正能量的人，会激发身边的人将自己最好的一面展现出来。他们是那种即使在困难环境中依然能够看到机遇的人，而且也会给其他人留出机会，使其能够做出有意义的贡献。优秀的正能量者值得信任；他们不会因个人利益而违背原则，而且也喜欢与其他人交流。

已经有好多心理学实验证实了好人更容易成功、更快乐。一个常见的结论是，快乐的人更容易成功，而不是成功的人更容易快乐。现在，你也可以亲自来证明这个好人理论，方法很简单，那就是当你不快乐的时候或者情绪低落的时候，你可以试着去帮助别人做点事情，之后你会感觉你的心情的确会好很多。

那些还在为用户需求不断变更而苦恼的项目经理，想让自己心情好一些吗？很简单，马上放下工作，去帮同事倒一杯茶或咖啡吧。当然，如果能帮助同事解决一个难题就会更好。在家中的项目"受难者"们，马上去帮家人做点家务活吧，你会发现，咦？心情真的好转了！

相比之下，"负能量者"只会指出眼前的障碍；他们只顾着批评别人，却不会针对障碍提出建设性意见；他们的思维僵化，无法在困境中创造机会，也不会恪守自己的职责，更不会关心身边的人。

鉴于此，我的建议是：做一个充满正能量的好人！

第 10 章

好的项目管理者必定是
心理学高手

> 理应始终引导人类前进的理智很少为我们引路；而感情与
> 脆弱却总是篡夺其位，代替它来指挥。
>
> ——切斯特菲尔德（英国政治家和文学家）

承担过项目管理职责的人大约都会遇到各种印象深刻的难题，而且这些难题很可能都与人有关：项目团队内不服从安排的成员、完全不讲道理的客户、进度紧张的时候团队内就越容易出现各种奇怪的人员问题……

很多人对我说，我观察世界的方式异乎寻常。在我 20 多年的项目管理生涯里，乐此不疲的就是要搞清楚影响人们在项目中做决定的真正（而不是人们想当然的那些）因素，这种探索给我带来了无穷的乐趣。上面这些问题，刨根问底，都是"非理性"的人搞出来的，因此，难以从理性的科学框架中找到答案。

10.1   由非理性导致的项目失败

10.1.1   人并不总是理性的

《经济学人》杂志当年搞了一个征订方案（见表 10-1）。电子版一年的订阅费用是 59 美元，印刷版的一年是 125 美元，滑稽的是还有一个电子版加印刷版也是 125 美元。正常人看上去，这是一个非常诡异的方案——第 2 种方案放在这里是干吗的？

表 10-1   杂志的征订方案

方案序号	方 案	售 价
1	电子版	59 美元
2	印刷版	125 美元
3	电子版+印刷版	125 美元

丹·艾瑞是麻省理工学院一位著名的行为经济学教授，他看到了这个方案以后感觉很纳闷，于是就给这家杂志社打电话，确认杂志的征订方案是不是弄错了。接电话的人支吾了半天，最后说了一句只有中国的客服人员才经常说的话："负责人不在。"丹·艾瑞教授作为一个美国人显然很不适应……

丹·艾瑞教授找了两组实验对象进行了对比测试。结果令人吃惊。

当第 2 种方案不存在时，84% 的人选择了相对理性的第一种方案。只有那些完全不缺钱或更重视阅读体验甚至收藏杂志的人——占 16% 左右——选择了相对昂贵的第 3 种方案。

当第 2 种方案存在时，32% 的人选择了便宜的第 1 种方案，68% 的人选择了昂贵的第 3 种方案。

事实是，人们在消费时，除非是这个领域里的专业人士，大多数人判断的依据常是做粗略的横向比较。换句话说，第 2 个方案唯一的用途就是使第 3 个方案显得特别超值，在这种超值的感觉诱惑之下，很多人忍不住掏了更多的钱。

显然，人并不总是理性，而是有限理性的。项目管理者必须要警惕陷入非理性陷阱。

作为项目管理者，你不得不面对的现实是，大多数客户总是对项目的结果不太满意，为什么？因为人的欲望是无穷的，不管你的项目增加多少功能，用户总是会提出更多的需求。卡诺模型[①]说明了这一点：不管产品特性多么耀眼，过一段时间人们就会将其视为正常的功能！

这就是人性，所以在做项目的过程中，不要追求多，而要追求少而精，反正无论做多少需求，客户都总是觉得不够的。

10.1.2　由非理性导致的项目失败

1. 网络计算机项目

1995 年，IBM 和甲骨文（Oracle）等 IT 公司开始致力于开发无磁盘台式计算机，当时将其命名为网络计算机（Network Compute，NC）。这种理念具有革命性的意义，当计算机和网络连接时，不再需要处理器、光盘，甚至是硬盘驱动器。网络计算机相较于常规台式计算机而言成本少很多，定价可以少于 1 000 美元，这在当时具有巨大成本优势。因为软件安装在服务器上而不是在网络计算机上，所以用户维护和升级软件的费用会显著降低。尽管网络计算机看起来前景广阔，但这种理念并未实现，也没有取得好的销量[②]。

实际上，这个项目想要获得成功，至少满足 4 个前提条件。

（1）常规个人计算机定价不能走低，从而保证网络计算机具备价格竞争优势。

（2）一系列兼容可行的运行于网络计算机的配套软件。

（3）满足网络计算机运行的网络基础设施。

---

① 东京理工大学教授狩野纪昭（Noriaki Kano）发明的对用户需求分类和优先排序的工具。
② 列夫·维瑞恩，迈克·特林佩尔. 项目思维：为什么优秀的项目经理会做出糟糕的项目决策[M]. 钱峰，译. 北京：中国电力出版社，2016.

（4）顾客接受网络计算机系统的理念。

假设每一个前提被满足的概率等于 70%。乍一看，70% 的满足率似乎很高，网络计算机成功的概率很高。但多个前提条件都需要同时满足，因此这个项目的成功概率仅有是 0.24（0.7×0.7×0.7×0.7）。

网络计算机的创始人也许清楚自己的处境，但仍然继续项目——他们陷入了非理性的陷阱：高估可取事件的成功概率。事实上，这是导致许多项目失败的原因。

2. 柳京饭店

20 世纪 80 年代，朝鲜政府为彰显国家的工业和科技实力，进而吸引更多的海外投资，决定建造一座"让全世界都望尘莫及的建筑"——柳京饭店（见图 10-1）。这座巨大的建筑设计高度 335 米、105 层，预算高达 7.5 亿美元。占当时朝鲜国内生产总值的 2%。

正如可预见的一样，这个项目并没有像朝鲜领导人预期的那样取得显著性成就，超负载的高额成本和一系列技术问题导致项目在 1992 年停工，只在所有人都能看见的平壤市中心留下巨大的废弃混凝土躯壳。尽管在 2009 年柳京饭店动工，但朝鲜领导人对于这个饭店项目的初始意图已经付诸东流，且产生了负面效果。如果是建造一艘火箭，即使项目失败，人们也会很快随着火箭爆炸后的残骸消失而逐渐淡化，这种城市地标却时刻让世人记住这个失败的项目！

图 10-1　柳京饭店

网络计算机和柳京饭店项目，至少有两个共同点。

（1）这些项目的管理者都做出了重大的错误决策。

（2）这些项目的错误决策本质上都是非理性的。

3．雷曼兄弟公司

2008年9月，雷曼兄弟公司股票大跌，申请破产保护，一个拥有6 910亿美元的世界最大、最老牌银行竟如此迅速地瓦解！诚然，其大量投资于次级抵押贷款和相关衍生品是其崩溃的根本原因。但是，为何其高学历 MBA 的金融人才和强大的金融模型没有预测到这些风险，难道雷曼兄弟的决策者们也都没有意识到威胁？事实上，雷曼兄弟的高管们都意识到了次级抵押贷款的危机，且已经在多种场合被提醒，但他们却选择故意忽视这些警示。

雷曼兄弟是遵循一套政府规则框架运行的，美政府在其中的角色是确保金融危机（如次贷危机）不会发生。事实上，政府（美联储）也预见到次级贷款和相关衍生品的潜在风险，但他们认为这类风险会在金融系统内部消化掉且不会影响到整个经济环境。显然，他们错了！

在项目中，低质量决策往往是由以下原因造成。

（1）没有进行分析或者分析并不充分。在许多项目中这是常见的现象，网络计算机和柳京饭店项目就是如此，雷曼兄弟公司和美联储的例子除外。

（2）分析可能部分错误或者完全错误。

（3）决策者们会修改、忽视、曲解或者推翻整个分析结果。雷曼兄弟的高层就是这种类型的最好例证。

人们对现实的理解是受制于幻觉的，人们往往要么误以为分析是没有必要的，要么认为他们的判断比由分析所提供的选择更好。换言之，人们不能在特定情境下做出最好决策，是因为非理性伴随在我们的直觉中。认识到这种非理性，我们就可以看清问题、做出正确的分析和决策。

10.2　小心沉没成本

有人说"婆媳关系是一对天敌"（我不完全赞同），一个重要的原因是婆婆和儿媳在讨论问题时时常会把过去多年的事拿出来。也正因为此，这严重影响了问题的讨论和解决。

事实上，以目前的科技水平改变过去是不可能的；于当前问题的解决而言，已经过去的种种纠葛除了带来更多麻烦并没有太多价值。

10.2.1　无处不在的纠结

朋友聚会，餐厅价格昂贵，一不小心餐食点多了，眼看着剩下的餐品吃不完造成浪费，大家很惭愧甚是自责！接下来是否要吃光盘呢？如果继续吃下去，可能会撑坏肚子，甚至有可能生病，那就会花更多的钱治病，造成更大的损失。但是不吃下去，对不起花掉的昂贵费用。

于是，纠结开始了！

如果用经济学原理解释，花在这顿饭上的钱已经发生了，在进行决策时就不需要考虑这已经发生的费用，因为无论如何，花出去的钱都是收不回来了。现实中很多人面对此问题做出的选择是，既然已经花了这个钱，那么就继续吃下去。同理，花了很多钱买的食物，第一口发现很难吃，这时肚子还是饿的，那么这时该如何决策呢？吃了吧，不舒服；扔掉吧，又觉得浪费，还要花另外的钱买食物。

同样的事情在生活中不胜枚举。

一个人从事一项工作很多年，对于手头的工作已经十分熟悉，但是却得不到升迁的机会，在这种情况下，很多人的选择是不跳槽，因为已经为这份工作付出了很多，而跳槽意味着一切重新开始。

对于买卖股票来说，如果以每股 15 元的价格买了一只股票，现在跌到 10 块，卖还是不卖，很多人会纠缠于沉没成本，认为 10 元卖了亏了。

衣柜里总有些不舍得扔，但却一次也不会穿的衣服。

家里也总有些用不到却也不会扔的东西，不扔的理由往往是这些东西以后还有很多用处，扔掉了以后想用的时候就没得用了……

人们在做决策的时候，时常考虑到"已经付出"了很大的代价，导致纠结，以至于最终选择坚持继续做一件似乎并不值得的事情。

10.2.2　损失憎恶是人类的一大动机

1．旅行实验

1985 年，俄亥俄州立大学心理系教授霍尔·亚科斯（Hal Arkes）和利物浦大学的卡特琳·布拉默（Catehrine Blumer）做了一个著名的实验：他们让实验对象假设自己花了 100 美元买了密歇根滑雪之旅的票，但在那之后发现一个更好的威斯康星滑雪之旅只要 50 美元，于是也买了它的票。然后，研究者让实验对象假定，这两个旅行的时间互相冲撞，而两张票都不能退或者转让。你认为他们会如何选择呢？是选 100 美元那个"不错"的旅行，还是 50 美元的那个"绝佳"的旅行？

在实验中，有一半人选择去参加前者那个更贵的旅行。虽然它可能不像后者一样有趣，但是不去参加它的话，损失也更大。

这就是一个沉没成本效应（又叫沉没成本谬误）！沉没成本（Sunk Cost）是指已经发生了的，而不能由现在或将来的任何决策而改变和回收的成本。西方谚语：别为打翻的牛奶哭泣，说的就是"沉没成本"。沉没成本常用来和可变成本做比较，可变成本可以被改变，而沉没成本则不能被改变。

2．电影票试验

卡尼曼和特维尔斯基的"电影票试验"也证明沉没成本谬误的普遍性。

情景一：假设你要去看一场门票价值 10 美元的电影。当你打开钱包后，你发现少了一张 10 美元的钞票。那么，你还会买电影票吗？你可能会的。在实验里，只有 12% 的人说他们不会。

　　情景二：现在，假设你还是要去看一场门票价值 10 美元的电影，但正在你掏票的时候，你意识到你把它弄丢了。那么，你会回去重买一张票吗？也许你会，但是这大概会让你心疼不已。在实验里，有 54% 的人说他们不会重新买票。

　　这两个情景其实是一模一样的：你丢了 10 美元，然后又要付 10 美元看电影。但是二者给人的感觉却不同。在第二个情景下，那笔钱似乎已经被赋予了特定用途，然后它丢失了这就更加可恨。

原则上，理性人做决策时，仅需比较下一步行为需要付出的成本和将来可收回的收益。至于在此之前的事情，不管怎样都是一个确定的常数了，不应该影响我们之后的决策。沉没成本效应让人们无法意识到，不仅是看这件事有没有好处，而且还看过去是不是已经在这件事情上有过投入。

3. 协和谬误

沉没成本效应时常让那些看起来高智商的高层管理者在项目中犯低级错误。

　　第一个商业化的超音速客机协和式飞机项目从一开始就是失败的，但所有参与该项目的人（主要包括英国和法国政府）还是坚持为其注入资金。他们的共同投资给他们自己戴上了沉重的枷锁，让他们无法跳出来进行更好的投资。在损失掉大量金钱、人力和时间之后，投资者们不想就这么轻易放弃。因此，沉没成本效应有时又被称为"协和谬误"（Concorde fallacy）。

损失憎恶（Loss Aversion）是人类的一大动机。在确定了一个损失之后，它就会在人的头脑中萦绕不去；当再次想到它的时候，人们会发现它比之前更加沉重。然而在决定未来时抱住过去不放，必将面临沉没成本谬误危险。

10.2.3　用已付出代价来引导干系人

1. 项目管理者往往意识不到问题的大小

星座计划是一个航天计划，用以取代航天飞机并将宇航员送到月球或者火星。星座计划包括了"战神一号"和"战神五号"助推器火箭、猎户座乘员舱、牵牛星月球登陆器和其他部分。

2010 年时任美国总统奥巴马发现这个项目太耗成本，并且进度落后，缺乏创新，决定取消该项目。宇航员尼尔·阿姆斯特朗、詹姆斯·洛夫尔和尤金·赛尔南极力阻止奥巴马的政策，阻止的原因是："如果项目取消，投资的 100 亿美元将毁于一旦。"

事实上，100 亿美元已经被用掉了。在一个无法实现预期结果的项目上继续投资是一种浪费的行为。事实上，尽快将无效的项目取消是理性的选项。针对星座计划而言，解决办法要么就取消该项目，要么就改变它的范围。奥巴马之后宣布了项目主要的改变，将集中用于人类对火星的探测，而猎户座乘员舱将作为国际空间站的救援飞船使用。

项目管理中一个主要的问题是管理者往往意识不到问题的大小。他们相信在既定的框架和设计下，问题就能得到解决。因此，他们经常尝试无用的方法来修正问题，而不是重新开始。

1978 年，俄罗斯开建其最长铁路隧道——西伯利亚的北穆亚山隧道（全长 15 343 米）。项目开始后，建设者发现隧道穿过的山洞里有很多加压的地下水、沙子和黏土。这些问题的存在导致传统工艺无法实施，否则会造成隧道塌陷、人员伤亡和整个项目的延期。除了这些问题，该隧道还处于地震频发地段。

一些专家建议，最好的办法是停止该工程并在一个相对更加稳定的环境里建设隧道。

然而，经历每次挫折后，主要的决策者就会产生以下思考："是，我们的确遇到了问题，但是伴随着我们科技的进步和处理这些问题经验的增加，下一次一定会成功。"不幸的是，这只是理想中的想法。

　　尽管开通隧道的方法和技术逐渐改善，但由于最开始的问题而导致的工期延误和成本丧失无法得到弥补。工程持续得越久，就越难逃离沉没成本的困境。这个隧道最终推迟了 25 年才完成，并有 31 人在建设中失去了生命。

2. 应对沉没成本效应

　　为了克服行为困境，让自己保持理性是最好的办法。实践中，以下方法对管理沉没成本极为有效。

　　（1）向未参与过去项目的第三方专家咨询意见。

　　（2）试着搞清楚是什么动力让你坚持之前的决定。记住：聪明或者经验老到不足以让人对心理错误免疫。

　　（3）参与之前决策的干系人要么回避，要么不参与接下来的决策。

　　银行发放了一笔贷款，并且借款人无力偿还，银行就会给借款人提供额外的资金来帮助借款人恢复生产。如果这类事情发生了，经常会导致更多的坏账，最终无法收回。研究者发现，如果发放最初贷款的客户经理和允许追加资金支持的管理者是不同的人，那么做出错误决策的机会就会小得多。

3. 用已付出代价来引导干系人

　　面临变更时，变更提出者看到的往往是变更对自己的利益，便有了变更的想法。项目管理者可以利用"沉没成本效应"与其探讨："如果不进行变更，我们可以在规定时间内得到一个稳定的可运转系统；如果进行变更的话，我们有很大的概率不能按时得到这个系统，而且质量也无法保证。不如让我们先把已经确定可以实现的功能实现了，之后再来尝试增加新的功能。"

10.2.4　利用沉没成本的积极意义

　　"沉没成本效应"有其理性的一面，也存在某种程度上的积极意义。

1. 从失败中吸取教训

人们继续执行一项失败计划的一个原因是为了教育他自己下次制定决策前要认真考虑。这是具有潜在理性的。可是它暗示决策者有双重自我的身份：一是教育者，二是接受者。一些决策理论家把决策者刻画为有多重自我。例如，萨勒（Thaler）和谢弗林（Shefrin）的自我控制理论。他们认为决策者由只受短期结果影响的"近视执行者"和受终身效用影响的"远视计划者"构成。当计划者劝说执行者根据长期目标实施行动，就达到了自我控制。

从这个意义来看，沉没成本行为可能是理性的。我们认为继续一项不成功的计划是一种特殊有效的吸取教训的方式，因为人们初始决策的后果可以产生比仅仅指出决策是失败的更好的反馈效果，换句话说就是从失败中吸取教训。

2. 惩罚失误决策，让人长记性

第二个执行失败计划的原因是把忍受失败的结果作为制定失误决策的惩罚。惩罚减少了决策者在未来犯同样错误的可能性；因此它具有给决策者一个教训的功能。与吸取教训原因一样，这一原因也暗含了决策者是由教育者和接受者构成的。但是，两者不一致的是它在做出惩罚时没有明确为什么惩罚是必要的（除了决策者值得受惩罚）。因此，如果惩罚能够阻止未来的不良决策，那么惩罚就是对关注沉没成本的一种理性解释；而如果它只是提供报复，那么它就是非理性的。基于这样的观点，为了吸取教训而继续执行计划在改变决策者行为方面比为了惩罚自己而继续执行计划更为有效。

3. 前后一致被认为是人类后天形成的一种高贵、独特的品质。

最后一个原因是为了展现一个良好的前后一致的决策者形象。改变行动计划常被认为是由于决策失误，这等于承认了错误。与此相反，保持一致常能得到别人的尊敬。

在项目中更是如此，如果需要干系人做一个大的改变来配合项目极有可能被拒绝。此时不妨先提出一些小的让对方无法拒绝的要求，之后再逐渐提出真正的要求，成功率将会大为提高。

可以利用沉没成本效应来管理项目的干系人（特别是用户和某个

重要领导）。比如，项目经理可以先要求得到对方的某一份可以公开的资料，继而再让他帮你看看自己对业务的理解有没有不足之处，最后再要求对方加入项目组中来。

尽管"沉没成本效应"有其理性的一面，但作为一个成熟的人，我们有了反思和遗憾的天赋。这种天赋需要再进一步，回归理性，真正拎得清过去、现在和未来，已发生损失是永久的，而一旦能够坦然接受了这一事实，事情就会迎来转机。

10.3　凡勃伦效应，愿为自认为的"好东西"付高价

众所周知，商品的价格和需求量呈反比，这种关系称为需求定律，也就是说同样一种东西，价格高的时候销量会低，当它的价格下降的时候销量会变高。

在市场上不管是买什么东西，消费者都有"货比三家"的观念，但是最后买下来绝大多数不是最便宜的东西，相反一些东西虽然价格较贵，但是更受消费者的青睐。而有的人明明预算有限，却依旧会选择购买贵的东西。更有趣的是，很多时候你的价格越高，大众趋之若鹜，买的人就越多，而这种情况就被称为凡勃伦效应。

10.3.1　疯狂的石头

有一天，一位禅师为了启发他的门徒，给他一块石头，叫他去蔬菜市场，并且试着卖掉它，这块石头很大，很美丽。但是师父说："不要卖掉它，只是试着卖掉它。注意观察，多问一些人，然后只要告诉我在蔬菜市场它能卖多少。"这个人去了。在菜市场，许多人看着石头想：它可作很好的小摆件，我们的孩子可以玩，或者我们可以把它当作称菜用的秤砣。于是他们出了价，但只不过几个小硬币。

这个门徒回来说："它最多只能卖几个硬币。"师父说："现在你去黄金市场，问问那儿的人。但是不要卖掉它，光问问价。"从黄金市场

回来，这个门徒很高兴，说："这些人太棒了。他们乐意出到 1 000 块钱。"

"现在你去珠宝市场那儿，低于 50 万元不要卖掉。"他去了珠宝商那儿。他简直不敢相信，他们竟然乐意出 5 万块钱，他不愿意卖，他们继续抬高价格——他们出到 10 万元。但是这个门徒说："这个价钱我不打算卖掉它。"他们说："我们出 20 万元、30 万元！"这个门徒说："这样的价钱我还是不能卖，我只是问问价。"虽然他觉得不可思议："这些人疯了！"他自己觉得蔬菜市场的价格已经足够了，但是没有表现出来。最后，他以 50 万元的价格把这块石头卖掉了。

门徒回来后，师父对他说："现在你明白了，这要看你是不是有试金石、理解力。如果你不要更高的价钱，你就永远不会得到更高的价钱。"

在这个故事里，师父要告诉徒弟的是关于实现人生价值的道理，但是从门徒出售石头的过程中，却反映出一个经济规律：凡勃伦效应。

10.3.2　证明你的身份和地位

消费者购买高价商品的目的并不仅仅是获得直接的物质满足和享受，更大程度上是为了获得心理上的满足。这些商品对别人往往具有炫耀性的效果，如购买高级轿车显示地位的高贵、收集名画显示雅致的爱好等，这类商品的价格定得越高，需求者反而越愿意购买，因为只有商品的高价，才能显示出购买者的富有和地位。更有意思的是，这种消费随着社会发展有增长的趋势。

款式、皮质差不多的一双皮鞋，在普通的鞋店卖 80 元，进入大商场的柜台，就要卖到几百元，却总有人愿意买。1.66 万元的眼镜架、6.88 万元的纪念表、168 万元的顶级钢琴，这些近乎"天价"的商品，往往也能在市场上走俏。

美国经济学家凡勃伦研究发现，人类总是追求自身的身份与地位的欲望有关系，他把这种欲望分成了两种。

（1）金钱竞赛，想在别人那里证明自己属于上流阶级。

（2）歧视性对比，就是不想被别人认为自己属于较低的阶层。

想想这几年中国人从奢侈品的各种包，到加价才能购买预定的各种名车。好像是你的东西越贵，买的人就会越多，就会有足够的富人去追捧你。

> 我就曾经真心地被一个有钱朋友的话碎过节操，他高冷痛心地对我讲：你知道吗，在中国做有钱人太累了，买什么都得排队……

用凡勃伦效应来分析的话，奢侈品牌最重要的功能就是身份认同，消费者可能想要通过使用价格高昂的奢侈品来引人注目。换句话说，人们买的不是包，而是一种身份认同的标签。

> 我的一个朋友买东西的原则是"只买贵的，不买对的"，问起缘由，给出的理由是：买便宜的东西，当你出手付钱时会爽一次，但后面用一次就难过一次；买贵的东西，当你出手付钱时可能不爽，但后面用一次就爽一次！

帮助用户证明自己这招，在现在的广告和产品定位以及营销传播当中屡屡被当作大规模杀伤性武器来使用。比方说，当年的老罗英语的广告语就是："有思想的年轻人都来老罗英语"。

> 小米在公众中被贴上"屌丝"的标签（其实标签是小米给自己贴的），以至于很难"高大上"起来，其恶果是难以形成品牌价值，这就是很多人不用小米手机的原因——小米档次不够！这也是小米价格上不去，很难获得高利润的根源。其实，小米产品本身并不错。华为深谙凡勃伦效应的影响，努力将荣耀与华为品牌划清界限。

记得前段时间有个段子："看看巴黎车展上的车模，高贵有气质。再看看国内车展上的车模，除了没底线地脱，剩下的也没什么了。——国外的理念是："像她这样的人才能开这样的车"，而国内是"开这样的车才能娶她这样的人"。

10.3.3 有钱难买我愿意

德鲁克说："每家公司最重要的工作是争取客户、留住客户并竭尽所能地扩大客户获利贡献度。"调查结果表明，客户之所以不再选择一家企业的原因见表10-2。

表 10-2 客户弃你而去的原因

原因	占比
死亡	1%
搬迁	3%
价格	9%
产品	14%
感觉	68%
其他	5%

第一种原因是客户死亡。客户死亡是企业所不能解决的，属于事业环境因素，它不是企业应该考虑也不是企业能够解决的问题。幸运的是，这种因素只占总原因的1%，不足以影响大局。

第二种原因是客户搬迁。因为距离太远了导致不方便，客户不会再采购我们的产品，如果客户移民到了美国，即便是他喜欢南京新街口①的购物体验，他也不太可能再到新街口百货去采购日用品了。这个原因也属于事业环境因素，好在这个原因平均也只占总原因的3%。

第三种原因是价格。这里指在产品本身没有明显差异的情况下，我们的价格比竞争对手明显高。这种原因也占到总原因的9%。

第四种原因是产品方面，主要是产品质量和技术方面的原因。因为我们的产品质量不过关，产品的特征与特性不能满足客户的需要，而竞争对手能够满足，因而客户弃我们而去。这种原因占总原因的14%。

第五种原因是客户的感觉。客户感觉也即感知，如果客户感知到我们不值得信任，或者客户感觉到我们对他们漠不关心。这种不信任感或被漠视感可能

---

① 国内有名的南京新街口商圈。

来自一些很微妙的、只可意会不可言传的事件，也可能来自一些道听途说的传闻，但是这种原因却占到总原因的 68%！

　　这几年，很多中国游客去日本抢购马桶盖、电饭煲、电吹风等生活用品。有网友惊呼，去国外买这些小玩意儿，中国制造实在太没面子了。《人民日报》也对此进行了报道和分析①。

　　常常会听到这样的话，消费者越来越聪明而且很挑剔了；价格吸引貌似不再有效，有时甚至会发现他们花了更多钱去消费其他家的产品。

客户愿意为一个好产品付出更多代价。问题是国内很多企业对商品的关注重点还不在注重品质的层次，尚未走出价格战的"红海"。当然，我对某些人所持的"即便是花再多的钱，在国内也买不到好东西"观点并不认可。这种观点的本质是信任缺失的体现，并非是商品本身。

10.4　过度自信、盲目乐观

　　自信是指个体对自身成功应付特定情境的能力的估价。自信与否原本是描述人在社会适应中的一种自然心境，即人尝试用自己有限的经验去把握这个陌生世界时的那种忐忑不安的心理过程。但我们必须清楚，信心只是成功后的良性情绪，自信不是自大、自傲，过度自信（Overconfidence）则很多是负面的。

　　我们并非暗示乐观是不好的情绪。大多数杰出的贡献都是建立在某些拥有大量乐观精神的人身上的，是他们克服了各种不可逾越的困难才取得如此成绩。没有了乐观精神，就没有对工作的坚持，也就很难取得进步。

　　大量的认知心理学的文献认为，人是过度自信的，总是系统性地低估某类信息并高估其他信息，尤其对其自身知识的准确性过度自信，即对自己的信息赋予的权重大于事实上的权重。

---

① http://politics.people.com.cn/n/2015/0209/c1001-26533955.html.

10.4.1　过度自信使人倾向于高估自己预测的准确性

俄罗斯超级富豪沙尔瓦·齐吉林斯基是一个房地产开发商，他打算在莫斯科的克里姆林宫附近建造一座巨大的集饭店与娱乐于一体的商业中心。为了给这座商业中心腾出空地，他拆除了一座拥有 3 200 个房间的饭店。齐吉林斯基还准备在欧洲建造最高的摩天大楼——高 600 米、118 层的"俄罗斯塔"。不幸的是，这些失败的项目最后以红馆对街的空地和俄罗斯塔所处的空地收场①。齐吉林斯基失败的本质原因是他过于自信。在他职业生涯的开端，他是一位非常成功的商人和项目经理，但随着他事业的成功，其自信心也随之膨胀。

过度自信是一种非理性，使人们倾向于高估自己预测的准确性。

沙尔瓦·齐吉林斯基至少犯了 3 个在项目管理中常见的错误。

（1）他对自己的业务联系能力很是自信，认为所有的门都会为他敞开且长期敞开。特别是，他结识了莫斯科市长尤里·卢日科夫，这个城市的"沙皇"。但没有什么是不变的，2010 年，尤里·卢日科夫被俄罗斯总统罢免。

（2）齐吉林斯基对自己的资源和募集资金的能力同样也过于自信。对资源质量和数量、人力和财力的过分自信是项目管理中心理论误区最常见的形式之一。

（3）齐吉林斯基的过于自信导致他忽视或者低估不同的潜在风险。

心理学研究表明，大多数人对于计划好的行动结果都会过于乐观，这远不止于项目问题。

（1）MBA 二年级的学生会高估获取工作机会的数量和开始的薪酬水平。

（2）大多数吸烟者认为，和其他吸烟者相比，他们染上与吸烟相关疾病的风险要小。

---

① 列夫·维瑞恩，迈克·特林佩尔. 项目思维：为什么优秀的项目经理会做出糟糕的项目决策[M]. 钱峰，译. 北京：中国电力出版社，2016.

（3）大多数新婚夫妇都会认为他们的婚姻会持续一辈子，尽管他们对离婚状况统计数字一清二楚。

10.4.2　过度乐观于项目不利

项目是独特的，在某种程度上都具有创新性，因而它们都充满不确定因素，都包含风险。在项目启动和规划阶段，人们倾向于乐观，而实际过程却是曲折的（见图 10-2）。

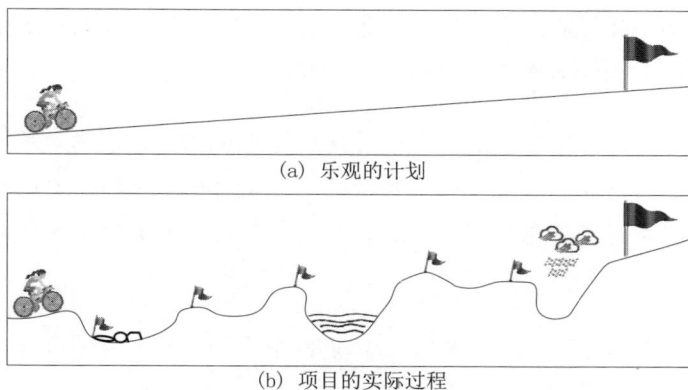

(a)　乐观的计划

(b)　项目的实际过程

图 10-2　项目过程充满不确定

决策者的过度自信，是项目管理中最常见的非理性心理误区之一，其结果是项目分析往往并不能很好地完成，也常表现为对理性分析结果的漠视。在项目管理中，过度乐观会影响对许多不同类型管理的评估。

专业的成本评估员总是低估其项目成本。一个不容忽视的问题是，即使一个项目已经临近截止日期且不能如期完成任务，过度乐观还是会导致管理者做出报告，声称这个项目会像计划那样如期完成。

但是，过度乐观会引起分析上的偏差，从而导致重大失误。过度乐观通常表现在低估项目成本、预算和可获得的资源上。也许雷曼兄弟公司对次级抵押贷款支持证券投资结果过于乐观，所以才导致最后的结局。

过度乐观是一种非理性误区，这种非理性很难克服。一个实例是，我们每一个项目都会比计划周期更长、成本更高，几无例外！

10.4.3 过度乐观产生的原因

1. 缺少系统知识和经验

造成过于自信的一个很重要的原因就是人们很难想象事情会以什么样的方式发展。由于我们不能预见到事情可能的各种发展方向，我们就会对我们所知道的事情将来可能的发展过于自信。

和缺少知识和经验的人相比，具备系统知识和丰富经验的人不太容易犯过于自信的毛病，因为他们更多地知道事情发展的多样性。

> 有经验的桥牌运动员叫牌的时候比较有把握，因为他们考虑到了各种可能的情况以及对手的出牌情况；但是比较缺乏经验的运动员就常常无法赢得自己觉得可以赢的牌局，原因就是他们没有考虑到各种可能的情况。

俗话说"水满无声，半桶水当"，正是这个道理。当人认为自己充满自信的时候，也许实际上是"半桶水"在作怪。

2. 证实偏见

证实偏见也是导致过于自信的因素之一。

> 如果你是里奥·梅西的球迷，喜欢他的比赛，那么你肯定会对他未来的表现充满信心。就算他哪次比赛失了手，你也能找到各种各样为梅西辩护的理由，一厢情愿地认定梅西明年的表现一定非常出色。

为自己的观点找理由，或者说只关注和自己的观点一致的证据，而不关注也不收集和自己的观点相抵触的证据，这种行为就是证实偏见，也就是总是倾向于寻找和自己一致的意见和证据。

证实偏见的后果就是过度自信。由于人们只看到了对自己有利的信息，他们就非常乐观地相信自己的判断，越来越觉得自己的判断是对的，而不知道真理到底是什么。

10.4.4　过度自信者不适合做投资

现代的经济学假定人们的经济行为是完全理性的，但是，事实上我们的行为常常背离经济学中假定的那种完全理性，而且这种对理性的背离并不是人们出于心血来潮而随意做出的，而是表现出一种规律性的行为——过于自信就是其中的一种。

1．过于频繁交易

爱喝茶的人都知道，用开水泡茶之后，不能马上品出茶味，只有等待片刻之后方能闻到悠悠茶香。在金融市场进行投资和泡茶类似。

研究发现，在股票市场上，交易越频繁，损失就越大。投资者们频繁地在金融市场上交易，甚至更多的时候他们交易的收益，或者他们预计中的交易收益都无法用以弥补他们的交易成本。

美国的研究显示，1987 年，投资者对标准普尔指数 500 家公司的年投资交易成本占到这些公司年收益的 17.8%。同时，对金融市场的长期调查研究表明，只有少数投资经理人能够实现投资回报在标准普尔 500 指数之上。

无论是机构投资者还是个人投资者，之所以没有足够的耐心等待茶叶泡出的醇香，从而导致金融市场的过于频繁交易，其中的重要原因正是人们的过于自信。投资者过于相信自己的金融知识和判断，他们相信自己了解市场的走向，相信自己能够看准哪支股票会涨，哪支股票会跌。

2．打无准备之仗

研究发现，过于自信的人很多时候事业反而会不尽如人意，为什么？这是由于过于自信的人，因为其预计的成功程度高于其本身客观上的成功可能性而轻敌，所以这些人在应该精心准备材料、好好咨询别人意见的时候轻视松懈了。

一个实际上有 50% 的成功率的计划，如果经过精心地准备可以将成功概率提高到 60%，但却因为过于自信认为这个计划有 85% 的可能性成功而不去准备，在不知不觉中就打了无准备之仗。这样一来，本来可以达到的 60% 的成功概率也没有达到。

也许你能体会到，一些行为性错误是根植于人性的，即使知道问题所在，也很难克服。更糟糕的是，大多数人并没有学习行为心理学知识体系。有鉴于此，我认为普通人真的不适合做投资。

10.5　刻板印象随处可见

人们常常希望给别人留下一个恰当的印象。这种试图控制自己在别人心目中印象的过程和现象，在心理学中叫作印象管理（Impression Management），也有人称为印象整饰，从某种意义上说，它是社交动机在实践生活中的一种体现。

对各类人持有的一套固定的看法，并以此作为判断评价其人格的依据，心理学上称为社会"刻板印象"。在认知他人，形成有关他人印象的过程中，由于各种环境因素，很容易发生这样或那样的认知偏差。如果这种偏差发生在对一类人或一群人的认知中，就会产生社会刻板印象。

这种刻板印象会通过你的职业背景、籍贯、学校、衣装打扮甚至姓名等因素被触发。事实上，人的衣装打扮、外貌甚至连名字都会产生影响。

10.5.1　一个好名字真的很重要

你可以想象一个场景：一个警察，抓到了 3 个嫌疑犯，3 个人的名字如下[①]。

（1）贾玉林。

（2）王大磊。

（3）李廷秀。

这 3 个人中有一个是在闹市中行凶的地痞，请问你的第一反应哪个人是这个地痞呢？我在多个场合做过多次调查，结果表明，大部分人第一反应都是王大磊。这就是关于名字的刻板印象。

---

① 高茂源. 项目管理心理学[M]. 北京：机械工业出版社，2014.

别人对我们的态度决定了他们具体的选择。例如，到底是否与我们合作，到底要提拔哪个人成为领导，谁更不可靠等。在社会中，这些选择很大程度上决定了我们的命运。因此，一个好的名字也会带来好的运气是有科学根据的。在中国古代，有着一套完整的给孩子命名的理论方法，叫作"五格起名法"。这应该是人类最早研究姓名对命运影响的一套理论，只可惜，在当时没有科学实证的传统，不能像现在科学那样做对比试验，进行科学统计，否则势必会产生更大的影响。

　　在英语环境下，这个名字的影响同样成立。有心理学家做过这样的统计，那就是在大纽约地区，名字叫 Cathay 的人做财务相关领域的人数远远大于平均水平。而叫 David 或者 Chris 的人往往命运多舛。

我们可能不方便改变自己的名字，但是，我们可以借鉴现在许多网络公司的做法，那就是公司中的每个人都给自己起一个花名。我认识一家国内著名电子商务公司的一些员工，他们公司几乎每个人都有一个自己的花名。我至今记得的还是他们的花名。

　　衣服颜色也会对别人的心理造成影响，一项心理学统计表明，在跆拳道等比赛中，两名队员水平相当，裁判给红衣服队员的分数比穿其他颜色的队员的分数高出 13%。红色被人感知为强势，如果你的客户喜欢强势的风格，红色是好一个选择；要显示专业，选择黑、白等冷色系颜色；要让人觉得亲近，要选择橘黄色等暖色系。

在打扮上，用户总是认为那些穿西装打领带的人是职业型的雇员，而身着 Golf 休闲衫的人可能是企业的老板或者投资人。戴眼镜的人总是给人爱读书、喜欢各种学术理论的印象。衣装随便、打扮另类会让人以为你是在参加一个黑客大会。你的服装反过来也可以影响你自己的言行。同样一组人，在穿西装打领带的情况下，行为更加绅士和谦让。而一身运动装则会让你自己感觉更有活力。到底应该穿什么样的服装，要看具体你想给用户什么样的印象。如果你想给用户一个精于技术、一丝不苟的印象，那么比较光鲜的衣服一定会为你减分。

　　另外一个事实是，你的外貌，尤其是身高，也会影响别人的判断。实际情况表明，一个靓丽的外表、高大的身材，的确会让你给别人更可信、更成功的印象。虽然有好多人列举了拿破仑、丘吉尔、蒙哥马利等众多伟大人士身材都十分矮小的例子。但是这看上去更像一种对于身高不足的人的一种安慰。实际的心理学统计数据表明，身材高大的人的确更容易比他们的同辈获得更大的成功。而上面列举的那些矮个子伟人可以看出来有一个共同点，即他们比普通人更加强势，甚至会走向性格的极端。在实际生活中也就意味着他们需要克服更多的阻力才能成功。当然，你可能无法改变自己的身高，但是你可以适当地打扮，让自己看起来更加好看、更加挺拔有精神一些。

　　　　你无法改变自己的生理特征，但是，你至少可以改变和你一起去见客户的人选。

　　　　心理学表明，人们会本能地认为和一个美女在一起的男人更成功些。这是人类从远古进化而来的一种本能。那些可以得到漂亮异性青睐的雄性往往更加强壮、更加迅捷。这种现象在人类自己定义的社会规则更多地主导了人类社会的行为之后被掩盖了。不过这种远古的法则却仍然影响着人类个体对别人的认知。因此，如果有可能的话，尽量挑选一个美女一起去见客户吧，这样你的话会有更多人相信。

10.5.2　一个具有鲜活性的个案让人更信服

　　　　相比其他交通工具来讲，飞机绝对是最安全的。但是人们往往会通过一次电视大量报道的某次飞机失事的画面，而坚持认为飞机十分危险。那些具体的统计数据则会被忽视。

　　一个具有鲜活性的个案会掩盖其他更让人信服的证据，这就是个案鲜活性效应。

　　一些传销类的组织，经常会用个案鲜活性效应。在某些营销或者潜能培训中也常常使用这个效应。具体而言，就是为了证明某种效果如何神奇，在介绍时举一个似乎刚刚发生过的例子，这个例子往往情节叙述得比较戏剧化。有的时候，为了增强效果他们还会让某个个体现身说法。这样做的结果就是，几乎所有的听众都会上当，开始盲目地相信。

　　我一位心理学专业朋友在清华大学任教，一不小心竟陷入了某个具有宗教性质的民间组织。这个组织成员十分狂热，发展十分迅速，在全球范围内都有影响。这位朋友很快就发现了这个组织几个主要骨干成员的说话共同点，就是不断地举出各种个案来证明他们的理论。

　　他们对这些事实的描述，感觉就像他们亲眼目睹了一样。同时，他们会有名有姓地告诉你，他们曾经认识的某个人，在相信了他们的理论后，生活发生了多么神奇的改变。到最后，他们往往会现身说法，自己在相信了这些理论并且练习之后发生的神奇变化。

这种把个案作为证据的做法原来也常常出现在心理学的著作里面，但是现在已经被心理学研究者们所摒弃。严肃的心理学工作者们更相信严谨的科学验证和科学统计的结果。但是在日常生活中，大部分人还是会被鲜活性效应所欺骗。

在不违背职业道德的情况下，可以适当地使用鲜活性效应来说服对方。我在授课的过程中，询问过几十名项目经理这种方法是否有效。结果大部人都反映在项目中，这种方法常常会产生十分显著的效果。

　　在争论某种项目方法是否合适的时候，只要叙述一下在原来亲身经历的某个项目中，如何应用这种方法获得成功的时候，争执的另外一方往往就会马上选择沉默倾听，局势立转。对原来的事情描述得越是栩栩如生，效果越好。

　　为了验证这个现象，有人曾经主持过主题为"传统 PK 敏捷"的辩论赛。辩论赛选择了业内有丰富项目实战经验的项目经理和项目管理咨询师分成两组参加辩论，双方各代表某一方观点的支持者。

　　辩论之前，统计一下两种不同项目管理流派的观众支持人数。

　　辩论之后，再统计一下观众支持人数的改变情况。

　　多次辩论赛出现了一致的结果，那就是，每次当辩手比较清晰地列举了自己的一个实战经验，或者一个众所周知的例子的时候，观众赞同的人数最多。如果那个例子被栩栩如生地描述出来，甚至会造成对方辩手短暂词穷的现象，辩论的最终结果是那个举个案多的一组，往往会得到比自己一开始更高的观众支持率。这就是说，他们的辩论比对手说服了更多的人改变了他们的观点。

在项目实施中，为了说服对方，不妨提前准备好几个鲜活的个案。在适当的时候展现出来。在回答提问的时候，也可以利用一个鲜活的个案来进行回答。这样的效果，比纯粹的理论推导更有说服力。

10.5.3　投资者切勿过度迷信技术分析

考虑以下两种情形，哪个继续上涨的可能性更大？

（1）一种涨涨涨；

（2）另一种涨跌涨。

大多数人会觉得前者更有可能继续上涨，而后者按照规律该跌了？实际上，在上述两种情况下，正常股票的走势都是随机的，接下来上涨的概率也都是 1/2，之前的走势只是偶然地呈现一种规律（除非受到某种特殊因素的影响——关于如何判断特殊因素可以参考统计控制工具[①]）。

行为心理学发现，人脑是天生的图案寻找器。在分析问题时，人们非常善于寻找规律。在投资当中，依赖表面的规律做决策无异于抛硬币。许多人痴迷于技术分析，就是因为技术分析提供了一些简单、易于寻找的图案，比如突破、支撑、三角、旗形等。

这些图案易于上手，使人们很容易认为自己是专家，从而沉迷于找规律的游戏而不去关心投资的本质，并逐渐陷入过度交易的泥潭不能自拔。

有鉴于此，我给普通投资者的建议就是少看 K 线，少研究技术分析，注重寻找感兴趣的企业，注重研究企业的基本面。

[①] 关于本主题，请参考本套书的《技法：提升绩效与改进过程》第 12.4 节。

📌 **特别说明：** 也许你会以鲜活性效应来质疑作者在本书中所举的案例。这里希望你能注意到两点不同。

（1）作者所举的案例是为了说明而不是证明。

（2）我们所阐述的项目方法，已经经过了科学实验证明，并广为接受。

10.6　双曲贴现，享受眼前快乐、漠视远期痛苦

对于享受，人们总认为现在享受远远好过留到未来；而对于痛苦，则宁愿将其推迟承受，这就是双曲贴现。

10.6.1　人们很少考虑决策的未来恶果

一个常见的引诱大众消费的商业战略是提供分期付款——现在购买，未来支付——这很受年轻消费者青睐。

> 20 世纪初，美国政府修改了房产贷款条例，降低了房贷审批要求以刺激地产繁荣。对于很多人而言，这些措施造成了一个困境：他们拿到了超出自我偿还能力的贷款。这个困境日积月累成为 20 世纪 30 年代金融危机的主要导火索之一。

双曲贴现使得人们面对同样的问题，相较于延迟的选项更选择倾向于及时的。在决定要做出什么样的选择时，拖延时间是一个重要的因素。

> 想去一个地方旅行，你总是迫不及待，因为这个近处的快乐很直观，仿佛现在就能感受到。如果是计划着一年后再去，快乐的感觉就显得很模糊。相反，到了减肥时间，想到马上就要开始的一系列折磨，你会在心里劝自己明天再说。然而在制订下个月的锻炼计划时，痛苦便不那么直观了，仿佛可以承受。

双曲贴现会影响人们的耐心。与损失厌恶相对比，一旦你终于下定决心要卖掉被套的股票，这个亏损的仓位又显得如此难以忍受，以至于即使你发现情况正在变好，再等一等或许可以卖得更高，也要现在动手。另外，当下定决心买入一只股票时，你会如此迫切地想马上就要拥有它，以至于忽略了它正在被炒作，再等一等可能会有更合适的位置。

正是因为双曲贴现的人性缺陷，人们很少考虑他们决策在相对久远的未来的恶果，从而深陷其中导致一系列难以收拾的残局。严重者，就是饮鸩止渴。

> 吸毒者只想到一时的快乐而忽略了长期上瘾；每天吃甜食的人不会考虑到变胖的可能性；不花时间将自己的源代码写注释的软件开发人员，不会意识到来年他们可能理解不了自己曾经开发的软件。

10.6.2　定期审查，不做无长期结果、不可逆转的决定

在项目开始时，决策的制定将对项目进行定义。然而，如果项目的时间很长，情况可能会发生变化，那么最初的决定，可能不是最佳或者最为有效的。

> 麦肯奇河谷管道用于将天然气从波弗特海和麦肯奇三角洲通过加拿大西北地区运往亚伯达。麦肯奇三角洲拥有大量的石油和天然气，因此在 2004 年不少大的石油公司和原住民提出修建一条数十亿美元管道的建议。然而问题在于对于这样一个庞大的工程，测评、设计和过程就需要花大量的时间，届时实际情况可能发生很大变化。
>
> 令麦肯奇河谷管道建设者未曾预料的是，新技术的出现使得之前昂贵又边缘化的北美页岩气具有了竞争力。很多地区，距离页岩气所在地非常近，已不需要重新建设新的运输管道。麦肯奇河谷管道的存在环境已今非昔比，甚至完全不需要了。

对于双曲贴现，可行的建议如下。

（1）定期审查项目环境。如果我现在做一件事，那么随着时间的推移会发生什么变化？这些变化如何影响我最初的决策？问题是时间紧迫性往往会放大问题本身。从今天的问题中摆脱出来，从短期的关注中跳出，看到"大局"，这

需要真正的修炼和能力。也许还需要外部审计员的帮助。所以，建议进行周期性的项目审计，以便防范短视。

（2）尽量不要做出没有长期结果的决策。例如，1997 年到 2007 年的中国铁路大提速就是选择循序渐进的方法，先对系统升级、帮助现有火车提速，而不是立即投资数万亿元来建设高铁。

（3）不做不可逆转的决定。在开发一个软件包时，在问世前不要试图实现所有可能的功能。分期开发，确保你能够将来在有需要的时候在此基础上进行完善。事实上，项目管理的一个基本原则就是迭代开发。

10.7　几个常见的心理误区

1. 框架效应

请设想一下以下两种情景。

第一种情景：假设你交通违规被开了罚单，警察给你以下两种选择。
（1）掷硬币：硬币是正面这次罚单就免了；硬币是反面交 200 元。
（2）直接交 100 元走人。
第二种情景：再假设你从不违规，好心的警察也给你以下两种选择。
（1）直接拿走 100 元。
（2）掷硬币：硬币是正面什么也不给；硬币是反面给 200 元。
研究表明，在第一个情景中，大部分人会选择抛硬币，运气好可以不用被罚；而在第二个情景里，大部分人会选择确定的 100 元，而不愿冒险什么也得不到。

选择不同的参照点，人们对待风险的态度是不同的。面临收益时人们会小心翼翼，选择风险规避；面临损失时人们甘愿冒风险，选择倾向风险偏好。因此，在第一种情况下表现为风险追逐，第二种情况则倾向于风险规避。这里的收益和损失完全是以认知参照点为依据的，参照点不一样，人们决策的方式也不一样。

这就是框架效应（Framing Effects），通过不同的描述方式，改变人的心理参照点，从而影响人的选择。

关于框架效应的更多探讨，请参考本套书的《技法：提升绩效与改进过程》第 9.3.6 节。

2．不真正关注结果

假设你在 10 元时买入了一只股票，考虑以下两种情况。

（1）股票一路上涨至 20 元。

（2）最高涨至 40 元，然后跌回 20 元。

哪种情况会让你更开心一点？

绝大多数人是第一种，第二种情况甚至让你很不爽，一边后悔应该早点卖掉，一边盼望着股票再涨回 40 元，完全忽略了股票翻倍的喜悦。

实际上，两种情况虽然路径不同，但收益相同、结果完全一样。不了解行为心理学的人不能从整体考虑问题，时刻盯着股票的涨跌，导致心惊肉跳。正确的投资观念应该关注起点和终点；评价一次投资应基于现状，而非曾经的高价，否则只会徒增烦恼——涨了后悔买少了，跌了后悔应早卖掉！

3．锚注意力有限

行为心理学发现，人们在收集资料，做出投资决策时，注意力往往集中于直观的、近期的、易于获得的证据，这就是锚注意力有限。

越是直观易于理解的事物，人们认为越重要。一家公司处于哪个行业很容易搞清，但是具体的商业模式则不太好理解，再具体的财务结构、与其他公司的竞争关系则更难理解。因此，普通投资者在选择股票时很注重行业，而较少关注其他细节。实际上事物有其自身的重要程度，自己不懂的东西不证明不重要，也不证明别人也不懂。

越是近期的证据，人们认为越重要。一方面，人们只重视近期股市的红火，却忽略了历史上漫长的熊市；另一方面，金融危机给国际投资者的教训如此之深，以至于现在监管过于严格，反而限制了金融市场的活力。让人们从遥远的过去学习教训是如此困难，这也造成了人们的健忘与短视。由此看来，"历史总是不断重复的"这句话有其行为心理学基础。

越是易于获得的证据，人们认为越重要。一家公司上了头条，突然间你会读到许多相关的报道，从而认为自己比别人更了解这家公司。实际上则不然，你所看到的报道别人也都会看到。实证研究发现，消息越多，人们的交易量越大。甚至不论是好消息还是坏消息，只要有消息人们就想交易。这里投资者好像原始的生物，只要遇到刺激就会做出反应。

了解了这些，就不难理解当年多伦股份提议改名 P2P 之后，股价应声上涨了！可见，很多上市公司的管理者对投资者行为心理的把握真是炉火纯青。

代后记

成为专家是我认真思考后的选择

这么厚的一本书，谢谢您读到了最后一页，也感谢您能够听我讲这么久。

著名作家、国际安徒生奖获得者曹文轩先生说每部作品都是作家的自传，我非常赞同这个观点。本书跟我的很多文章一样，也是基于我的个人经历，不是做过的就是看过的、辅导过的。每个人都应该在经历中学习，对经历过的要定期回头看看，此所谓阅历。阅历无法替代，但仍然可以从别人的经历中学习。希望本书能为您提供学习别人经历的机会。

我知道，您之所以能把这本书读完，除了耐心和对项目管理的热爱，还有在职业发展上更上一层楼的诉求。我被问到最多的问题就是职业发展，这些人既包括我的学生，也包括我的读者。其实，这也是困扰过我多年的问题。

2011 年，我终于想清楚了，那就是在职业发展上，我们有两条路：要么成为专家，要么成为领袖。成为领袖意味着沿着领导的阶梯向上攀登，这非一般人可以达到的，我想我是没有这个机会更没有这个能力的；但成为专家的机会几乎是无限的。不管你是工程师，还是项目经理、职能经理、运营经理，都有机会成为相应领域的专家，只要你认真学习所在领域的知识、规则、程序和系统。

当前我国仍处于经济高速发展阶段，可以说机会多多，很多人靠街头智慧和冒险精神，就挖到了金子，取得所谓的"成功"，这种成功很多是粗放的。经验仅代表过去，对新的形势未必有效，老革命经常会遇到新问题。更有甚者，这些成功的经验还可能是我们进一步前进的桎梏。在可预见的未来几十年，经济发展速度必将下降，机会也不再遍地都是，这就必然需要专家来把成本做低、速度做快、质量做好。相应地，企业和社会也会越来越由专家驱动，就如今天的欧美。

怎样成为专家呢？在我看来，应该向优秀导游学习。众所周知，一名优秀的导游至少要具备3个方面的条件。

（1）要到过导游的地方、见过要讲解的东西。

（2）要对所导游的地方/事物有较深的研究。

（3）要能够调动游客的兴趣，能够引导游客自己去发现新奇的事情。

同样，成为专家也得具备3个方面的条件。

（1）系统做过，有所感悟。

（2）系统学过，有所研究。

（3）系统提高，有所总结。

成为专家的过程，需要从形而下上升到形而上，从实践上升到理论，再由理论来指导实践。本书是我自己系统实践、系统学习和系统思考的结果，也希望成为您系统实践、系统学习、系统思考和总结的起点。

我还要强调一点。学，不一定得读万卷书，关键是精读几本好书；做，不一定要干多少年，关键是边做边思考，总结提炼。当然，总结提炼也不是非要写出本大部头来。实际上，少看电视少上网（某些社交媒体正吞噬我们的时间），多与人交谈（不管交谈者是否为同行）是很好的总结提升之路。于我个人而言，我很多的项目管理思路，都得益于我跟太太的讨论，她是一个事业有所成而又善于思考的人。此外，我在跟另外3个好友交谈中也学到了很多，真心地感谢他们。

在此，我重申一个观点：请不要过分迷信自己的一点点经验！我们的人生时间真的太短，不可能历遍所有的事情，从他人的经验/教训中学习是一个好办法。

最后，我想特别感谢我的读者和学生。这十多年来，跟你们互动的过程可以说充满乐趣，不管是通过我的项目管理专栏（http://blog.sina.com.cn/tgstudio），还是通过我的微信、微博和 E-mail。我从你们身上学到的，恐怕要远比你们从我这里学到的多。本书看上去是我写的，其实是我们大家共同智慧和经历的结晶。

2018 年 2 月于中国香港

附录 A

项目管理者的领导力测试

表 A-1 代表了关键的项目管理的领导技能。真实回答每一项，圈出相应数字。

表 A-1　项目管理者的领导技能测试

技　　能	很少	有些		很多	
1.　能理解和处理团体动力	1	2	3	4	5
2.　能区分重要和不重要问题	1	2	3	4	5
3.　能知道什么时候妥协	1	2	3	4	5
4.　具有获得成功的柔和的个性和坚定的决心	1	2	3	4	5
5.　能在需要时很好地陈述案例	1	2	3	4	5
6.　能够自信	1	2	3	4	5
7.　想要把工作做完	1	2	3	4	5
8.　能有说服力，而不是被潜在的争论和争吵阻止	1	2	3	4	5
9.　惯于自我指导，不会因上级的不清晰授权变得泄气	1	2	3	4	5
10.　能快速做出现场决定	1	2	3	4	5
11.　展示出成熟的判断力	1	2	3	4	5
12.　能控制成本	1	2	3	4	5
13.　能建立联系，并监测和评估项目团队成员之间的责任	1	2	3	4	5
14.　能理解主要技术问题	1	2	3	4	5

技　　能	很少	有些		很多	
15. 能为生产性和创造性的工作提供反馈	1	2	3	4	5
16. 能与客户和更高的管理层进行上行沟通，能与关键技术经理和专业人员进行下行沟通	1	2	3	4	5
17. 能够在项目开始时采取强有力的领导，而随着项目的进展愿意把责任和权力委派给别人	1	2	3	4	5
18. 能倾听、探究并客观地评价信息	1	2	3	4	5
19. 作为经理能担任不熟悉的角色	1	2	3	4	5
20. 政治机敏	1	2	3	4	5
21. 跟同级人员和不同地位的人能够发展有效的工作关系	1	2	3	4	5
22. 愿意参与问题发现、问题解决和决策制定	1	2	3	4	5
23. 必要时，愿意使用试错法，而不是复杂管理方法	1	2	3	4	5
24. 对谈判进程得心应手	1	2	3	4	5
25. 能做一个政治外交官	1	2	3	4	5

解析：大多数人不是天生具有所有这些特征。

（1）如果你圈下的答案有超过 13 个在 1、2 和 3 栏，项目管理可能不适合你。

（2）如果你圈下的答案有 15～20 个在 3、4 和 5 栏，平衡一下，项目管理可能是你的未来。

（3）如果你圈下的答案有超过 20 个在 3、4 和 5 栏，项目管理可能非常适合你。

附录 B

项目管理者的授权能力测试

通过对表 B-1 描述的回答来评估你作为一个团队领导者在将任务进行授权时的表现。选择最接近你表现的态度，要尽量诚实地回答这些问题。

表 B-1　项目管理者的授权能力测试

表　现	选　项	表　现
授权任务用以减轻负担	①②③④⑤	喜欢自己完成任务
对员工完成任务有信心	①②③④⑤	对员工完成任务缺乏信心
允许员工以自己的方式完成被授权的任务	①②③④⑤	喜欢检查员工是如何完成工作的
了解团队中每个成员的长处和短处	①②③④⑤	对团队成员并不了解
授权时给予清晰的指导	①②③④⑤	在对任务进行授权后,发现员工对此有疑问
将授权看作是员工发展的机会	①②③④⑤	将授权看作是完成任务的途径
为缺乏经验的员工提供新技能的培训,让他们能够承担任务	①②③④⑤	不喜欢授权给缺乏经验的员工
约定完成任务的时间,在恰当的时候进行观察	①②③④⑤	期望员工尽可能完成任务

续表

表　现	选　项	表　现
告诉你的员工和其他人，当他们被授权完成一项任务的时候，他们拥有怎样的权限	①②③④⑤	忽视告诉员工和其他人，他们所拥有的权限
设定完成任务的恰当标准	①②③④⑤	给完成任务设定不切实际的标准
允许犯错，认为员工能从中学习	①②③④⑤	期望被授权的任务中不发生任何差错
平衡员工的工作负荷	①②③④⑤	授权于团队中某些人甚于其他人
明确你不能授权的任务	①②③④⑤	喜欢尽可能多地授权任务
考虑授权不愉快或沉闷的任务对团队的影响	①②③④⑤	希望将最不愉快的任务授权
授权之前询问员工的工作负荷和工作计划	①②③④⑤	被授权的任务是第一位的
根据员工的工作负荷考虑授权任务的数量	①②③④⑤	对自己的工作负荷比对员工考虑得多
在员工完成任务后，给予积极或消极的反馈	①②③④⑤	不喜欢给予直接的反馈

注　①和⑤分别表示你完全同意左栏或右栏的观点；②和④分别表示你基本同意左栏或右栏的观点；③是介于两者之间。

解析：

①、②、③、④、⑤分别代表1、2、3、4、5分，统计总得分：

17~34分：你的授权技能很好。你对任务的授权处于平衡状态。你意识到，授权给你的员工提供了学习的机会。

35~51分：你的授权技能有待改善。在有的地方你应该多给员工一些机会，授权给他们，这会给你的工作带来很大的帮助。

52~85分：你对授权技能的应用很差，你不是在授权，而是将员工看作任务"垃圾桶"。你应该认识到，授权是一个让你更高效地工作的机会，也是员工发展的一个机会。

附录 C

项目管理者的自尊水平测试

人们喜爱或不喜爱自己的程度各有不同，这一特质称为自尊。有关自尊的研究为组织行为的研究提供了一些很有趣的证据。例如，自尊与成功预期呈直接正相关，自尊心强的人相信自己拥有工作成果所必需的大多数能力，与自尊心弱的人相比，自尊心强的人不太喜欢选择那些传统性的工作。

请坦率回答表 C-1 的问题，对于一个陈述，写出最符合你的情况的数字。

表 C-1 项目管理者的自尊水平测试

序号	问 题	选		项		
1	你是否觉得自己无力做好每一件事？	1	2	3	4	5
2	你在组织中或同龄群体中讲话时，是否常感到害怕和焦虑？	1	2	3	4	5
3	在社交场合下，你能否很好地展示自己？	1	2	3	4	5
4	你是否常觉得自己可以把所有事情做好？	1	2	3	4	5
5	与陌生人交谈时，你是否感到很自然？	1	2	3	4	5
6	你是否总觉得很难为情？	1	2	3	4	5
7	你是否总觉得自己是个成功者？	1	2	3	4	5
8	你是否总受害羞的干扰？	1	2	3	4	5
9	你是否觉得自己不如你所认识的其他人？	1	2	3	4	5
10	你是否总觉得你这个人无足轻重？	1	2	3	4	5
11	你是否总对未来的工作抱有信心？	1	2	3	4	5

序号	问　题	选　　项				
12	在陌生人之中，你是否常常肯定自己？	1	2	3	4	5
13	你是否有这样的信心，总有一天人们会尊重和仰慕你？	1	2	3	4	5
14	你是否常常对自己的能力很有信心？	1	2	3	4	5
15	你是否对与别人相处的友好关系表示担忧？	1	2	3	4	5
16	你是否总觉得不喜欢自己？	1	2	3	4	5
17	你是否有时不知自己所做的事到底有何价值，因而十分失望？	1	2	3	4	5
18	你是否总会担心其他人不喜欢你？	1	2	3	4	5
19	你在公司里或同龄群体中讲话时，是否常常对自己的表现感到满意？	1	2	3	4	5
20	当你在公司会议的讨论中发言时，是否很肯定自己？	1	2	3	4	5

注　1=绝大多数情况如此；2=常常如此；3=有时如此；4=偶尔如此；5=几乎从不如此。

解析：将 1、2、6、8、9、10、15、16、17、18 题的分数加起来，对于余下的 10 题，以反方向方式计分，即 5 分计为 1 分，4 分计为 2 分，以此类推。所有题目得分的总和即为你的自尊分数。分数越高，自尊水平越高。

附录 D

项目管理者的自我监控测试

自我监控是指根据外部情境因素调整自己行为方面表现出适应性。

高自我监控者对环境线索十分敏感，能根据不同情境采取不同行为，并能够使公开的角色与私人的自我之间表现出极大差异。而低自我监控者则不能以这种方式伪装自己，倾向于在各种情境下都表现出自己真实的性情和态度，因而在他们是谁以及他们做什么之间存在着高度的行为一致性。

对于表 D-1 中每一个陈述，你认为哪个数字最符合你的情况？

表 D-1　项目管理者的自我监控测试

序号	问　　题	选　　　项					
1	在社交情境下，只要我觉得有必要，我有能力改变我的行为	5	4	3	2	1	0
2	我能从对方的眼神中读到他的真情实感	5	4	3	2	1	0
3	在人际交往中，我有能力控制交往方式，这取决于我希望给对方留下什么印象	5	4	3	2	1	0
4	在交谈时，我对对方面部表情中极微小的变化十分敏感	5	4	3	2	1	0
5	在理解别人的情感和动机方面，我的直觉能力非常强	5	4	3	2	1	0
6	当人们觉得一个笑话很庸俗无聊时，我可以立即改变和调整它	5	4	3	2	1	0
7	当我发觉自己所扮演的形象并不见效时，我可以立即改变和调整它	5	4	3	2	1	0
8	我敢肯定，通过阅读听众的眼神，我能知道一些不一致的东西	5	4	3	2	1	0

序号	问　　题	选　　项					
9	我在改变自己的行为以适应不同的人和环境方面存在困难	5	4	3	2	1	0
10	我发现自己能够调整行为以适应任何环境的要求	5	4	3	2	1	0
11	如果有人欺骗我，我可以从他的面部表情中立刻觉察到	5	4	3	2	1	0
12	尽管事前可能对我有利，我还是很难伪装自己	5	4	3	2	1	0
13	只要我知道环境要求是什么，我会很容易相应调整我的活动	5	4	3	2	1	0

注　5=完全符合；4=大部分符合；3=有一些符合，但也有例外；2=有一些不符合，但也有例外；1=大部分不符合；0=完全不符合。

解析：将 9、12 题反向计分，即 5 分计为 0 分，4 分计为 1 分，以此类推。然后将所有题目的分数加起来。分数高于 53 分，则是一个高自我监控者。

附录 E

项目管理者的人格测试

A 型人格与 B 型人格是对人们人格特质的一种区分方式。A 型人格者属于较具进取心、侵略性、自信心、成就感，并且容易紧张。A 型人格者总愿意从事高强度的竞争活动，不断驱动自己要在最短的时间里干最多的事，并对阻碍自己努力的其他人或其他事进行攻击。B 型人格者则属较松散、与世无争，对任何事皆处之泰然。

在北美文化下，A 型人格者的特点被高度推崇，而且它与进取心和物质利益的获得直接相关。

A 型人格表现为：

（1）运动、走路和吃饭的节奏很快。

（2）对很多事情的进展速度感到不耐烦。

（3）总是试图同时做两件以上的事情。

（4）无法处理休闲时光。

（5）着迷于数字，他们的成功是以每件事中自己获益多少来衡量的。

在表 E-1 各特质中，你认为哪个数字最符合你的行为特点？

表 E-1　项目管理者的人格测试

序号	特　质	选　　项								特　质
1	不在意约会时间	1	2	3	4	5	6	7	8	从不迟到
2	无争强好胜心	1	2	3	4	5	6	7	8	争强好胜

续表

序号	特　质	选　项								特　质
3	从不感觉仓促	1	2	3	4	5	6	7	8	总是匆匆忙忙
4	一时只做一事	1	2	3	4	5	6	7	8	同时要做好多事
5	做事节奏平缓	1	2	3	4	5	6	7	8	节奏极快（吃饭，走路等）
6	表达情感	1	2	3	4	5	6	7	8	压抑情感
7	有许多爱好	1	2	3	4	5	6	7	8	除工作之外没有其他爱好

解析：累加 7 个问题的总分，然后乘以 3。分数高于 120 分，表明你是极端的 A 型人格。分数低于 90 分，表明你是极端的 B 型人格。见表 E-2。

表 E-2　人格类型

分　数	人格类型
120 分以上	A^{++}
106~119 分	A^{+}
100~105 分	A^{-}
90~99 分	B
90 分以下	B^{+}

赋予逻辑意义的数字

这个实验曾经做过很多次，如果立刻让被实验者复述出来还有可能，但是10 分钟之后能够记得这组数字的人就寥寥无几了。

如果把这组数字重新整理一下，并赋予它一个逻辑或物理含义，那么很多被实验者在 10 分钟、1 小时、1 天、1 周、1 年之后都能复述出来。如图 F-1 所示。

4-12-52-365-7-24-60-60

图 F-1　赋予逻辑意义的数字

这组数字的含义是：一年有 4 季、12 个月、52 周、365 天，一周有 7 天，一天有 24 个小时，一小时有 60 分钟，一分钟有 60 秒。